中小学体育教学技能

河南省基础教育教学研究室　编

河南大学出版社

图书在版编目(CIP)数据

中小学体育教学技能/河南省基础教育教学研究室编. 一开封:河南大学出版社,2007.6(2013.11重印)

ISBN 978-7-81091-607-3

Ⅰ.中… Ⅱ.河… Ⅲ.体育课一教学研究一中小学一师资培训一教材 Ⅳ.G633.962

中国版本图书馆CIP数据核字(2007)第073534号

书　名　中小学体育教学技能

作　者　河南省基础教育教学研究室

责任编辑　纪　姣

封面设计　马　龙

出　版　河南大学出版社

地址:郑州市郑东新区商务外环中华大厦2401号　　邮编:450046

电话:0371－86059735(基础教育分社)　　网址:www.hupress.com

发　行　河南省新华书店

排　版　河南大学出版社印务公司

印　刷　河南省诚和印制有限公司

版　次　2007年6月第1版　　**印　次**　2013年11月第4次印刷

开　本　787mm×1092mm　1/16　　**印　张**　14

字　数　330千字　　**定　价**　32.00元

《中小学体育教学技能》编写组

主　编　邵水潮
副主编　阎俊合　赵超君　刘俊凯
成　员　（按姓氏笔画为序）
　　　　李　愿　许建国　刘俊凯
　　　　邵水潮　陈　珂　金永明
　　　　罗德军　赵超君　郭　云
　　　　阎俊合　颜令人
主　审　崔　伟

前　言

一

要编一本有关体育教学技能的书，首先碰到的问题就是“什么是体育教学技能”。要明确“体育教学技能”的概念，需要从技能、教学技能和体育教学技能三个层面上分别讨论。按照心理学的解释，技能是“由于练习而近乎自动化了的动作，是有意识的活动中近乎自动化了的部分”。心理学把技能分为心智技能和操作技能两大类，心智技能是以抽象思维活动为主导的解决实际问题的技能，如阅读、作文、教学设计等。以机体外部动作或运动占主导地位的属操作技能，如写字、做操、打球等。心理学对技能的解释包括三层意思：一是技能是有意识的活动；二是这种活动近乎自动化；三是自动化是练习的结果。基于心理学对技能的解释和教学活动的基本特征去理解教学技能这一概念，人们对教学技能的概念做出了种种解释。有人认为教学技能是“为达到教学上规定的某些目标所采取的一种极为常见的，一般认为是有效的教学活动方式。”有人认为教学技能是“教师在教学过程中，运用与教学有关的知识和经验，促进学生学习的教学行为方式。”还有人认为教学技能是“课堂教学中教师运用专业知识和教学理论促进学生学习的一系列教学行为。”各种解释虽然不尽相同，但却有其共同之处，概括各种解释的共同点，我们可以把教学技能理解为教师为了达成教学目标而表现出的运用自如的教学行为，是心智技能和操作技能兼而有之的综合性技能。教学技能是可描述、可观察、可训练的具体教学行为，教师在教学过程中灵活合理地运用教学技能，可以激发学生的学习兴趣和动机，引导学生更好地理解学习任务，为达到既定的教学目标创造有利的条件。因此，教学技能是每一位合格的教师必须掌握的职业技能。

体育教学技能是教学技能的下属概念，应该服从于教学技能的定义并具有教学技能的一般特征。但体育教学技能与一般意义上的教学技能又有着很大的不同，例如体育课的教学环境远比室内课教学更为复杂、多变；体育教师自身的运动技能同时又表现为一种重要的教学技能；一般教学技能中的板书和作业批改技能在体育教学中较少运用；而体育教学中的讲解技能与其他学科中的讲解技能又有着较大差异；体育教师的操作行为在体育教学技能中占有举足轻重的地位，如合理美观地画出场地标志线，准确清晰地发出口令和哨音，恰到好处地应用帮助和保护的手法，正确处理学生的意外伤害等等。因此，体育教学技能有着不同于其他学科教学技能的显著的个性化特征。可以认为，体育教学技能是体育教师为达成教学目标而采取的以心智技能为主导、以操作技能为主要表现形式的教学行为。

二

对教师进行专业技能的训练以提高他们的教学能力，让他们不仅明白“教什么”，还要懂得“如何教”，这是现代教师教育发展的一种潮流。教师掌握娴熟的教学技能，对于提高教学质量，促进学生学习具有重要意义。作为一名中小学体育教师，如果案头有一本和自己的专业技能密切相关的书，随手翻来，读上一段，便可与平时教学工作发生联系，产生感悟；仔细阅读，深入品味，发现它确能对教学工作有所裨益；遇到问题，翻书查阅，又能从中找到可借鉴的材料，这应当是一件快事，这书自然也是一本好书。我们想编的就是这样一本书。我们想把所有属于体育教学技能的内容统统放进这本书里，让它成为一本中小学体育教师的必备全书，但实际操作起来我们就发现这绝非易事，因为想要把体育教师在教学活动中表现出和涉及到的教学技能在一本十几万字的书中全部罗列出来并展开讨论，几乎是一件不可能的事情。于是，我们把涉及体育教学技能的一些主要方面归纳整理，精挑细选出我们认为是体育教师最需要的东西，融合进我们自己的经验与感悟，把它们变成了文字，于是，就有了这样一本由体育教师编写，写给体育教师看的书。我们希望正是由于作者和读者的这种身份上的同一，使本书能对广大中小学体育教师产生天然的亲和力并被接纳。

三

本书有以下几个特点。

首先，这本书顺应现代教育发展趋势，渗透基础教育课改理念。本书力图把基础教育课程改革的最新理念有机地融进书中，在理论表述和实例分析中努力体现现代教育发展的新趋势和新思想。如在体育教学设计、场地器材使用、教学语言运用、生成事件应对等章节中，就大量渗透了课程改革的基本理念和体育教师在课改实践中的优秀成果与先进经验。把以学生发展为中心，注重课程的动态性和生成性，尊重学生运动兴趣和个体差异，开发课程资源等新的教育教学思想，通过具体事例体现出来，为体育教师在教学实践中体现新的教学理念提供可借鉴的思路和启迪。

其次，本书理论联系实际，教学实例丰富。书的编写者大多是有着十几或几十年丰富教学经验的学校体育工作者，他们以先进的教学理论指导体育教学实践，以大量的教学实例阐释和丰富教学理论，书中实例既有他人之经验，也不乏个人之心得。全书有血有肉，脉络清晰，竭力避免晦涩与深奥，力求贴近与亲和。

另外，本书追求朴实无华，贴近基层实际。这是一本面向广大中小学体育教师，以提高体育教师教学技能水平为主要目的的用书。因此，本书追求语言表达朴实无华，通俗易懂；理论阐释深入浅出，联系实际；实例列举突出典型，举一反三，致力于为基层体育教师搭建一座把现代教育理念转化为教学实践的桥梁。

我们认为本书适合广大中小学体育教师和体育教育专业学生阅读，更可作为中小学体育教师继续教育的培训教材使用。

四

目前中小学体育教师的培训大多侧重于新理念的宣讲、理论知识的讲解和运动技能的训练，对体育教学技能的培训则相对重视不够。而体育教师，尤其是刚从事学校体育工作的体育教师，需要的恰恰是体育教学技能的训练与提高。这本书将为提高体育教师的专业技能提供一定帮助。

技能的形成以知识的领会为基础，因此，掌握与技能有关的基本知识对于形成技能具有重要意义。知道了应该怎样做，又知道为什么这样做，学习技能的信心就会增加，掌握技能的速度就会加快，应用技能的质量就会提高。但是，仅仅知道了有关技能的知识是远远不够的，因为技能的一个重要特点是具有习得性，即技能是经过练习逐渐习得的，是熟练的产物，即练而能熟，熟能生巧。一个体育教师，即使懂得再多的有关教学技能的理论，即使看了再多的教学技能的书籍，如果不能在教学实践中运用这些知识和理论，不能达到驾轻就熟和运用自如的程度，那就称不上形成了教学技能，而只是明白一些道理而已。所以，要把理论上的东西变成自己的实用技能，需要一个大量操作、反复实践的过程，需要在实践中应用和验证那些书本上的知识，惟有如此，才能真正形成运用自如的体育教学技能。我们真诚希望这本书能增强你学习教学技能的信心，加快你掌握教学技能的速度，提高你应用教学技能的能力。当然，我们也真诚希望你能在体育教学实践中发现新的问题，找到新的办法，不断丰富体育教学技能的体系和内容。

编者

2007 年 6 月

目　录

第一章　体育教学设计

体育教学设计是运用系统方法分析体育教学问题，确定体育教学目标，拟定体育教学策略，选择体育教学方法和对教学设计进行修正的过程。它以优化体育教学效果为目的，以学习理论、教学理论和体育教育学为理论基础。同时，它也是一个系统计划的过程，是一个应用系统方法研究、探索体育教学系统中各个要素（如体育教师、学生、教学内容、教学条件、教学目标、教学媒体、教学组织形式、教学活动）之间的本质联系，并通过一套具体的操作程序来协调、配置，使各要素有机结合以达成体育教学目标的过程。

体育教学设计是体育教学实践的预先构思，在教学设计中，首先要解决的是对教学主体（教师和学生）进行全面、客观的分析，即教师的教学能力、学生的学习特征等因素的分析，进而有针对性地进行教学设计，才能取得良好的教学效果。在体育与健康（体育）课的教学中，教学设计从宏观上讲，可以是对解决整个水平学段的教学目标分解、教学内容选择、教学单元安排等重要问题的思考；从微观上讲，也可以是指一个单元或一节课的教学构思与组织。

第一节　体育教学内容的选择

一、体育教学内容的概念

体育教学内容是课程内容的有机组成部分，《体育（与健康）课程标准》在选择教学内容上给我们留有相当大的空间，新的《体育（与健康）课程标准》把教学内容理解为达成教学目标的一种手段，强调教学内容不等于教科书，同时教师也不只是“教”教科书，而是用教科书来教会学生获取必要的知识与技能。这就提高了我们对教学内容的认识，教学内容不是教科书上限定的某些内容，教学内容是灵活的、可选择的。既然教学内容是达成教学目标的手段，从目标的角度来看，只要是能达成目标的手段应该都是可取的，这使得我们体育教师在教学内容的选择方面有了更大的空间。

二、体育教学内容的特点

体育教学内容与一般的课程内容比较具有鲜明的特点：

1. 运动性

体育教学内容与其他课程内容的最大差异在于,体育教学内容主要是由体育运动的身体练习构成,都与身体实践活动紧密相关。毛振明认为,体育教学内容“是以有关身体运动的学习和身体运动的技能形成为主要培养目标的内容,是以运动为媒介、以大肌肉群的活动状态进行教育的内容”。体育课程的学习不仅是通过学生的思维活动,解决学生知与不知、懂与不懂的问题,而且是通过学生实际从事的运动学习与身体练习,运动中的肌肉本体感觉的形成与动作记忆,解决学生会与不会的问题。

2. 健身性

体育教学内容的学习过程实际上也是学生从事身体练习的过程。在这一过程中,学生必然承受一定的运动负荷。因此,合理地安排身体练习的负荷大小与负荷过程,对于增强体能、增进健康的作用是其他任何一门课程内容都无法具备的。

3. 娱乐性

体育教学内容大部分来自于体育运动,体育运动项目大多是从各种各样的运动性、竞技性游戏发展变化而来的,而运动性游戏自然具有趣味性、娱乐性。在运动学习与运动竞赛过程中,会经历竞争与合作、成功与失败的体验,给人的情感、情绪以深刻而丰富的影响。

4. 独立性

体育教学内容与一般学科知识课程内容不一样,它没有学科内容之间比较清晰的由易到难、由简到繁,以及明显的从基础到提高的逻辑结构体系。它是由众多的相对独立的竞技运动项目和身体练习组成,而且理论知识的素材也很多,这就为体育教学内容的选择提供了方便,同时也增加了难度。

三、体育教学内容选择的原则

1. 基础性

基础性是使所有的学生都能在思想道德、科学文化、身体心理上打下良好的基础。中小学体育教学内容的基础性主要是使学生掌握体育与健康基本知识与技能,以及以后继续进行体育学习所必须的体育能力,提高体育文化修养,为终身体育奠定基础。在选择体育教学内容时,应注重选择作为一个公民必须具备的体育基本知识、运动技能和体育能力的相关内容。

2. 实效性

体育教学内容归根结底是为达成体育课程的基本目标服务的,因此,体育课程内容必须反映课程目标的基本要求,内容的选择应有利于培养学生对体育的兴趣爱好和实际从事体育运动的能力,要对增强体能、增进健康具有较强的实效性。并能为学生走上社会后继续进行体育锻炼而服务。

3. 趣味性

学生的体育兴趣决定着学生对体育活动的注意，并在很大程度上决定着学生的体育学习行为的方向，成为决定体育学习的主导力量。体育教学内容是为特定学段的学生而选择的，教学内容应为学生所接受，应充分考虑学生的兴趣、需求和能力的实际，使学生能够体验到成功体育的乐趣，并有利于学生体育学习兴趣的发展。

4. 科学性

体育教学内容的选择要符合不同学段学生的身心发展特点，有效地促进学生的身心健康，教学内容要安全、可行。另外，体育教学内容的选择要充分考虑学生的个体差异，使每一位学生都能受益。

5. 简易性

我国地广人多，各地、各校差异很大，许多边远地区、农村地区无力投入足够的经费建设体育场地和购买体育器材，因此，在选择教学内容时应该尽量考虑那些简单易行的教学内容，以便学生能在体育设施简陋的情况下学习和参与体育活动。同时，在进行体育教学时也应注意创造性地发挥现有场地和器材的多功能作用。

6. 地域性

《体育(与健康)课程标准》十分强调发挥地方教学内容的特色，因为中国地大物博、人口众多，且有着五千年的文明历史，有许多体育传统文化可以取其精华为我们所用。在民间、少数民族盛行的体育运动游戏项目，如滚铁环、抽陀螺、摔跤、舞蹈等，完全可以作为教学内容进入体育与健康课程的教学中。这既可以使学生了解中国民间、民族的传统文化，增强学生的民族自豪感，又可以激发和保持学生参与体育活动的兴趣，提高学生的健康水平。

四、体育教学内容选择的依据

1. 依据水平目标

《课程标准》所建立的三级目标管理体系告诉我们，选择教学内容必须符合所设置的目标要求，也就是说，考虑的问题应该是用什么内容去达成目标和怎样才能达成目标。例如，在考虑如何达成水平目标中的“发展速度、有氧耐力和灵敏性”时，每一个教师都可以有自己的设计思路，如果是首选发展有氧耐力的目标，教师可以选择有氧健身操和跳绳这两个教学内容，也可以选择健身操和球类活动，无论选择什么内容，其目的都是达成“发展有氧耐力”这一教学目标。

2. 依据学生的身心发展特征

教学内容的选择与学生的兴趣爱好有很大的关系，从水平三学段到水平五学段，学生处于青春发育初期向发育旺盛期过渡，无论是生理上还是心理上，对运动的需求都相当大。如果选择体育教材时并不考虑这一点，仅仅是考虑到教材内容的系统性与完整性，从单纯的竞技运动角度来设计教材内容在各年级中的分配，就会造成教材内容与学生身心发展特征不相适应、教学内容远离学生生活经验和生活实际的弊病。

3. 依据学校的实际条件

教学内容的选择应该立足于学校的实际情况，如场地条件、师资力量、器材设备和办学规模等。限于我国目前教育的实际情况，要全盘地照搬国外的教学内容是不可能的，因此，如何根据自己现有的条件来选择最适合学生发展需求的教学内容是非常重要的。在一些规模较小、办学条件较差的学校，要选择如垒棒球、飞盘之类的投掷教材显然是不可能的。那么，是否可以考虑选用软式的橡胶小皮球、自制的小沙袋，甚至毽子、羽毛球、板羽球等作为投掷器材。即使在那些办学规模较大、办学条件较好的学校，也应该考虑这种因陋就简、因地制宜的做法。

五、体育教学内容选择的方法

1. 从已有的内容中进行筛选

根据上述的三个依据，教学内容的选择可以具有较大的灵活性。对旧教材进行深刻地反思，可以发现关键的问题产生于教学内容的组织，如跳高项目，从教材本身来看，跳高是一个人应该具有的基本技能和必须具备的生存能力。但是，把跳高教材竞技化以后，从跨越式教到背越式，已经脱离了学生的生活实际和能力水平。因此，对原有运动项目要进行筛选，选择那些符合学生生理、心理特征，符合学生生活实际，对学生身心发展具有促进作用的内容进入体育教学。

2. 对已有的内容进行改造

体育课内容大多来源于竞技运动，由于竞技运动教学的最终目的是提高运动成绩而非促进广大学生的健康，因此，如何使竞技运动项目内容为体育课程教学所用，这就需要对竞技运动项目进行适当的改造：剔除竞技运动单纯追求运动成绩的弊端，发挥竞技运动对人的激励作用，回归竞技运动的本质功能。例如，日本有学者对排球运动进行了一番改造，保留了排球运动的基本打法，摒弃了竞赛中的胜负概念，代之以双方共同创造三次过网来回次数的最高记录的做法。我国中小学中流行的"活动篮筐"游戏以及软式排球等也是对球类运动的有益改造。

3. 从生活实际中选取

教学内容越是贴近学生的生活实际，学生学习时的兴趣、自信心与安全感就越强，民族与民间有着丰富多彩的体育活动内容可供选择。体育活动本来就是广大民众健身自卫的重要手段，千百年来，祖祖辈辈流传下来无数的饶有趣味、行之有效的健身方法，如划龙舟、放风筝、滚铁环、抽陀螺、摔跤、骑马叼羊、射弩、抢花炮、跳竹竿舞等，是体育与健康课程取之不尽、用之不竭的资源，是教学内容选择的重要组成部分。

4. 在运动实践中创新

纵观体育运动的发展史，可以发现，任何一项运动其实都是来自生活实际，有的是经过了加工与发展，有的却是经过了创新与改革，如标枪的演变是属于前者，而飞盘则是经过了创新与改革。许多运动源于健康的需求，如韵律操、瑜伽功等。随着现代生活方式的转变，休闲、健身对人类生活的影响越来越大，新的运动内容不断涌现，如各种健身性的舞蹈等。因此，生活才是健身运动创新的源泉。教师要善于观察生活，从生活中汲取营养，为提高学生健康水平不断创新，只有这样，才能使体育教学充满生机与活力。

第二节　体育教学计划的制订

制订教学计划对实现教学目标具有重要的意义。课改前的教学计划是按学年、学期来制订的，这是由于当时的体育教学是以学年为一个学段、学期为一个基本单位来设计的。《体育（与健康）课程标准》对学习学段的划分是以学生身心发展特征为依据的，表现形式是水平学段。因此，以整个水平学段来设计整体教学计划是实现教学目标的必要步骤。

一、水平教学计划的制订

1. 水平教学计划制订的基本要求

（1）整体性

水平教学计划体现了《课程标准》所提出的“坚持健康第一的指导思想，促进学生健康成长”的基本理念。从水平三学段到水平五学段，学生处于青春发育初期向发育旺盛期过渡，生长快速，运动需求增大，兴趣爱好广泛。体育与健康课程更多地关注的是学生的健康成长，并不仅仅是学生学会了多少运动技能。因此，水平教学计划必须回答在三年（或两年）期间，学生应该得到哪些方面的锻炼，获得了哪些体育与健康的知识和技能，实现哪些教学目标才能获得健康的体魄等问题。水平教学计划又是一个对《课程标准》各个学段教学目标的整体把握的计划，在水平教学计划中必须反映出对教学目标的全面实现。

（2）连贯性

水平教学计划应反映出各学段三年（小学两年）教学的连贯性。它不像传统的教学计划，每个学年之间可以没有必然的相关性，学年计划通常都是由任课老师自己制订，而教师的更换又导致教学计划的更迭。体育与健康课程的水平教学计划应根据学生身心发展的规律，以教学目标的相互关联来体现三年（或两年）学习任务的连贯性。

（3）灵活性

水平教学计划在总体设计上又可以具有一定的灵活性。水平教学计划既然是一种总体把握的工作计划，就必须留有足够的空间，以便在获得各种信息反馈时做出及时的调整。特别是在安排单元教学计划时，更不能将各单元的教学时数定得过死，以免教学目标不能得到很好的实现。

水平教学计划与课改前的学年或学期教学计划最大的不同就在于它的灵活性。

课改前的教学计划是一种课时安排型的工作计划，它必须反映出在某学段里每一节课的教学内容，反映出每一项教学内容需用多少课时。由于传统的教学着眼于教学内容的传授，研究的是传授的速度和方法，因此，在教学计划中用微观的、具体的课时作为最小的教学单位。体育与健康课程的水平教学计划着眼于教学目标的实现，并不拘泥于用什么教学内容和教学手段来达成目标，因此，它的灵活性就远远大于传统的教学计划。

2. 如何制订水平教学计划

(1) 认真研究水平目标和内容

《体育(与健康)课程标准》中提出的水平学习目标和内容是体育教学设计的基本依据，学校可以根据实际情况对水平目标与内容做出进一步的具体落实。在制订水平教学计划时，对于具有递进意义的学习目标与内容，出现的顺序不能颠倒；对于并行的学习目标与内容，安排时可以灵活掌握；对于跨领域密切相关的学习目标与内容应该出现于相同的时段内；对于阶段性的学习目标内容应该给予适当的考虑。

(2) 对教学内容进行统筹安排

在认真研究了各学习目标之间的关系后，可以着手对教学内容进行分解与安排。这里提供一份水平教学计划的样例(1—1)，仅供参考。

表 1—1　水平四教学计划

学校名称：________　制表日期：　年　月　日

领域	教学内容	安排方式(节)					
		七年级		八年级		九年级	
		1 (36)	2 (36)	1 (36)	2 (36)	1 (36)	2 (24)
运动参与	自觉参加体育与健康课的学习	随体育课的学习进行评价					
	积极参与课外的各种体育活动	随课外体育活动课进行评价					
	知道合理安排锻炼时间的方法	在体育实践课中进行讲解					
	能用脉搏测定等常用方法测量运动负荷	在体育实践课中学会测定负荷的方法					
运动技能	以篮球、广播体操为主的内容组成两个教学单元，辅之以游戏、发展体能等练习达成教学目标	☺					
	以足球技巧为主的内容组成两个教学单元，辅之以田径、球类、发展体能等练习达成教学目标		☺				
	以武术、滚铁环为主的内容组成两个教学单元，辅之以球类、户外活动、发展体能等练习达成教学目标			☺			
	以舞蹈、田径为主的内容组成两个教学单元，辅之以球类、游戏、发展体能等练习达成教学目标				☺		
	以田径、支撑跳跃为主的内容组成两个教学单元，辅之以球、发展体能等练习达成教学目标					☺	
	以田径为主的内容组成两个教学单元，辅之以发展体能等练习达成教学目标						☺
身体健康	发展位移速度		☺		☺		☺
	发展有氧耐力	☺		☺		☺	
	发展反应速度、灵敏性及弹跳力	结合跑、球类教学安排					
	发展柔韧性	综合体操、武术教学安排					
心理健康	调节情绪：肌肉放松法	随各项实践课教学安排					
	调节情绪：自我暗示法	随各项放松活动安排					
	调节情绪：呼吸调节法	随有关的放松活动安排					
	通过体育活动树立自尊、自信，培养团结、互助、合作能力	在体育活动中获得成功感和自信心，实现团结、互助及合作					
社会适应	在体育比赛时能与同伴合理分配角色	在各项体育活动中进行安排					
	指出体育比赛时不道德行为	在各项体育活动中进行安排					

注：学期后的括号内的数字表示学时数

说明：(1) 每个教学单元的教学时数可以具有一定的伸缩性，其他辅助学习教材既可以安排在单元中学习，也可以穿插在单元之间作为调节教学内容。

(2) 有关体育与健康课的知识内容应该适当分配到各教学单元内，有些知识内容可结合技能的学习进行教学。

(3) 具体的教学内容见单元教学计划，教学方法和评价方法见课时教学计划。

二、学期教学计划的制订

在制订好水平教学计划的基础上，学期教学计划的制订就显得容易多了。水平教学计划给学期教学计划指明了方向，使学期教学计划的目标确定和教学内容的选择都较为明确。见样例(1—2)。

二、单元教学计划的制订

1. 制订单元教学计划的意义

(1) 单元教学计划是水平教学计划的细化

在水平教学计划中，许多地方是以教学单元来表述的。所谓教学单元，是一种教学时间的集合，突出了单元的概念。而单元教学是一种教学内容的集合，强调了教学的概念，即在一定的时间范围内组织一项或一组内容进行反复学习，以达成预设的教学目标。因此，两者是同一事物的两个不同方面。

根据以上的分析，单元教学计划很显然应该是一种教学内容集合的表述。单元教学计划可以看成是构成水平教学计划的分子，由许多分子组成了完整的水平教学计划。因此，单元教学计划是水平教学计划的细化。

(2) 单元教学计划是制订课时教学计划的依据

单元教学计划在水平教学计划与课时教学计划之间，起了一个承上启下的桥梁作用。它一方面是水平教学计划的分解与细化，另一方面则是课时教学计划的主要依据。对一个单元教学计划来说，要实现这一单元的教学目标需要用多少节课来完成，可以有一定的伸缩性。不同的教师、不同的教学对象、不同的教学条件对同一个教学单元所设计的教学目标，都可以存在一定的差异。因此，单元教学计划作为课时教学计划的依据，教学内容可以事先确定，但其时间的集合并不是固定的。

2. 如何制订单元教学计划

单元教学计划既然是水平教学计划的细化，那么，它的基本格式应该能反映出水平教学计划的特征，即以教学目标的集合群与教学内容之间的紧密联系为其主要特征。见样例(1—3)。

表1－2　水平四第一学期教学工作计划表样例

教材	七上	课时安排																													
		1	2	3	4	5	6	7	8	9	10	11	12	13	14	15	16	17	18	19	20	21	22	23	24	25	26	27	28	29	30
篮球	☆													≡	≡	≡	≡	≡	≡	≡	≡	≡	≡								
足球																															
技巧																															
支撑跳跃																															
舞蹈																															
田径																															
武术																															
广播操	☆			≡	≡	≡	≡	≡	≡	≡	≡																				
小组活动	☆																														
发展体能	☆																														
地域练习																															
合作游戏	☆																														

注：☆为本学期内容　　☺代表一次课的内容　　≡代表单元教学内容

表 1—3　水平四第一学期单元教学计划样例

<table>
<tr><td>领域</td><td>运动参与</td><td>身体健康</td><td>运动技能</td><td>心理健康</td><td>社会适应</td></tr>
<tr><td>教学目标与内容</td><td>1. 自觉参加体育与健康课的学习
2. 知道合理安排锻炼时间的意义</td><td>1. 多种练习发展反应速度和灵敏性
2. 了解合理安排作息时间对健康的益处</td><td>1. 学会篮球运动的方法
2. 在体育活动中避免粗野和卤莽动作</td><td>1. 获得运动愉快感
2. 了解自尊与自信的意义</td><td>1. 具有一定的合作精神
2. 指出体育活动中的不道德行为</td></tr>
<tr><td colspan="6">⇕</td></tr>
<tr><td rowspan="2">教学内容：以篮球为主教学单元，辅助教学内容为游戏和体能发展练习</td><td colspan="2">教学步骤</td><td>预估课时</td><td colspan="2">辅助内容</td></tr>
<tr><td colspan="2">1. 个人练习篮球
2. 定位投篮，半场投篮比赛
3. 三对三篮球练习
4. 行进间运球往返投篮
5. 两人行进间传球推进，三步上篮
6. 全场五对五教学比赛
7. 罚球线定位投篮
8. 三队三半场擂台赛</td><td>1
1
2
1
1
1
1
2</td><td colspan="2">结合传抢报数游戏
编制一套发展体能的篮球操
每次学习一两条简单规则
发展体能
发展灵敏性的游戏
发展上肢力量的游戏
合作跑游戏
发展体能</td></tr>
</table>

表 1—3 比较明确地反映了教学内容与教学目标之间的关系。表的上一层为从内容标准引申出来的教学目标，下一层则为单元教学的内容设计。从教学内容的构成来看，分成三个板块，左侧是教学步骤，它是一个具有递进性、层次性的板块，反映了教师对篮球教学的理解，也反映了新的教学理念；右侧是辅助内容，是教师对主要教学内容的补充，它们没有必然联系，没有递进与层次关系，但对主要教学内容产生了补充的作用，这个板块反映了教师对促进学生身心全面发展的认识和理解；中间则是教师对完成教学大致所需时间的预估。在两层中间有一个双向的箭头，这个箭头标志着上下两层的关系，也就是说，下层教学内容是受上层教学目标制约的，在完成教学内容的同时，必须达成上层所有的教学目标。从表 1—3 可以看出，本单元教学所需的时间为 10 课时，但是，如果由于某种客观原因，如教学目标尚未达成，教学内容有了新的变化等，这个课时数是可以调整的。

单元教学对达成教学目标具有重要的意义，它利用内容与时间的集合来实现一组目标，方向明确，任务清晰，可操作性强。

四、课时教学计划的制订

课时计划又称教案，教案一般应包括教学目标、教学内容、师生活动、教学重点和难点、教学方法、组织形式等基本要素。体育教师对制订传统的课时教学计划有着丰富的经验，经过几十年来对课时计划的探讨与研究，已经形成了固定的格式。这种格式化的教案对教师来讲，既有有利的一面，又有不利的一面。有利的一面在于方便了教师，减少了备课的时间，不利的一面则是教师越来越拘泥于完全按教案的固有格式书写计划，缺乏灵活性与创新性。

表1—4　水平四第一学期单元教学计划表样例

水平四：9年级

学校名称：×××××××××　　任课教师：×××　　人数：40人

教学目标	1. 教会学生排球最基本的技术——垫球，使学生能够较为准确地垫向目标方向。教会学生下手发球，使学生能够控制好发球的力度和方向 2. 通过软式排球练习，发展学生的反应速度和灵敏性 3. 在软式排球练习和比赛中体验运动的乐趣和愉快感，培养学生的运动自信心，从而坚持体育锻炼		
课次	教学内容	教学目标	重、难点
1	感受排球运动	熟悉球性，发展灵敏性、协调性	动作的协调性
2	学习垫球	初步掌握双手垫球基本动作，培养与他人合作的精神	垫球手型、击球点和用力顺序
3	复习垫球	巩固提高双手垫球技术，挑战自我，培养竞争，合作精神，学会比赛	垫球手型、控球能力
4	学习正面下手发球	初步掌握正面下手发球基本动作，感受成败，培养自信心	抛球稳定性、击球部位
5	发球擂台赛	巩固发球的技术动作，提高发球的准确性和能力，主动学习，弘扬个性，团结拼搏，培养兴趣	发球技术和能力
6	发球、垫球组合练习	提高接发球能力，学会合作，体验成功的快乐	灵敏协调能力、卡位能力
7	排球——教学比赛	巩固和提高学生排球技术和场上的意识，增加对软式排球的兴趣，团结拼搏，学会比赛	灵敏协调能力、卡位能力

课时计划是否必须按照一定的格式来书写呢？现代学校教育强调以学生发展为本，以学生为主体来设计教学，因此就要充分考虑主体的多方面因素，如主体的不同需求、主体的兴趣爱好、主体的学习基础、主体的认知能力等，由于存在多种变化不定的因素，以一种统一的教学模式去处理问题显然是不合理的。同时，教师作为一个教学的设计者，也应具有自己的教学特点以及表达情感、愿望的不同方式，不同的教师所设计和编写的课时计划，可以具有自己的个性和风格。

课时计划中必须包含的要素对编写教案具有一定的约束性，因为这是教案中的主干部分，缺少了这些基本要素就不成其为教案。而教师在此基础上怎样书写教案，可以不必拘泥于固定的教案格式，因此教案的格式具有较大的灵活性。在反映出课时计划的必备要素的同时，还应该注意以下几个方面：

1. 教案的连贯性

前面已经说明，过去的教案可以是相互隔离的几个部分，也可以是由相互有关的几个部分组成。根据目标统领教学内容的精神，体育与健康的教案应该具有很好的连贯性。我们在对现代教学策略进行分析中已经发现，从教学目标的导入到教学目标的实现，无论采取什么方法、步骤，都能首尾呼应，体现出连贯性的特征。

2. 教案的完整性

传统教案在完整性方面做得是比较好的，这种完整性在体育与健康课的教案中仍然会体现出来，但表现的方式可能不一样。传统教案力求保证在技术传授上的完整性，如必须体现出技术传授的循序渐进性、动作的规范性、教学步骤的严密性等，因此，从传授技术的角度来看，教学是完整的。另外，从运动负荷角度来看，传统教案要考虑到运动量的安排、运动强度和密度的合理性，也同样体现了教案的完整性。新课改中的教案关注的是学生身心是否能得到发展，学生的运动兴趣是否得到激发，学生的个性是否得到关注，学生的学习方式是否有了变化，即《体育(与健康)课程标准》提出的四条基本理念是否得到了落实。因此，对教案的完整性要求更表现在增进健康的目标是否能得到全面的落实。

3. 教案的描述性

设计与制订课时计划的目的是为了帮助教师做好上课的准备，教案是教师教学策略的实施方案，并不是专门用来展示的。教案最重要的一个方面就是要能对教学的全过程有一个清晰的描述，对于教学过程将会产生哪些变化，教师将如何应对等方面有一个准确的预估。因此，教案不应该只是教学程序的反映，不应该缺乏对事物发展变化的估计，更不应该只是教师主观行为的体现，而缺少对主体学习行为的表述。体育与健康课的教案可以是一种描述性的表达方式，通过对课程过程与方法进行描述，表达教师将要采取的教学策略。

4. 教案的操作性

无论是传统的教案还是体育与健康课的教案，都会具有很强的操作性。如在一节课上，需要用多少器材设备才能保证学生达到一定的运动负荷，如50个学生上技巧练习内容时，必须保证每8～10人为一个小组，每小组至少应该有一张垫子，才能在12～15分钟的时间内每人完成6～8次前滚翻动作，这就是教案设计的可操作性。新的教案设计还侧重考虑达成教学目标可以采取多种途径的操作性，考虑选择教学内容符合学生身心发展特征和贴近学生生活实际的可操作性。

5. 教案的独创性

教案是一种反映教师教学策略的实施方案。每一个教师都有表达自己思想感情的独特方式，这种独特方式，可能使他写出来的教案与众不同。正如语言的表达能力各有不同、穿着打扮各有不同一样，教案应该是形式多样的、丰富多彩的。个性化的教案是为个性化的教学服务的，它有着自己最熟悉的符号、图画和最简练的文字表达格式，能为达成目标提供广泛的思路，能准确地反映作者的教学策略。如果设计和制订课时计划能够做到这几点，这份教案就一定具有独创性。

通过对以上问题的探讨，我们认识了如何根据《体育（与健康）课程标准》的基本理念设计和制订体育与健康课的课时计划。下面，再通过几个具体的案例来加深对课时计划的认识和理解。

教案一（水平一）

<table>
<tr><td>教学目标</td><td colspan="5">1. 培养学生的观察、模仿能力
2. 学会单踏、双落的正确跳跃方法
3. 增强腿部力量，发展身体协调性</td></tr>
<tr><td>教学内容</td><td colspan="5">1. 模仿练习　2. 各种方法的跳跃</td></tr>
<tr><td>重点难点</td><td colspan="5">1. 学会用多种方法进行跳跃　2. 掌握单踏、双落的动作方法</td></tr>
<tr><td>教学准备</td><td colspan="2">小垫子若干个，沙包若干个，自制小树一棵</td><td>教学安全</td><td colspan="2">1. 教育学生活动时要遵守游戏规则并互相帮助
2. 课前准备若干块小垫子</td></tr>
<tr><td>顺序</td><td>学习内容</td><td>师生活动</td><td>教学组织</td><td>时间</td><td>强度</td></tr>
<tr><td rowspan="2">开始部分</td><td>1. 了解一年有春、夏、秋、冬四个季节，知道现在是什么季节——秋天，导入本课秋游</td><td>1. 集合站队，教师宣布本课内容及要求，语言导入创设情景，向学生提出问题</td><td>组织：
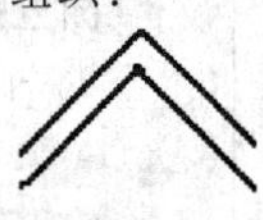
图（一）</td><td>2′</td><td>小</td></tr>
<tr><td>1. 摸仿各种方式的走：大步走、踏步走、足尖走、鸭子走、老爷爷走等等</td><td>1. 模仿郊游路上各种方法的走，充分活动身体各部位的关节
2. 教法：口令指挥、音乐伴奏、师生同做</td><td>组织：

图（二）
要求：按要求进行练习，轻松愉快地投入情景角色</td><td>4′</td><td>中</td></tr>
<tr><td>准备部分</td><td>2. 模仿练习：
(1) 斗鸡
(2) 三轮车
(3) 小白兔
(4) 小青蛙</td><td>1. 教师语言引导、创设情景，以培养情趣为主
2. 教师语言启示，通过提要求激发学生学习兴趣
3. 教法：两人一组模仿斗鸡，三人一组组成三轮车，在教师引导下模仿兔跳和青蛙跳；开始自然散开，慢慢跳到图形上</td><td>组织：
自然散开
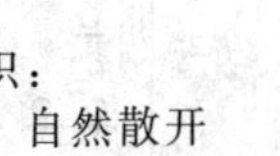
图（三）
要求：团结合作
学练认真
积极投入</td><td>4′</td><td>中大</td></tr>
</table>

顺序	学习内容	师生活动	教学组织	时间	强度
基本部分	1.学习用多种方法跳过小河 跑几步，一脚在踏跳区起跳，双脚落下 难点： 1. 既高又远 2. 协调配合 口诀： 助跑起跳要连贯， 蹬地摆臂要有力， 屈膝下蹲要缓冲， 两脚落地要轻巧 2. 游戏 打果子 收果子 运果子	教法： 1. 语言启示来到小河边，自己想办法跳过河去 2. 观察、提问、提要求 学法：在教师指导下体会 4 种跳跃的方法（单腿跳、盘脚跳、双腿跳、跨跳） 教法： 1. 教师讲解示范 2. 组织练习 3. 巡回辅导 4. 纠正错误 5. 典型示范 6. 完整练习 学法： 1. 学习单腿起跳 2. 单踏、双落 3. 在小组长带领下进行选拔评比 4. 优生示范 5. 完整练习 教法： 1. 讲解游戏方法 2. 及时表扬与鼓励 3. 教师讲评 练法： 1. 分 4 个小组进行 2. 先打后运 要求：遵守规则，团结协作，互相帮助	组织： 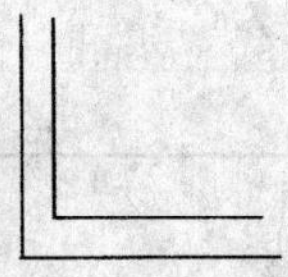 （图四） 组织：  （图五） 要求：助跑起跳要连贯，屈膝缓冲，双脚落地要轻巧 组织：	7′ 10′ 10′	中大 大 中
结束部分	一、放松舞蹈： 快乐小舞曲	师生互动：在音乐伴奏下翩翩起舞 要求：舞姿优美，尽量放松	 （图六）	3′	小
预计运动负荷	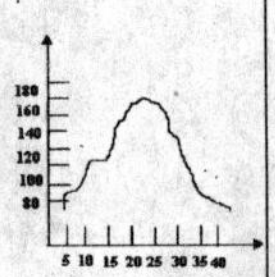	课后反思	本节课虽然只有短短的 40 分钟，但同学们从各个方面得到锻炼，使他们在运动参与中体验了运动和成功带来的快乐。整节课在“玩中学”、“学中玩”、玩中找乐趣，玩中找窍门，培养了学生的合作意识，增强了学习的兴趣		

教案二

教学内容

球操——垫球练习——垫球挑战赛——情感交流

教学目标

1. 通过学习，初步掌握双手垫球基本动作；

2. 发展灵敏、协调等身体素质，培养创新及团队合作精神。

一、球操

1. 以中国女排的辉煌成绩来激发学生的学习兴趣；

2. 在《相聚五环旗下》的音乐声中，全体学生跟着教师一起做排球操。

二、垫球练习

1. 随心所欲垫球——自我探究学习垫球；

2. 师生互动学练垫球：

(1) 自垫高低球练习

(2) 两人一组，自由组合进行抛垫练习

(3) 两人一组，垫接反弹球赛

要求：一人往地下抛球，待球反弹起后，另一人钻到球下用垫球动作将球持在垫击部位处，接反弹球多者胜。抛反弹球必须高过人。

(4) 对墙垫球练习

三、垫球挑战赛

1. 用中国女排的合作意识，引导学生团结拼搏。

2. 自由组队，进行圆圈垫球赛。

四、情感交流

1. 闻歌起舞、调节身心、缓解疲劳、放松舞蹈。

2. 分享经验，师生互评。

五、小结

教案三　手球(水平五)

设计方案　　　　　　　　　　**手球课教案**

年级:九年级　　人数:40 人(男)　　　　　　教师:

教学内容	1. 复习手球传接球　2. 学习手球进攻基本战术——交叉换位		
教学准备	1 个篮球场、20 个手球、教学图示、2 副跳高杆、2 根皮筋、10 个标志物	安全措施	1. 重点在肩、腰及踝关节的充分热身 2. 场地平整无杂物,及时清理滚动的球
教学目标	1. 激发学生对手球运动的兴趣,引导学生积极练习,发展协调性等身体素质 2. 提高手球传接球的准确性和稳定性,失误率控制在 5%以下 3. 能初步应用交叉换位的进攻战术,体验成功,培养协作精神		
知识点	重点:牵动防守,为同伴创造进攻机会 难点:队员的交叉跑位和传球时机的把握		

	学习内容	师生活动	教学组织	时间	次数
导入与热身	一、导入	1. 体育委员整队,报告集合情况 2. 师生问好,宣布教学内容	四列横队、密集队形		
	二、热身 1. 慢跑操 (1) 两人双手相抵侧向滑步 (2) 连续起跳封球 (3) 侧向连续转体 180°撤步前进 (4) 两人双手互握侧向连续翻转 以上练习至底线时变为沿球门区线的徒手四步起跳传射	1. 学生分头跑出变成两路纵队,各队绕篮球半场慢跑,在慢跑中进行各种练习 2. 教师口令指挥,语言提示,提高学生练习质量 3. 师生共同练习	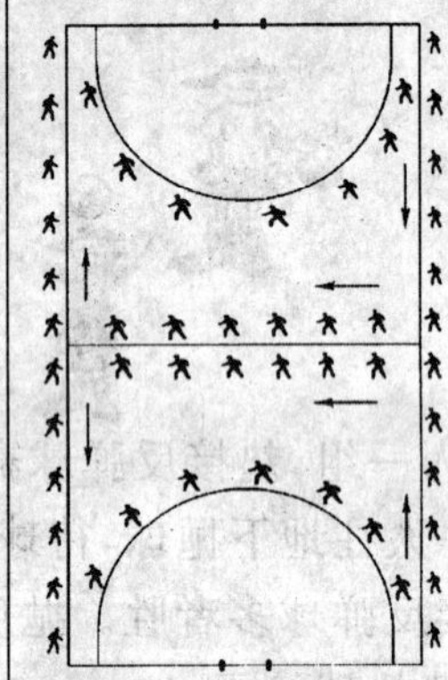 要求:保持间距、速度适中、衔接流畅、动作舒展有节奏;	10′	1
	2. 步法练习	1. 一人从后方牵同伴双手,利用同伴的身体掩护,通过快速移动来躲避第三人对其手臂的拍击 2. 教师指导,参与学生练习	三人一组,自由结合,自由队形;		3
	3. 球感练习	1. 一人原地运球护球,同伴抢球练习 2. 教师巡回指导,参与练习	两人一组,自由队形		2

实践与提高	一、复习传接球 1. 两人迎面传球练习	1. 学生练习左右手正面肩上传球 2. 教师巡回指导,纠正错误动作,提示技术要领: (1) 注意手型和缓冲动作 (2) 接球顺势下放后引 (3) 注意撤肩动作,传球要运用转体力量			
	2. 两人横向甩传球练习	1. 学生练习左右手甩传 2. 教师巡回指导,纠正错误动作,提示技术要领: (1) 掌心向下持球,大拇指发力拨球 (2) 屈膝下降重心,全身协调发力	要求:手臂放松,后引动作充分,注意手腕手指的用力		20～25
	3. 跑动传接球	1. 学生练习折返跑动传接球 2. 教师巡回指导,纠正错误动作,提示技术要领: (1) 做好缓冲后引动作 (2) 注意力集中,传球要稳定、准确 (3) 加快动作速率	同上		20～25
	4. 四步传射练习	1. 学生进行运球跑接四步射门练习 教师纠正错误动作、提示技术要领: (1) 注意四大步的方法和节奏 (2) 做出背弓撤肩引球动作 (3) 传球要准确	同上 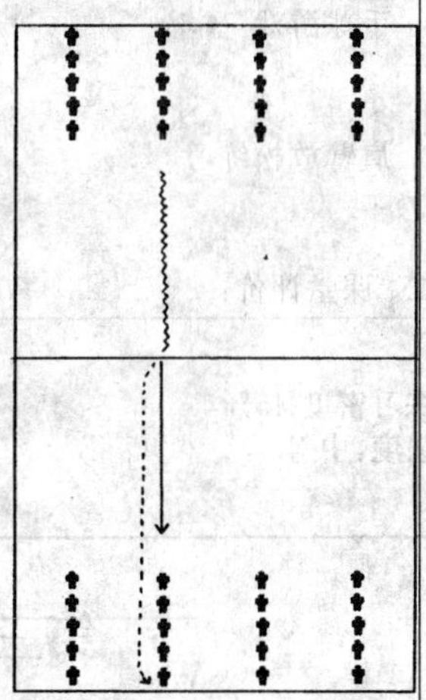 要求:注意四大步动作、节奏和球的落点	30′	40～50
	二、学习进攻基本战术——交叉换位 1. 辅助练习: 连续交叉换位传接球 易出现的问题: a) 传接球失误多 b) 跑动路线错误	1. 教师利用图示讲解“连续交叉换位跑动传接球”的路线和方法			12～15
	2. 进攻基本战术——交叉换位	2. 请学生协助演示 3. 学生练习→反馈→发现问题→纠正→练习 纠正方法: a) 明确接应者应到位置,传球者看人传球,传到胸前 b) 观看图示,观察其他人			

	易出现的问题： a) 不能牵动防守队员 b) 无射门动作，防守者回防很快 c) 配合不流畅 传接球失误 接应时机不对	1. 通过一攻一和一攻二的攻防演示提出问题，通过问题引导学生思考，找出解决问题的方法，引出本节主教材进攻战术——交叉换位 2. 教师利用图示讲解战术，请学生协助示范 3. 学生练习→反馈→发现问题→纠正→练习→延伸练习(自创跳起空中传球动作)→教学比赛 纠正方法： a) 发动进攻队员要以弧线经过近端防守者面前向远端跑位，促使近端防守者为弥补防守空档而跟随移动 b) 做出射门动作，改变防守者的重心 c) 看人传球，稍加提前量；接应者不要提前到位等球而应跑动中接球	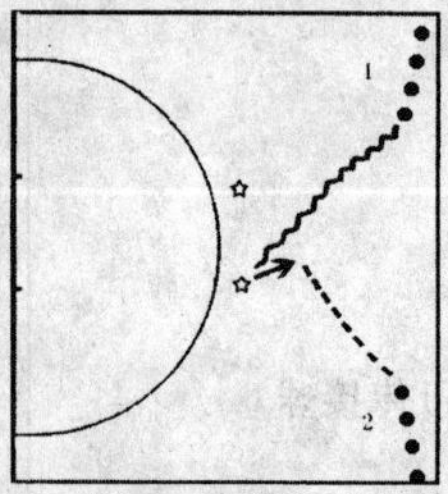 要求：跑位及时、传球准确、时机恰当 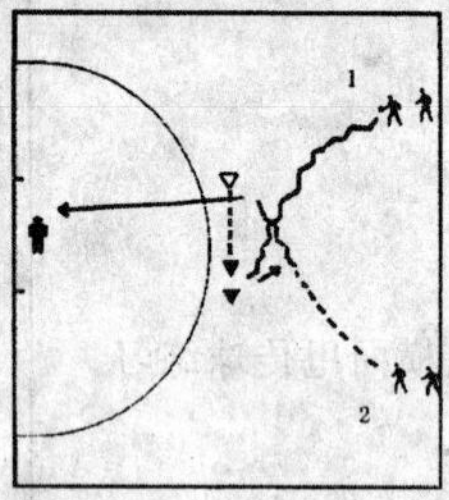 要求：做出射门动作，传球时机恰当； 接应同学跑位准确，整体配合流畅； 同学间相互鼓励		12 ～15 18 ～20
调 节 与 评 价	一、放松活动： 1. 手球游戏 2. 肩臂放松练习 二、课堂评价：	1. 两人一组，一人用力向下摔球，同伴从弹起的球下钻过，争取更多的钻越次数 2. 两人一组，互相抖、甩双臂放松；单人肌肉牵拉放松 小结本课练习情况，收还器材	双人结合，自由队形 双人结合，自由队形 密集队形	5′	3 3
预计 运动 负荷	练习密度45% 强度：中等	教 学 反 思			

第三节　制定体育教学策略

一、体育教学策略的概述

体育教学策略是为了实现体育课堂教学目标所采用的方法、步骤、媒体和组织形式等教学措施构成的综合性方案。

体育教学策略具有如下特征：第一，综合性。选择或制订教学策略必须对教学内容、媒体、组织形式、方法、步骤和技术等要素加以综合考虑。第二，可操作性。教学策略不是抽象的教学原则，也不是在某种教学思想指导下建立起来的教学模式，而是可供教师和学生在教学中参照执行或操作的方案，有明确具体的内容。第三，灵活性。教学策略根据不同的教学目标和任务，参照学生的初始状态，选择最适宜的教学内容、教学媒体、教学组织形式、教学方法，并将其组合起来，保证教学过程的有效进行，以便实现特定的教学目标，完成特定的教学任务。

二、体育教学策略的制定

一般体育教学策略的制定包括对教学模式、教学方法、教学组织形式、教学环节和教学媒体等的选择和设计。

1. 选择教学模式

体育教学模式是在体育教学理论指导下，根据体育教学目标所设计的体育教学结构和相关的教学策略与教学评价。它是体育教学理论和体育教学实践之间的中介和桥梁，对体育教学设计过程有直接的指导和具体的描述作用。教学模式跟教学方法不同，教学模式是教学方法的上位概念。教学模式既有理论基础，又有可操作的程序，还能保证学生积极参与教学过程。

近年来，随着体育课程改革的深入开展，涌现出许多新的体育教学模式，在教学中较为常见的有：传统体育教学模式（技能教学模式）、快乐体育教学模式、“发现式”体育教学模式（情景式教学模式）、“学导式”体育教学模式（自主学习模式）、合作学习模式等等。选择教学模式的主要依据是教学目标、教学内容、学生情况、教师特点等因素，需要强调的是没有一种万能的体育教学模式能够帮助我们达成体育与健康课程的总目标，每节体育课的具体教学目标各分主次，不同的体育教学模式也各有侧重。

2. 选择教学方法

体育教学方法是师生共同为实现体育教学任务或目标所采用的方式、途径、手段的总称。体育教学方法是体育教学中的一个重要范畴，是提高教学效益的关键所在。相对而言，教学模式涉及教学过程的更宽泛的范围，包容性大，理论性强；而教学方法涉及教学活动的范围小、单一，实践性特征更浓一些。

常用的教学方法包括：导入的方法、讲解示范的方法、教学情境设计的方法、练习的方法、语言表达的方法等。每种教学方法又涵盖了多种具体实践方式，面对多种多样的教学方法，在教学活动中，应视具体的教学情况（教学目标、教学内容、学生特点、教学环境、教学时间等）而定，各种教法可能是单一出现，也可能是多种方法同时出现，即所谓“教学有法、教无定法、贵在得法、重在创法”。

3. 确定教学组织形式

体育课中各项教学活动的实施需要一定的教学组织形式，课堂教学组织形式是为了实现课堂教学目标，围绕具体的教学内容，由师生共同构建的教与学的双边活动方式。它所涉及和所要解决的主要问题是：教师怎样把学生组织起来，通过教和学使师生紧密联系;怎样科学地利用空间、时间和其他教学条件来安排教学活动,使教师有效地教,学生有效地学,实现体育课堂教学目标。

常用课堂教学组织形式分为分组轮换和分组不轮换。在具体选择教学组织形式时,应注意以下几个问题:

(1) 班级人数少、场地器材条件充足的情况下,尽量采用分组不轮换的形式。

(2) 分组轮换教学时,教师应重点指导学习新内容的小组,兼顾复习内容的小组。如果都是复习内容,应重点关注教学内容难度较大或带有危险性的内容,如掷实心球、跳高、技巧等。

(3) 在安排教学活动顺序和运动负荷时应先照顾体弱组、基础水平差组和女生组。

(4) 重视学生中体育骨干的培养并充分发挥他们的作用,协助教师课堂管理和队伍调动工作。全体学生在轮换时,快速有序、服从指挥。

4. 合理安排教学环节

教学环节是指教学过程中,若干个比较完整又相对独立的教学活动成分。合理安排教学环节,指的是在教学过程进行的前后次序,也就是先做什么,后做什么。它包括以下三个方面:

(1) 体育教学内容呈现顺序。指的是体育知识和技能出现的前后次序,先教什么内容,后教什么内容。

(2) 教师活动顺序。指的是教师进行教学活动的前后次序,教师先进行什么教学活动,后进行什么教学活动。

(3) 学生活动顺序。指的是学生进行学习活动的前后次序,学生先进行什么学习活动,后进行什么学习活动。

这三个方面是相互联系、相互配合、同步进行的,必须进行整体安排。但其中体育教学内容呈现顺序是主线,围绕体育教学内容呈现顺序,设计教师活动顺序和学生活动顺序。体育教学内容呈现顺序的安排,是在分析课堂教学目标的基础上,通过学习任务分析以后进行的。

5. 合理使用教学媒体

教学媒体是在教学过程中传递和储存体育教学信息的载体和工具。传统体育教学媒体包括教科书、黑(白)板、挂图、模型和实物器材等,现代体育教学媒体包括幻灯机、投影仪、录音设备、录像设备和计算机等。体育教学中选择教学媒体通常遵循以下几条原则:

(1) 目标性原则。必须根据体育教学内容和教学目标来选择教学媒体。

(2) 针对性原则。选择教学媒体应针对学生的实际情况,如针对不同性别、年龄、水平的学生,选用不同的教学媒体。

(3) 功能性原则。各种教学媒体有各自不同的性能,它们的表现力、重现力、接触面、参与性和受控性都不同,在教学中起到的辅助作用也不同,选择教学媒体要充分发挥媒体的使用功能。

(4) 可能性原则。要结合本地、本校的实际,选择适当的体育教学媒体,不要提出不符合客观条件的要求。

(5) 适度性原则。选择、使用体育教学媒体必须注意适度,要恰到好处。只有需要运用教学媒体的内容、需要运用教学媒体的时候,才选择适当的教学媒体,不能到处乱用。用得太多、太滥反而会分散学生的注意力。

三、体育教学策略在体育教学设计中的应用

不同类型的体育课有不同的功能、不同的教学过程、结构和教学策略,因此在体育课教学设计中应首先确定课的类型。体育课类型有多种不同的划分方法,从教学目标和教材内容性质上来区分,通常可分成理论课和实践课两大类。理论课包括讲授课和考核课,实践课包括新授课、练习课、复习课、综合课和测验课五种类型。实践课是体育教学中的重头,其中新授课、综合课是最能体现体育课堂教学特点的课型,也往往是教师进行优质课展示评比的必然选择。下面以这两类课型为代表,结合案例来说明体育课教学策略在教学设计中的应用。

1. 新授课教学设计

案例:3 年级男生 40 人;体育馆内教学;教学内容:"学习踏板健身操";教学目标:"初步学习踏板健身操的技术动作,并能创编简单组合动作。培养学生身体协调性、灵活性和动作的节奏感。提高学生的审美意识,启发学生的创造性思维";教学重点:踏板健身操的技术动作;难点:动作的协调性及节奏感。

首先确定课型,木课是以技能教学为主的新授课课型。

其次选择教学模式,根据上述教学因素,可采用传统体育教学模式、"学导式"体育教学模式或合作学习模式。教师可视自身的教学特点选择一种模式,一般传统体育教学模式相对容易掌控,自主学习模式或合作学习模式要求教师具有较高的教学综合能力。我们以"学导式"体育教学模式为例来设计本课教学方案。"学导式"体育教学模式的框架结构如图:

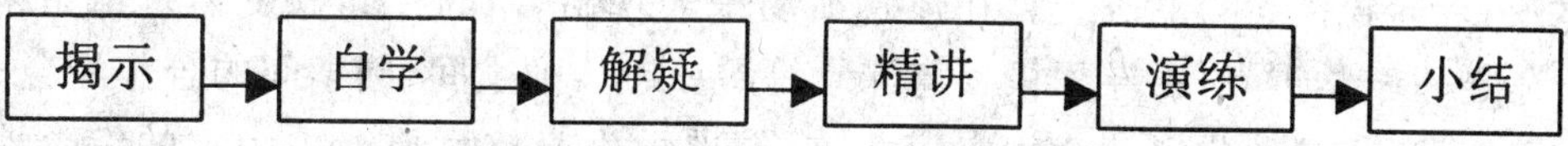

然后按照"学导式"体育教学模式的框架,安排本课具体教学环节如下:

多媒体展示踏板健身操基本动作→学生按教师提示模仿练习→教师巡回指导,提示练习中出现的问题→教师总结,师生共同练习→学生分组创编→各组展示创编成果→相互学习,师生共评。

教学环节确定后,需要把所有教学环节中的具体教学内容、教师活动及学生活动的顺序排列出来。同时,设计出每个教学环节内的各项教学活动(导入设计、提问设计、练习设计、讲解设计、演示设计等)。在此基础上,教学组织形式、教学方法及

媒体应用就可以依次确定了。

(1) 多媒体展示踏板健身操基本动作:教师富有激情的语言导入,并播放国内外踏板健身操;学生认真观看;多媒体课件辅助教学。

(2) 学生按教师提示模仿练习:教师提示模仿要求(教师设疑:踏板健身操的基本步法有几种);学生分组模仿大屏幕中出现的基本步法练习(学生可分 4 组,每组 10 人);录像反复播放。

(3) 教师巡回指导总结练习中出现的问题:基本步法练习+步法结合摆臂练习;教师各组巡回指导,帮助学生总结问题并录像;学生互帮互学,在反复练习中解决问题;摄像机连接大屏幕回放。

(4) 教师总结,师生共同练习:基本步法练习+步法结合摆臂练习+随着音乐进行踏板健身操练习;教师组织全体学生观看各组模仿练习中出现的共性问题,讲解踏板操的方法要点,带领全体学生练习(激情的口令,不断的鼓励与赞美);学生认识问题产生的原因,跟随教师一起反复练习,提高动作的协调性及节奏感;节奏感强烈的音乐伴奏。

(5) 学生分组创编:小组自编踏板操;教师提出创编要求,巡回指导各组创编;各组学生按教师要求,把大屏幕中播放的动作结合教师教过的动作进行组合编排并演练;大屏幕反复播放。

(6) 各组展示创编成果,相互学习:自编操展示;教师组织各组依次展示;各组学生依次展示自编操,其他小组跟随模仿;节奏感强烈的音乐伴奏,录像。

(7) 师生共评:评价各小组的学习表现;教师与学生一起对各组依次进行点评;摄像机连接大屏幕回放。

最后,对本课中各项教学活动的组织形式进行细化、优化,就可以形成一份比较完整的教学设计了。

2. 综合课教学设计

案例:3 年级男生 20 人,女生 20 人;篮球场内教学;教学内容:“游戏——洛阳一日游”;教学目标:“培养学生对体育运动的兴趣和爱好。发展跳跃和投掷能力等身体素质,培养积极参与的态度。在体育活动中表现出合作行为,感受体育课带来的无穷乐趣”;教学重点:引导积极参与课堂练习;难点:师生间、同学间的合作配合。

确定课型:本课是以游戏为内容载体,发展学生身体素质能力为主的综合课课型。

选择教学模式:根据上述教学因素,可采用快乐体育教学模式、情景式教学模式,本课以情景式教学模式为例来设计教学方案。

情景式教学模式是以一个主题背景来贯穿整节课的教学过程,通过教师的诱导,启发学生的想象力,让学生在教师预设教学情景内,玩中练、练中玩,环环相扣,最终完成教学目标的教学模式。教学环节安排如下:(片断)

(1)课堂导入

师:我们家乡洛阳是一座美丽、历史悠久的城市,哪位同学知道我们家乡有哪些名胜古迹?

生1:白马寺 、少林寺。生2:龙门石窟。生3:王城公园……

师:同学们真不简单,说得都很好,今天老师带你们来个"洛阳一日游"好吗?

生:好!耶!(学生听了高兴得欢呼雀跃)

(2)游小浪底

师:我们骑马去游览"小浪底"好吗?

生:好!(齐声说)

师:请同学们骑上马,握紧缰绳出发了,马儿快点跑。

生:驾!驾!(齐声高呼,做骑马状在场地上奔跑)

师:"小浪底"到了。

生:吁!(齐声说)

师:同学们,黄河是我们中华民族的母亲河,小浪底是黄河中游调水、调沙、发电等大型的枢纽工程,两岸有山有水,风光秀丽,被人们称为"北方小三峡"。

生:哇塞!真不简单(部分学生发出惊叹声)。

师:同学们看,那里有个大型的游泳池,我们也去游泳好吗?

生:好!(激动得跳起来)

师:我们先做一个热身活动——动物模仿操。请同学们和老师一起模仿各种动物做操(音乐):大公鸡、小海鸥、小花猫、企鹅、小猴子、大象、青蛙、小黄莺……(教师带领学生模仿各种动物做操)

师:我们现在先练习蛙泳:送臂、抱水……(教师带领学生一起练习蛙泳的模仿动作)

师:你们在游泳时最害怕见到什么?

生1:大蟒蛇 。生2:大鲨鱼……

师:同学们,下水了。我们现在玩个游戏,听到老师喊"大蟒蛇来了",要快速上岸,同学们听明白了吗?

生:明白了(全体学生精神饱满地说)。

师:注意加上呼吸,要快速吸气,到水里要慢慢吐气。(教师随时强调动作要领)大蟒蛇来了。(游了一会儿教师大声警告同学们,并扮做"大蟒蛇"去追同学们)

生:哇,快跑!(学生叫着,笑着,跑着,迅速上岸)(仰泳和自由泳等略)

(4) 游王城公园

略

这节小学3年级的游戏课,教师通过课前的精心构想,把每个教学环节都考虑得非常细致,内容充实,师生活动明确具体,环环相扣,并用文字描述的方法完整地呈现出整节课的教学过程,是一例典型的"情景式教学"设计形式。

四、教学设计技能的思考与练习

1. 什么是体育教学模式,它与教学方法的关系如何?

2. 结合本人的日常教学,以田径或球类教学为内容,试写一篇教学设计。

第四节　体育教学评价与反思

一、体育教学评价概述

教学评价是指以教学目标为依据,制定科学的标准,运用一切有效的技术手段,对教学活动的过程及其结果进行测定、衡量,并给以价值判断的过程。

按照不同的分类标准,教学评价可分成不同的类型:按评价基准不同,教学评价可以分为绝对评价、相对评价、自身评价;按评价功能不同,教学评价可以分为诊断性评价、形成性评价、总结性评价;按评价内容不同,教学评价可以分为过程评价、结果评价;按评价表达不同,教学评价可以分为定性评价、定量评价。必须根据体育教学设计的需要和目标选择适当的评价类型。

体育教学评价是教学评价的下属概念,它是以体育教学目标为依据,在预设的评价标准内,对教学设计方案、教学过程以及教学效果进行综合测量、衡量,通过定性或定量的方法给以价值评定的过程。

体育教学评价是教学设计过程的最后一个环节,它是教学设计的重要组成部分。它可以检验教学目标或教学计划的实现程度,使教学设计及其成果更趋有效。评价后的反馈为优化课堂教学质量指明了方向,获得肯定的做法,将会在教学中得到强化,被否定的做法,将会得到改变和纠正。

二、体育教学评价的内容

1. 影响体育课堂教学效果的基本因素

影响体育课堂教学效果的基本因素大致包括教学目标、学生、教师、教学内容、方法和管理等。现将由这些因素引发出来的评价指标分述如下:

(1) 与教学目标因素有关的指标

根据目前比较流行的教学目标分类方法,指标一般分为认知、情感和技能三个方面。认知领域可分为四个层次:识记、理解、运用、综合;情感领域可分为四个层次:接受、反应、价值化、性格化;动作技能领域可分为三个层次:了解、掌握、熟练。

(2) 与学生因素有关的指标

① 可以从表情上分析学生对教师讲解和教学内容难度的适应性。例如,对教师的讲解是否全神贯注,对掌握学习内容是否缺乏信心等。这些情况在全班学生中各有多少人? 所占比例如何?

② 可以从课堂学练过程中观察学生对教学内容的兴趣程度。例如，学生对教学内容的反应不理会、回避甚至厌烦，或学生在练习时踊跃参与、急于表现。这些情况在全班学生中各有多少人？所占比例如何？

③ 可以从课堂秩序上分析学生对练习的注意或投入程度。例如，学生是积极主动地围绕教师的提示进行思考、学练，在良好的秩序下互相讨论，还是虽然气氛平静，但注意力不完全和教学同步，或是有其他注意力涣散的表现。

(3) 与教师因素有关的指标

① 教学基本技能方面，可以从讲解、示范中判断教师的专业水平；从选用教学内容上判断教师接受、处理和传递知识的能力；从语言表达的准确程度和严谨情况判断教师的逻辑思维能力；从示范时能否随机应变判断教师对学生反应的敏感程度和及时调整能力。

② 课堂控制能力方面，可以从组织调动行为分析控制水平，了解是外部因素还是内部因素在左右教学过程；从处理偶发事件的效果上推断教师维持正常教学秩序的能力。

③ 教师的人格魅力、心理特征方面，可以从仪表、教态是否自然、大方、亲切来判断师生情感的融洽程度和教学气氛的和谐程度。

(4) 与教学内容因素有关的指标

教学内容是否符合《体育(与健康)课程标准》的要求，是否对实现学生终身体育有实用价值，是否有助于实现教学目标；在课堂教学过程中判断是否精选了教学内容，教学内容是否符合学生的兴趣和身心发展规律；从安排教学内容体系上判断知识体系是否完整，条理是否清楚，层次是否分明，是否注意到了前后呼应和触类旁通；从教学内容的衔接上判断重点是否明确，难点是否可能解决。

(5) 与教学方法和管理因素有关的指标

在教学方法方面，要判断所选用的方法是否符合学生的特点和教师的特点；能不能维持学生的注意和兴趣；能不能促进学生的理解和掌握；能给学生带来多大的满足感。在教学管理方面，要判断学生是否有学习的需要和要求；学生是否乐意在这位教师指导下学习；课堂秩序是否稳定，学练气氛是否和谐；对偶发事件是否处理得当。

2. 体育教学评价的具体内容

影响体育课堂教学效果的因素，真正要成为可以衡量和比较的评价标准，还要将上述指标体系中的各个指标依其主次关系进行权数分配，并要为所有指标进行定性描述或定量赋值。因此在确定评价标准的时候，应当尽量采用定性与定量相结合的方法。例如，我们可以用定性的方法为“教学方法”制定下述的评价标准：如果某种教学方法能较好激发学生的学练积极性，并程度不同地增进了他们对教学内容的理解与掌握，就说明所设计的教学方法具有期望的教学效果。同时，我们可以用定量的方法制定下述的评价标准：如采用分级分层教学这种教学方法后，学生对前滚翻动作技能的学习，完成动作的正确率由80%提高到90%，就说明所设计的教学方法具有推广使用的价值。

具体来说，体育课教学评价标准至少包括以下几个方面：

(1) 教学目标恰当、具体，符合体育与健康课程标准的要求，切合学生实际；

(2) 教学内容选择恰当，安排合理；

(3) 教学过程设计符合学生学习规律，符合人体生理机能活动能力变化的规律，符合学生身心发展的规律；

(4) 教学方法有利于调动学生学习的主动性和积极性；

(5) 教学活动体现以学生发展为本；

(6) 教学组织形式符合教学要求；

(7) 教学媒体选择适当，使用有效；

(8) 教学效果好。

三、体育教学评价原则和方法

1. 体育教学评价的原则

为了做好体育课教学评价工作，必须根据体育教学的规律和特点，确立一些基本的要求，作为评价的指导思想和实施准则。具体来说，体育课教学评价应贯彻以下几条原则：

(1) 科学性原则

教学评价必须根据客观规律，实事求是，努力实现评价标准、程序和方法的科学化。在进行教学评价时，不能光靠经验和直觉，而要根据科学。只有科学合理的评价才能对教学发挥指导作用。科学性不仅要求评价目标、标准的科学化，而且要求评价程序、方法的科学化。

(2) 客观性原则

在进行教学评价时，从测量的标准和方法，到评价者所持的态度，特别是最终的评价结果，都应符合客观实际，不能主观臆断或渗入个人感情。因为教学评价的目的在于给学生的学和教师的教以客观的价值判断。如果缺乏客观性就会完全失去意义，还会提供虚假信息，导致错误的教学决策。

(3) 全面性原则

在进行教学评价时，要对组成教学活动的各个方面作多角度、全方位的评价，而不能以点带面，以偏概全。由于体育教学系统的复杂性和教学任务的多样化，使得教学质量往往从不同的侧面反映出来，表现为一个由多因素组成的综合体。因此，要真实地反映教学效果，必须对教学活动进行全面的评价。评价过程中收集的信息也要全面，不能偏听偏信。

(4) 指导性原则

在进行教学评价时，不能就事论事，而应把评价和指导结合起来，不仅使被评价者了解自己的优缺点，而且为其以后的发展指明方向。也就是说，要对评价的结果进行认真分析，从不同角度查找因果关系，确认问题产生的原因，并通过信息反馈，使被评价者明确今后努力的方向。

2. 体育课教学评价的方法

体育课教学评价中，既可以教师自评，也可以由体育教学专家、同行进行评价。主要使用测试、调查和观察三种评价方法。

(1) 测试。测试是通过一定的器材、方法，设置一定的项目或试题对教学过程中教师和学生的行为进行测量的系统程序。适宜于收集认知目标、动作技能目标、体能目标等的教学结果资料。

(2) 调查。调查一般有两种方法：问卷法和访谈法。问卷法是通过书面形式向学生提出问题，从答案中获取信息的方法。访谈法是通过与教师、学生进行个别交谈或集体座谈获取信息的方法。适宜于收集情感目标的教学结果资料。

(3) 观察。观察法是为依据预设的评价标准，对教学过程中教师和学生的行为、所处的环境，记录所观察的内容，获得必要资料的方法。适宜于收集教学组织管理、偶发事件处理的教学结果资料。

评价者把测试、调查和观察所得的资料进行整理和分析，并把各类数据与预定的评价标准作比较，考察各教学活动之间的相互关系，指出教学过程中的具体问题，做出自己的综合判断，最终得出的评价结果。

三、体育教学反思

1. 体育教学反思的概念

教学反思是教师以自己的职业活动为思考对象，对自己在职业中所做出的行为以及由此所产生的结果进行审视和分析的过程。

体育教学反思是教师对体育教学活动中的教学行为、教学效果进行审视和分析的过程。

教学反思是一种有益的思维活动和再学习方式，每一位优秀教师的成长都离不开教学反思。我国著名心理学家林崇德也提出“优秀教师＝教学过程＋反思”的成长模式。叶澜教授说：一个教师写一辈子教案难以成为名师，但如果写三年反思则有可能成为名师。教学反思可以激活教师的教学智慧，不断优化教学内容，开发新的课程资源，在教学过程中创设新教法、新学法，构建师生互动的良性机制。它是教师成长的“催化剂”，是教师发展的重要基础。

2. 体育教学反思的内容

体育教学反思的内容一般包括以下几个方面：

(1) 反思成功之处。如教学过程中达到预先设计的教学目的、引起教学共振效应的做法；课堂教学中临时应变得当的措施；层次清楚、条理分明的板书；某些教学思想方法的渗透与应用的过程；教育学、心理学中一些基本原理有意使用的感触；教学方法上的改革与创新等等，把它们详细得当地记录下来，供以后教学时参考使用，也可在此基础上不断地改进、完善、推陈出新。

(2) 反思不足之处。即使是成功的课堂教学也难免有疏漏失误之处，对它们进行系统的回顾、梳理，并对其作深刻的反思、探究和剖析，使之成为今后再教学时的参照物。

(3) 反思教学机智。课堂教学中，随着教学内容的展开，师生的思维发展及情感交流的融洽，往往会因为一些偶发事件而产生瞬间灵感，这些“智慧的火花”常常是不由自主地突然而至，若不及时利用课后反思去捕捉，便会因时过境迁而烟消云散，令人遗憾不已。

(4) 反思学生创新。在课堂教学过程中，学生是学习的主人，学生总会有“创新的火花”在闪烁，教师应当充分肯定学生在课堂上提出的一些独特的见解，这样不仅使学生的好方法、好思路得以推广，而且对学生也是一种赞赏和激励。同时，这些难能可贵的见解也是对课堂教学的补充与完善，可以拓宽教师的教学思路，提高教师的教学水平。

(5) 反思再教设计。一节课下来，静心沉思：本节课摸索出了哪些教学规律；教法上有何创新；知识点上有什么新发现；组织教学方面有何新招数；解题的诸多误区有无突破；启迪是否得当、训练是否到位。及时记下这些得失，并进行必要的归类与取舍，考虑一下再教这部分内容时应该如何做，写出再教设计，这样可以做到扬长避短、精益求精，把自己的教学水平提高到一个新的境界和高度。

3. 教学反思的方法

(1) 自我提问法

指教师对自己的教学进行自我观察、自我监控、自我调节、自我评价后提出一系列的问题，以促进自身反思能力提高的方法。这种方法适用于教学的全过程。如设计教学方案时，可自我提问：“学生已有哪些生活经验和知识储备”，“怎样依据有关理论和学生实际设计易于为学生理解的教学方案”，“学生在接受新知识时会出现哪些情况”，“出现这些情况后如何处理”等。备课时，尽管教师会预备好各种不同的学习方案，但在实际教学中，还是会遇到一些意想不到的问题，如学生不能在计划时间内完成学练任务，师生之间、生生之间出现理解分歧等。这时，教师要根据学生的反馈信息，思考“为什么会出现这样的问题，如何调整教学方法，怎样的策略与措施更有效”，从而顺着学生的思路组织教学，确保教学过程沿着最佳的轨道运行。教学后，教师可以这样自我提问：“我的教学是有效的吗”，“教学中是否出现了令自己惊喜的亮点环节，这个亮点环节产生的原因是什么”，“哪些方面还可以进一步改进”，“我从中学会了什么”等。

(2) 行动研究法

行动研究是提高教师教育教学能力的有效途径。如“合作讨论”是新课程倡导的重要的学习理念，然而，在实际教学中，我们看到的往往是一种“形式化”的讨论。

“如何使讨论有序又有效地展开”即是我们应该研究的问题。问题确定以后，我们就可以围绕这一问题广泛地收集有关的文献资料，在此基础上提出假设，制定出解决这一问题的行动方案，展开研究活动，并根据研究的实际需要对研究方案作出必要的调整，最后撰写出研究报告。这样，通过一系列的行动研究，不断反思，教师的教学能力和教学水平必将有很大的提高。

(3) 教学诊断法

“课堂教学是一门遗憾的艺术”，而科学、有效的教学诊断可以帮助我们减少遗憾。教师不妨从教学问题的研究入手，挖掘隐藏在其背后的教学理念方面的种种问题。教师可以通过自我反省法或小组“头脑风暴”法，收集各种教学“病历”，然后归类分析，找出典型“病历”，对“病理”进行分析，重点讨论影响教学有效性的各种教学观念，最后提出解决问题的对策。

(4) 交流对话法

教师间充分的对话交流，无论对群体的发展还是对个体的成长都是十分有益的。如在集体备课时，教师可以向同事提出自己在教材解读、教材处理、教学策略、学生学习等方面遇到的疑点与困惑，请大家帮助分析、诊断、反思，并集思广益提出解决办法。这样合作反思、联合攻关，可达到相互启发、资源共享、共同成长的目的。

(5) 案例研究法

在课堂教学案例研究中，教师首先要了解当前教学的大背景，在此基础上，通过阅读、课堂观察、调查和访谈等形式收集典型的教学案例，然后对案例做多角度、全方位的解读。教师既可以对课堂教学行为作出技术分析，也可以围绕案例中体现的教学策略、教学理念进行研讨，还可以就其中涉及的教学理论问题进行阐释。

(6) 观摩分析法

“它山之石，可以攻玉”。教师应多观摩其他教师的课，并与他们进行对话交流。在观摩中，教师应分析其他教师是怎样组织课堂教学的，他们为什么这样组织课堂教学；我上这一课时，是如何组织课堂教学的；我的课堂教学环节和教学效果与他们相比，有什么不同，有什么相同；从他们的教学中我受到了哪些启发；如果我以后教这一课，会如何处理……通过这样的反思分析，从他人的教学中得到启发、得到提高。

(7) 总结记录法

一节课结束或一天的教学任务完成后，我们应该静下心来细细想想：这节课呈现的教学内容是否符合学生的年龄特征和认识规律，总体设计是否恰当，教学环节安排是否合理，教学方法运用是否得当，学生身心健康是否得到有效发展，教学手段的运用是否充分，重点、难点是否突出；今天我有哪些行为是正确的，哪些做得还不够好，哪些地方需要调整、改进；学生的积极性是否调动起来了，其成败得失的原因何在，还有什么困惑等等。把这些想清楚，然后记录下来，这样就为今后的教学提供了可资借鉴的经验。

4. 体育教学设计方案的反思

在日常的教学实践中，教学设计方案需要不断修正和完善。通常情况下，一个体育教师教同一年级的几个班，第一个班级进行的教学，可以成为第二个班级教学前的试教，在第一个班级教学结束后，教师就必须对教学设计方案及时进行反思，并对它进行相应修改和调整。在两个班级教学结束后，对教学设计方案进行进一步的反思，并且再次对它进行修改和调整，为今后进行同一内容的教学作好准备。还有，各级各类的教学观摩展示活动和体育教学课评优中，有的优秀课例还要制作成录像带或光盘，这些课的教学设计方案更是需要不断修改和完善。

体育教学设计方案的反思，应在设计方案评价的基础上，进行适当的修改和调整。一般来说，如果下列几条中有一条不符合要求的，就必须重新进行设计：

(1) 教学目标不符合《体育(与健康)课程标准》或不切合学生实际；

(2) 教学目标正确，但教学过程设计(如选择的教学模式、教学组织形式、教学方法等)不能达到教学目标；

(3) 教学内容的选择和安排、教学过程的设计不符合学生学习规律，不符合人体生理机能活动能力变化的规律，不符合人体机能适应性规律，不符合学生身心发展的规律，不能调动学生学习的主动性和积极性。

总而言之，教学反思，贵在及时、贵在坚持。一有所得，及时记下，有话则长，无话则短，以写促思，以思促教。教学反思为教学工作提供了“再创造”的可能，是教学创新的基础，教师成长的开始。从不同角度与方式回顾、分析、审视自己和教学行为，教师才能“形成自我反思的意识和自我监控的能力”，逐步完善教学艺术，减少“教学遗憾”。

四、教学评价与反思的练习

以日常教学中的一节体育课为例，制定评价标准，进行课堂教学评价；并在评价的基础上，写出教学反思。

第二章　教学组织管理

体育教学的组织管理是指教师在课堂教学过程中，为保证各教学要素的完整性和系统性，使教学活动得以顺利进行而实施的一系列教学行为。教师在教学过程中实施有效的组织管理，通过调节与控制、反馈与强化，形成和谐的教学氛围和环境，这对指导学生主动学习，促进学生身心发展具有重要意义。教学组织管理是保证教学活动沿着预定教学目标发展的重要保证，教师所具备的组织管理技能的高低，对课堂教学的效率和质量有着重要的影响。要想成为一名合格的体育教师，必须加强学习，积累经验，熟练掌握教学组织管理的方法和技能，不断提高课堂教学质量。

第一节　教学组织形式

教学组织形式是为了实现课堂教学目标，围绕具体的教学内容，由师生共同构建的教与学的双边活动方式，是教师、学生、教材等教学要素处于有序状态时形成的组织结构，通常体育教学组织形式多为班级教学。由于受到客观因素的影响，大班额的行政分班是目前各级学校的主流。学校供学生体育活动的场地越来越小，要在有限的体育场地内教授六七十名学生，给教师的教学组织带来不少困难，势必影响课堂教学质量。在过去的几十年里不少学校的体育教师，在课堂教学的组织形式上作了许多有益尝试，其中有男女分班教学、分项教学、合班教学等。这些教学组织形式对体育教学产生了积极的影响，有些形式对当前大班额小场地学校的体育教学难题起到了一定的缓解作用。下面介绍几种平时体育课堂教学常用的教学组织形式。

一、班级教学

班级教学是体育课堂教学中最常见的一种教学组织形式，虽然不少地区和学校在积极探索不同的教学形式，但到目前为止，按行政班级教学仍然是体育教学的主要形式。班级教学形式适合操、舞类，武术类和田径类内容的集中教学，主要以教师示范领做、学生跟随模仿练习的集体学习方式为主。班级教学形式有以下优点：在师资缺乏的学校，一名教师能教授众多学生，缓解学校由于教师缺乏而无法开展正常体育教学的困难，有利于发挥教师的主导作用，使教学计划在教师控制下得到有效实施；也有利于学生之间相互促进和交流，在集体竞争中形成团队精神；更有利于教师集中管理。不足之处是：由于学生众多，教师忙于对学生的控制，学生的独立性和创造性学习受到限制，因材施教和区别对待教学原则难于实施，学生的个性发展受到影响。

二、分班教学

分班教学指的是男女生分班学习。一般应用于高中阶段的学生，由于高中阶段男女学生的生理、体能、运动技能、兴趣与爱好等方面都发生了较大的变化，合班教学已经不能适应学生对学习发展的需要，因此，在高中阶段男女生分班教学较为普遍。教师在教学内容安排、教学方法与手段应用、运动负荷安排、帮助与保护措施上都有它独特的优势与便利。同时，教师在备课中也省略考虑许多不必要因素，更加得心应手地开展教学。所以男女分班教学深受高中教师欢迎。

随着基础教育课程发展，研究人员发现男女分班也存在着问题。由于男生失去在女生面前展示阳刚之气的空间和欲望场所，女生也得不到让男生羡慕的表现环境，男生在课堂中容易急躁、冲动，女生更加地涣散和不活跃。因此，男女分班教学中教师应更好地根据男女生生理、心理方面的特点，合理安排教材内容和学习方式，适当安排有男女共同活动的体育内容，以便调节男女学生的生理和心理，使压抑的心理状态能得到释放，使学生更加健康地成长。

三、选项教学

选项教学是学生以个人兴趣、爱好选择运动项目组成的教学班。这种教学形式越来越被学校所重视。学生按自己的兴趣、爱好自主选择运动项目进行学习，更能体现“以学生为主体”的教学特点，发挥学生学习的积极性和主动性，同时教师也能充分发挥自己的专业特长进行教学。

例如：一个年级有若个班进行分项教学，上课时学生到各自所选择运动项目的班级，在各自专项教师的指导下进行学习。分项教学适合教师资源较为富余的学校开展，教学应突出学校体育教学的特色，教师要指导学生选择适合自己的学习项目，防止有些运动项目人数过多或有些项目人数太少的现象，也要防止项目之间人数过多流动而影响正常教学，因此，在分项教学过程中学生应保持较为固定的学习内容，在学习过程中逐渐形成爱好，较好掌握1～2项体育锻炼的技能。

四、跨年级分班教学

跨年级分班教学目前正在个别课改实验学校做尝试性实验。它是在分班教学中又一种合班教学组织形式。在同一个教学时间内，不同年级的学生根据自己选择的学习项目，共同组成一个新的教学班，在教师的指导下共同学习。这种跨年级合班教学更能发挥学生学习积极性，低年级高水平的学生可以与高年级学生一起学习，同时高年级低水平的学生与低年级同等水平的学生一起完成必要的水平段学习内容。这种跨年级合班教学组织形式适合球类项目的教学。同一个水平段的学生在一起学习，使学习更加充满活力和竞争力。这种新型的合班教学形式需要有较强的师资力量和较好的体育场地、器材条件，在当前基础教育课程改革中，有条件的学校不妨进行这种教学形式的实验。

五、教学组织形式的思考与练习

1. 大班额课堂教学与分班教学的优劣在什么地方？
2. 在你校当前的教学现状下，你认为采用哪种教学组织形式更好？
3. 除上述几种体育教学组织形式以外，你认为还有其他的组织形式吗？

第二节　分组练习方法

分组练习是依据一定的教学内容和教学需要，把学生分成若干练习小组，教师视学习的发展程度到不同小组进行教学指导，或学生在小组长的负责下进行自主学习的一种教学组织形式。常用分组练习有分组不轮换、分组轮换、先合后分等。关于分组方法，新课改中出现了随机分组、同质分组、异质分组等形式。分组练习的优点是改进了大班额集中教学不能因材施教以及学生个性不能得到充分发展的弊端，又能够较好地提高教学效率，促进学生之间的合作学习，培养学生自主学习的能力。不足之处是教师不便控制课堂局面，教学管理难度较大，个别学生会因分组学习而不能自控，学生之间两极分化越来越明显，由于分组练习在管理与组织上的这些问题，安全隐患机率也会有所增大。总而言之，分组规模和组数不能超出教师所能监控的范围，否则教师难于进行教学指导，小组教学活动也难于紧凑有效地开展。

一、分组不轮换

分组不轮换通常将学生分成若干组（2～3组为宜），其练习方法一般应用于男女分别在同一课程中按不同的内容进行学习。一组学习新授教材，一组复习旧教材，在不同教学目标下教师有侧重地进行教学指导。在分组练习的过程中，学生根据教师安排的教学内容，由各组长负责进行独立练习，学生小组长的作用在分组练习中尤其重要，对学生小组长也提出了更高的要求，一个好的小组长能起到教师助手和小教师的作用。分组练习的优点是在场地器材较为充足的情况下，能使学生得到更多的练习机会。不足之处是教师难于全面关照各组的学习情况。

二、分组轮换

分组轮换是将学生分成若干小组，在教师指导下和小组长协助下各组分别进行不同教材内容的学习，按规定时间交换学习内容，这种做法在小学和初中教学中应用较为普遍。其优点是：在目前班级人数较多、场地器材不足的情况下可以使学生获得更多的学习机会，提高练习密度，也有利于学生之间互帮互学。不足之处是：教师不能全面指导学生，教学的灵活性较差，学生的学习情况得不到教师有效地监控。

分组轮换一般采用以下几种方式：

1. 两组一次等时轮换。适用于在学生人数较多的情况下，学习新内容比较困难，教师很难进行教学组织。即上课时将男女学生分成两个学习组，一组由教师带领学习新内容，另一组由小组长负责复习旧内容。在规定的时间内进行轮换。

举例：一节课 40～45 分钟时间，一般在 15～18 分钟时进行轮换。在教学中教师要适时兼顾两个练习组的学习情况，而且两组练习场地不易相隔太远。

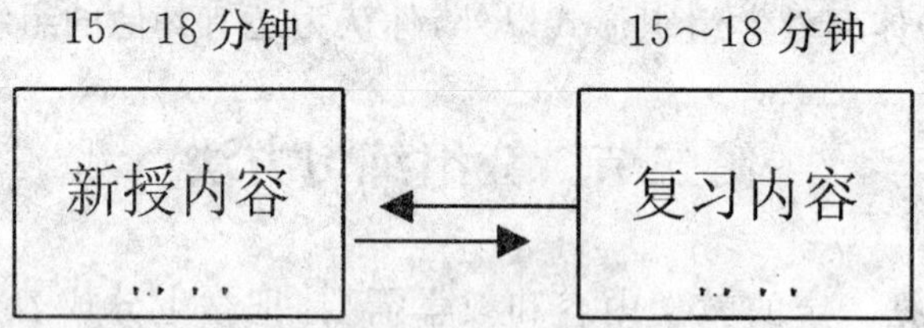

2. 四组三次等时轮换。这种分组练习方法适合综合复习课或体能锻炼课。例如，在进行篮球综合教学时，根据教材内容将全班分成四个组，在一定的时间内四组依次进行轮换，待到相隔一定时间再轮换一次，直到四组全部轮换一遍完毕。这种教学组织形式能够巩固学习内容，但对教师组织管理的水平要求较高，还需要培养组织能力强、责任心较强的小组长，才能保证教学的正常进行。

练习时间：32 分钟

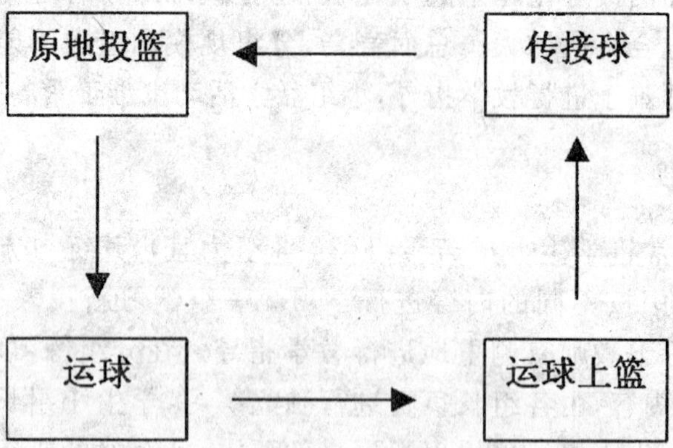

3. 先合后分组。这种先合后分的练习方法是指在授课中先集中学习同一个内容，然后再分组练习，并在规定的时间内进行轮换。例如：篮球课教学中，先将全班统一进行脚步移动练习，然后把男女生分成两个学习小组，一组进行一对一的攻防练习，另外一组进行两人一组的传切练习。

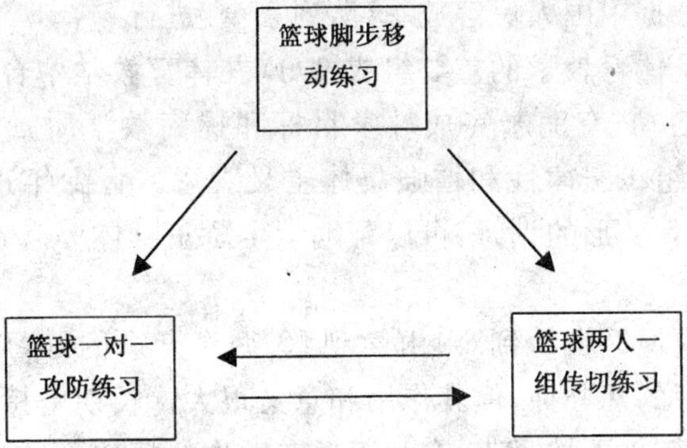

4. 先分后合组。该方法是先将全班学生分成两个小组，同时进行不同教材内容的练习，到规定时间进行轮换，然后再合起来进行同一教材练习的一种教学形式。

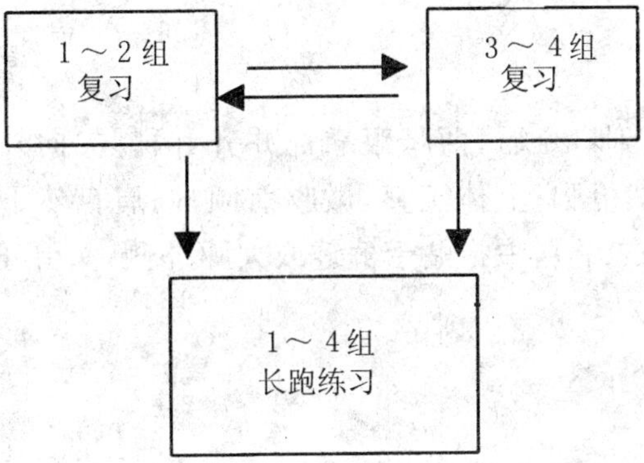

前面介绍了几种常用的分组练习形式，至于在教学中应采用哪种分组形式，时间该如何分配，应根据教材内容、教学目标、学生基本情况以及教材难易程度和场地器材等情况灵活运用，而不能千篇一律地完全照搬。分组教学的目的就是在有限的时间内充分让学生运用所学的运动技能进行锻炼，更好地完成教学目标，以达到最佳教学效果。

三、分组练习方法的思考

1. 在你们学校日常体育教学中最常用的分组练习有哪几种？

2. 你认为分组练习的方式有助于课堂教学质量的提高吗？

3. 在你的体育教学实践中是否还采用过其他的分组练习形式？它们有什么优点和缺点？

第三节　体育课常用队列队形

队列练习是指学生按照一定的队形，做协同一致的动作，学校体育教学中的队列队形练习原则上根据中国人民解放军《队列条令》进行。

队列队形练习是体育教学的重要组成部分，在体育教学中合理应用队列队形能有效组织调动学生活动，有助于完成教学目标和提高教学质量。通过队列队形练习，可以培养学生的组织纪律性和增强集体主义观念。青少年正处于生长发育期，可塑性很强，通过队列队形的训练，可以帮助学生矫正身体姿态，促进身体正常生长发育。

队列队形练习应遵循由易到难、由简到繁、循序渐进的练习原则。队列练习在教学中虽然只有短短的几分钟，但其作用和意义很大。长期坚持下去会使师生之间配合更加默契，教学衔接更加紧凑，有利于振奋学生的精神，促进体育教学水平的提高。

一、体育课常用队列练习

1. 立正

口令："立正"

动作方法：学生听到口令后，两脚跟靠拢并齐，两脚尖向外分开约一脚之长；两腿挺直；小腹微收，自然挺胸；上体正直，微收前倾；两肩自然下垂，手指并拢自然微屈（拇指贴于食指的第二节），中指贴于裤缝或大腿外侧；头要正，颈要直，口要闭，下颏微收，两眼向前平视。

2. 稍息

口令："稍息"

动作方法：左脚顺脚尖方向伸出半脚，两腿自然伸直，上体保持立正姿势。稍息过久，可自行换脚，但应先恢复立正姿势，再换脚。

3. 整齐

(1) 向右（左）看齐

口令："向右（左）看——齐"

动作方法：听到口令"向右（左）看——齐"后，基准学生不动，其余学生向右（左）转头，眼睛看右（左）邻同学的腮部，并通视全线。后列学生先对正，后看齐。左右间隔一拳，前后距离一臂，身体姿势保持正直，用碎步迅速移动看齐。

(2) 向中看齐

口令："以ＸＸ为基准，向中看——齐"

动作要领：听到"以ＸＸ为基准"口令后，基准生左手握拳高举。听到"向中看——齐"后，基准生将手放下，其他学生按照向右（左）看齐的动作要领向中看齐。

(3) 向前看

口令："向前——看"

动作要领：听到口令后，基准生不动，其余学生将头转正，恢复立正姿势。

4. 报数

口令:“报数”

动作方法:从右至左依次以短促洪亮的声音转头报数(最后一名不转头),右列最后一名报“满伍”或“缺 X 名”;纵队报数时,从前向后报数,按上述报数要领进行。

体育课中,为了教学的需要,往往用指定数字报数,或几列同时报数。方法同上,但教师应事先说明,如:“一至三——报数”、“各列——报数”等。

5. 集合

(1) 横队集合

口令:“成一(二、三……)列横队——集合”

动作方法:教师站在预定队形中央前方,面向站队方向成立正姿势,下达口令。学生听到口令后,跑步面向教师集合。基准生首先跑到教师左前方适当位置成立正姿势,其余学生随基准生依次向左侧排列,站成指定队形,自行对正、看齐,成立正姿势。

(2) 纵队集合

口令:“成一(二、三……)路纵队——集合”

动作方法:教师动作同横队集合。学生听到口令后,基准生迅速跑到教师正左前方适当位置成立正姿势,其余学生以基准生为准,依次向后重叠站成指定队形。

6. 解散

口令:“解散”

动作方法:听到口令后,学生迅速立正,离开原位。

7. 向左(右)——转

口令:“向左(右)——转”

动作方法:以左(右)脚跟为轴,左(右)脚跟和右(左)脚前脚掌同时用力向左(右)转体 90 度,体重落在左(右)脚上,右(左)脚靠拢左(右)脚;转体时,两腿挺直,上体保持立正姿势。

8. 踏步

口令:“踏步——走”

动作方法:听到口令后,两脚在原地上下起落,抬起时脚尖自然下垂,离地面 15 厘米,上体保持立正姿势,两臂动作与“齐步走”的要求相同。

9. 齐步走

口令:“齐步——走”

动作方法:听到口令后,左脚迈至约 75 厘米处着地,第一步稍大而有力。重心随即移到左脚,右脚依此法行进;上体正直,手指自然并拢微屈;两臂前后自然摆动,前摆时,前臂微向里合,手约与第五衣扣同高并不超过衣扣线。行进速度每分钟约 120 步。

10. 向后转

口令:“向后——转”

动作方法：听到口令后，右脚前掌稍微抬起脚跟着地，左脚前脚掌着地，两腿自然伸直，上体保持立正姿势，双手紧贴两腿外侧。身体向右后方向转体 180 度，然后左脚向右脚靠拢成立正姿势。

11. 立定

口令："立——定"

动作方法：齐步走时，听到"立——定"口令，左脚向前大半步着地，两腿挺直，右脚取捷径迅速靠拢左脚，成立正姿势。

跑步走时，听到"立——定"口令，继续跑进两步，然后左脚向前大半步（两臂不摆动）着地，右脚靠拢左脚，同时将手放下，成立正姿势。

踏步时，听到口令，左脚踏一步，右脚靠拢左脚，原地成立正姿势。

12. 跑步变便步

口令："便步——走"

动作方法：跑步换便步时，听到"便步——走"口令后，动令落在右脚，继续原地跑两步，第三步两臂自然放下，换成便步走的动作。

13. 左（右）转弯走

口令："左（右）转弯——走"（原地起动则为"左（右）转弯齐步——走"）

动作方法：听到口令后，基准学生立即向左（右）转走，其余学生逐次行进至基准学生变向的位置时，亦向左（右）转向新方向跟进。

横队左（右）转弯走时，左翼第一名原地踏步，并逐渐向左（右）转动；右（左）翼第一名以大步行进，注意不要挤左（右）翼学生；其余学生向右（左）翼取齐，不转头，并始终保持规定的间隔，越接近左（右）翼的学生，步幅越小。全体转向新方向后，原地踏步再下达"前进"或"立定"的口令。

14. 行进间向后转走

口令："向后转——走"

动作方法：口令"走"的动令落在右脚上，左脚向前一小步作为缓冲，重心在两脚之间，两脚前脚掌着地并迅速向右后方向转体 180 度（成右脚在前左脚在后），按口令节奏左脚迈出第一步。

二、队列练习的教学建议

1. 提高学生练习兴趣。学生几乎天天排队走路，有的学生会感觉队列练习单调乏味、兴趣不高。这就要求教师要以身作则，严格要求，端正学生学习态度。善于发现并及时解决练习中发生的问题，正面教育、鼓励、表扬和帮助。

2. 采用多变的形式，取得最佳的练习效果。原地、行走和跑动中，做各种队形练习。在检查学生个别动作时，可以一个接一个或三、四个学生分列做，便于教师检查和指导。

3. 多人示范。由于队列和队形练习是集体练习，以多人示范动作，才能达到示范效果。如队列练习的“左转弯走”动作，第一列四个排头怎么走，最左边和最右边同学脚步移动方法、速度、转体速度、眼睛的观察等方法是单人示范不清的。这时教师可带领第一排或充当左边排头学生四人一起示范。使学生既看到每个人的动作，又看到互相配合的排面的变化，产生立体直观的视觉效果。

4. 注意口令的运用。口令是教师完成队列队形练习的重要语言工具，是必须执行的口头命令。教师应不断提高口令技能的应用水平，提高队列练习的质量。

三、体育课常用队形

1. 四列横队队形

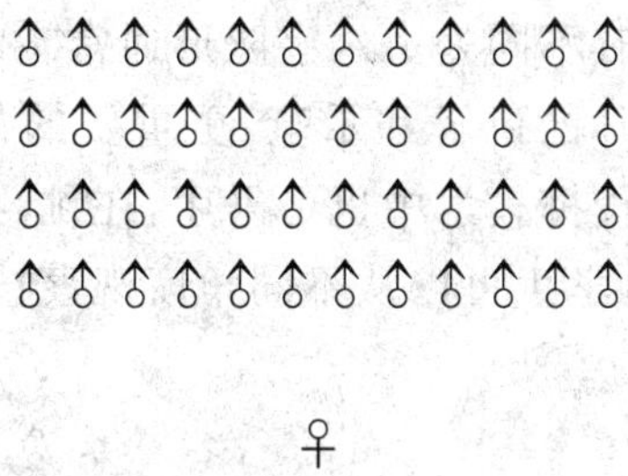

四列横队是体育教学中最为常见的上课集合队形，无论是上课前的整队还是教师在讲解示范时，学生基本上在教师的视线范围内，有利于教师教学组织和管理，不足之处是这种队列形式的后排学生视线受到一定的限制，如果让前二排学生蹲(坐)下，就不会影响后面学生的视线，这样效果会更好。有些教师让女生站在前面，男生在后面，便于教师男女兼顾，也有的让男生站在前面，女生在后面，这种做法便于教师更好管理男生。具体男女生谁在前，谁在后，要根据教师个人习惯和教学管理需要来确定。

2. 双列式队形

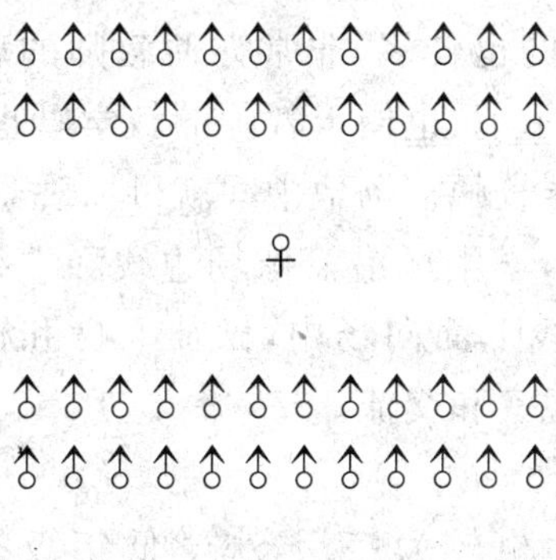

双列式队形是在四列(路)横(纵)队队形的基础上变化形成的，或者由教师直接指令学生站成规定的队形，这种队形有利于学生对教师示范讲解的观察。例如，教师讲解和示范球类项目技术动作时，两侧的学生更容易听清和看清教师所讲解的内容和动作示范，这种教学队形在教学中经常应用。双列式队形要注意两队相隔距离不能太近，一般相隔 5～6 米左右，如教学需要可以更大一些，否则会影响学生的视线。

3. 八字与弧形队形

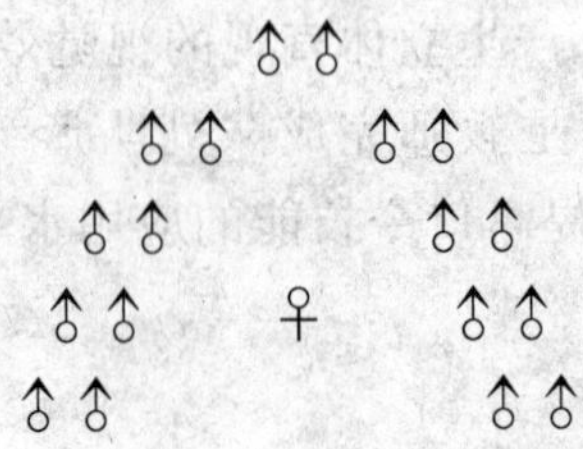

这两种队形有共同处也有不同处。八字队形通常在教学投掷时运用较多，此队形学生不但能看清和听清教师的讲解和示范，更重要的是较为安全，学生在教师位置的两侧稍后。弧形队形在投掷教学中也可采用，在跳高教学中有许多教师也往往采用这种队形进行课堂教学，学生可以从不同角度观察技术动作和讲解。

4. 方形或长方形队形

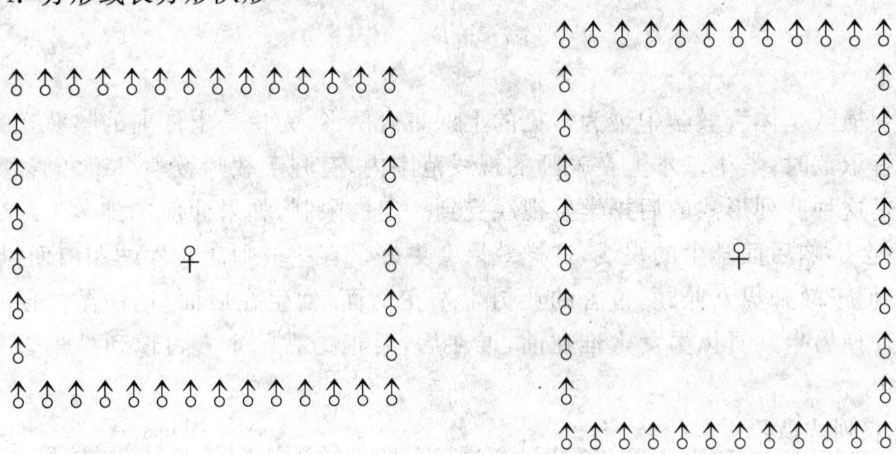

方形队形在教学中运用的也较多，非常方便教师的教学组织，学生无论在任何位置都能看清教师的讲解和示范，也便于教师的教学管理。例如，上技巧课时，四组练习各占一个练习区域，这样教师在场地中间就可以观察到各组练习情况。长方形队形在篮球教学中较为常见，学生可沿篮球场边线和端线做各种跑动练习，也可以站在线上面向场内，做徒手操和模仿性练习，学生之间又能相互观察和交流。

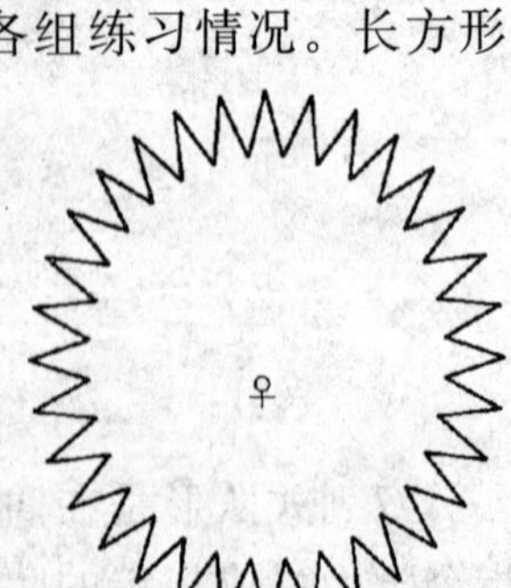

5. 圆形队形

圆形队形在教学中应用也较为广泛，小学低年级教学时，圆形队形可以增强师生间的亲和力，课中临时集中又能省去不必要的队伍调动时间。学生在任何位置都能看清教师的示范，同时，学生之间也能相互观察，而且也有利于调动学生学习的积极性和兴趣。例如，技巧课、舞蹈课就常用圆形队形，也可应用于课的开始部分的热身活动和结束部分的放松活动。

6. 散点式队形

散点队形更能体现学生的自主性和教学的灵活性。教师对个别小组和区域练习组的指导、评价等运用该队形较为合适，而且具有灵活性。许多练习如篮球的运球练习，单个项目的自由结合以及游戏活动等，都可采用散点队形，这种练习形式体现以学生为主体，培养学生学习的自觉性，促进学生个性的发展。

总之，教师要根据教材、人数、教学组织和场地器材布局的需要灵活运用队形。教师要勤思考善动脑，在平时教学中加强对学生这方面的训练，使学生明白调动队伍的意图，减少不必要的混乱，达到师生心灵相通的境界，使体育课队形真正起到为教学服务的作用。

四、体育课队列队形的思考与练习

1. 你认为现阶段体育教学中是否应该进行队列队形的练习？
2. 队列队形的练习和要求是否能促进学生组织纪律性与合作精神的养成？
3. 你在日常体育教学中是否还运用过其他的队形？效果如何？
4. 把你在体育教学中常用的队形画出来，比较它们的优劣和利弊。

第四节　体育课运动负荷的测量与调控

由于体育课程的性质是以身体练习为主要手段，以增进身体健康为主要目的，身体练习必然引起人体生理反应，身体练习中必然存在运动负荷问题，所以，体育教学的练习设计必须遵循人体生理规律，必须讲究运动负荷的科学合理。一般来说，运动负荷由练习密度和练习强度构成。练习密度是指单位时间内完成练习的频度。练习强度是指单位时间内完成的练习对生理负荷的影响(是由练习的数量、时间和难度因素决定的)。运动负荷的安排应遵循人体生理机能活动变化的规律，循序渐进，由小到大，有节奏地增加运动负荷，以达到增进身体健康的目的。

一、体育课的练习密度

体育课的密度是指一堂课中各项活动合理运用的时间与课的总时间的比例。

研究课的密度是当前体育教学中比较容易进行的一种定量分析的方法。因此，它对于如何有效地利用上课时间，检查课中存在的问题，提出改进的方法，不断提高课的教学质量都有重要意义。

体育课的密度包括一般密度和练习密度。在日常体育教学中我们主要测定练习密度（又称运动密度），由于练习密度的测定方法简便易行，又最能直接反映体育课的教学特点和学生锻炼效果，对提高体育教学质量影响较大，因此是教科研人员评定体育课教学质量的方法之一。

二、体育课练习密度的控制与调节

体育课各部分活动时间分配不能机械地规定出固定的时间比例，应从这节课的教材特点和教学目标出发预设。以学生练习的时间为课的主要成分，教师要精讲多练，减少不必要的教学环节，力争学生做练习的实际时间能达到30％～40％（即练习密度）。体育课运动负荷量不但与练习密度直接相关，而且与强度的大小有密切联系，切不可盲目追求练习密度。课的练习密度是否合理，各项活动时间的相互关系如何，应根据本课教学目标、教材内容和学习对象的特点以及场地器材、气候条件等方面而定。在安排与调节课的密度时，应注意以下几点：

1. 认真备好课是完成教学任务的基本保证。教师在钻研教材的同时要对学生身体状况进行全面的了解，万万不可为了追求练习密度而不考虑学生的情况。应根据教学目标和教学条件等，合理地确定与安排各项活动的时间。如新授课，教师指导的时间应相对地多些，学生做练习的时间就相应地少些，复习课则相反。

2. 改进教学方法和组织形式。教学方法要具有多样性和灵活性等特点，充分利用一节课进行有效的课堂教学，充分发挥学生自主学习的积极性和主动性。教学组织应尽量减少不必要的组织措施和队形调动。场地器材的布置要便于教学，器材尽量做到一物多用。

3. 在教育学生自觉维护课堂纪律的同时，又不失对其学习兴趣的提高和积极性的发挥，学生的个性发展应建立在教育目标上的发展。发挥体育骨干分子的作用，以便帮助老师做好教学小助手的工作。

4. 教学计划性和灵活性。课堂教学的设计是根据教材和教学目标预设的，在实际教学过程中与原教学方案会发生不协调的现象，一些（生成的）问题会随着教学的深入开展而逐渐生成，这时就需要教师灵活调整原先设计好的教学方案，力求教学目标更好地完成。

三、体育课练习密度的测定方法

测定体育课练习密度是为了分析研究在体育课中合理安排学生练习的时间。其测定的方法和步骤是：

1. 准备工作：分工（一般一人计时，一人记录）；准备好预先制作的测定图表，确

定受测试者，以便做好准确记录(见下图)

体育课练习密度数据统计表

学校＿＿＿＿＿＿班级＿＿＿＿受测者＿＿＿＿＿＿性别＿＿年龄＿＿

结构	练习名称	练习次数	练习时间	练习强度	练习质量	百分比	备注
开始							
准备							
基本							
结束							
总计							

任课教师＿＿＿＿＿测定者＿＿＿＿＿时间＿＿＿＿＿气候＿＿＿＿

2. 测定工作：从上课开始到下课结束，测定登记学生的实际练习时间。与课中用于学习和发展身体素质练习的内容都应算作练习时间。一般应从开始姿势到结束姿势作为练习的有效全过程，即人动表开，人停表停。测量中应注意，体操、武术中静止用力的动作应算作练习时间。跑的项目学生完成一次练习，从终点走回起点不应计算时间。如果要求学生跑回起点应计算时间。时间计算应精确到分秒。

体育课练习密度计算公式：

$$全课练习密度=\frac{各部分练习时间之和}{课的总时间}\times 100\%$$

例如，课的四个部分练习时间分别是 $1'$、$5'$、$9'$、$2'$，则：

$$全课练习密度=\frac{1'+5'+9'+2'=17'}{45'}\times 100\%=37.8\%$$

3. 数据分析：根据课的教学目标、学生身体素质情况、教材特点、场地器材和气候等综合情况，一般一节体育课的练习密度应在 30%～40%之间，有些课的练习密度会超过 40%，有些课会低于 30%。这由教材性质来决定。例如，篮球课练习的密度要比田径项目的投掷课高，体操项目器械练习的密度低于其他教材内容的要求，但运动负荷强度高于其他项目。通过对课的练习密度的统计，分析一节课各部分的练习密度是否适当，以此作为提出改进教学方法和组织形式的依据之一。

四、体育课练习强度

强度是指单位时间内完成的练习对人体生理负荷的影响，是由练习的数量、时间和难度因素决定的。例如，50 米跑练习要求一节课跑 6～8 次，虽然次数不多，但强度较大；在单双杠教学中，由于难度较大，造成学生心理负担程度远大于其他项目。所以课的练习强度大小与练习次数、时间和难度都有着密切的关系，教师在授课中不可盲目强求统一。

1. 体育课练习强度的控制与调节

体育课练习强度的大小是受练习次数、时间和教材难易度影响而定的。过去评价一节课的好坏主要从运动生理指标来确定，新课程改革以来虽然不再强调以生理指标衡量一节课的优劣，但就课程性质而言，“体育与健康课程是一门以身体练习为主要手段、以增进中小学生健康为主要目的的必修课程”。所以，没有一定练习强度和运动负荷的体育课是达不到锻炼身体的目的的，如果练习强度过大反而会影响学生身体健康发育，因而合理安排练习强度应注意以下几点：

(1) 认真备课是完成教学目标的关键。所以深入研究教材，了解学情，合理预设教学各部分练习时间、次数和要求。器材数量和高度都要根据教学需要做相应的增减(数量)和调整(高度)，不可千篇一律要求每个学生，应因人而异有所区别。

(2) 不同教材内容应采用不同的教学手段，难度较大的教材，要适当控制练习次数和增加休息时间。难度较小的教材，可适当增加练习次数和减少休息时间。例如，单双杠练习由于用上肢来支撑身体的重量，而且是在一定的高处完成动作，上肢手臂和心理负担都较重，应减少练习次数，增加间歇时间，讲究动作质量。

(3) 体育教学应区别于竞技体育训练，教材难度低，学生身体素质较好，能承受较大的练习强度，相反，不考虑诸多教学因素一味地增加强度反而会影响教学的进行，还会发生一些不可预测的安全隐患。所以，在预设练习强度时教师应全面考虑各方面的因素，科学安排练习强度以保证学生身心健康发展。

2. 体育课运动负荷的检查和评定。一堂体育课运动负荷的安排是否合适，要通过实践来检验和评定。通常采用观察法、自我感觉法、生理测定法检验和评定课的运动负荷。

(1) 观察法：这是教师在课中常用的一种方法。主要是观察学生的呼吸、汗量、脸色、表情，以及完成动作的质量、动作的准确性、控制身体的能力和做练习的积极性等，发现运动负荷过大时应及时调整。

(2) 自我感觉法：是教师在课后或课中了解学生对课的主观感觉来判断运动负荷的大小。自我感觉包括饮食、睡眠、肌肉酸痛程度、情绪和练习兴趣等。课后若无任何反应是运动负荷过小；饮食增加，睡眠香甜，肌肉有酸痛现象，经短期休息后即消失，精力旺盛，则运动负荷适当。如运动负荷过大，则食欲减退，睡眠不充分，全身疲倦无力，肌肉酸痛难受，并伴有恶心、头昏之感。(见下图表)

疲劳程度的表现

观察项目	轻度疲劳	中度疲劳	非常疲劳
面色	稍　红	相当红	十分红或苍白
汗量	不　多	较多，特别是肩带部分	大量出汗(特别是躯干部分)，运动衣上出现白色盐迹
呼吸	中等速度	显著加快	呼吸急促，有喘不上气的感觉
动作	动作准确步态轻稳	动作摇摆不定	动作失调，步态不稳，用力颤抖，反应迟钝
表情	情绪愉快	略有倦意	精神疲乏，注意力不能集中

(3) 生理测定法：是检查评定课的运动负荷最客观的方法。它包括脉搏、血压、

呼吸频率、肺活量、吸氧量、体温变化、尿蛋白、血糖等的检查和评定。但这些方法比较复杂，在中学体育课中不易进行。因此，国内外通常用课中心率的变化情况来检查和评定课的运动负荷是否恰当，这叫脉搏测定法。

最适宜的心率是多少？中学体育课的合理心率应该控制在什么范围内？国内和国外都进行了广泛的研究和探讨，也提出了许多评定运动负荷的指标和方法。但是由于世界各国的情况不同，就我国来讲，各地区的情况也不一样，人与人之间也存在一些差别，因此，不可能有一个共同的绝对指标，应该根据本地区、本学校学生的实际情况而定。

五、心率测定的方法和步骤

心率测定的方法：一是遥测法，用遥测仪测验，比较准确，应大力提倡；二是用听诊器，直接测听心跳频率，但操作较复杂；三是用手指触摸脉搏，比较简单易行，是目前在体育教学中最常用的一种。

测定心率的步骤如下：

1. 准备工作

(1) 认真研究测定班的教案，了解课的任务、教材内容和组织教法。

(2) 确定测定的方法和分工。目前学校有仪器的很少，一般多采用手指触摸法。为了准确无误，测定与记录由两个人明确分工进行。

(3) 手指触摸法：用手指的食指、中指和无名指按压在桡动脉处，感觉动脉跳动力度就可以测量出心率的次数，触压脉搏时不要用力太大，以保证血液的正常流动。在测试前工作人员应做试测准备，保证测试工作的准确性。

(4) 选定测定对象（一般中等水平为宜）并做明显的标志，与受测者商定配合方法。如课前不做剧烈活动，课中站在适当位置，便于测试人员操作。如果使用遥测方法，在上课前要将仪器给测定对象佩带妥当，并对好频率，试验接受情况。

(5) 准备好秒表两只和记录表格（如下表）。

体育课运动心率测定登记表

学校__________年级____班____受测者__________年龄____性别____

上课教师__________测定者__________测定时间__________气候____

测定顺序	测定时间	测定的练习内容	脉搏次数(次/分)	备注
课前安静时				
开始部分				
准备部分				
基本部分				
结束部分				
课后 $2'\sim5'$				

2. 测定时应注意以下几点

(1) 要选择好测定时机，一般应从五方面进行测定，课前安静时测；定时测(每3′～5′测一次)；练习前后测；课结束时测；课后2′～5′测。课中可根据学生练习情况，采用定时测与练习前后测相结合的方法。

(2) 一次测量的时间，一般只测10秒的脉搏次数，如遇教学比赛不能停止练习，也可测6秒的脉搏，然后换算成一分钟的脉搏次数登记。

(3) 测定要及时，随着被测者转移测定位置，在练习结束后就近立即测定，以便获得准确的数据和不影响课的进行。

(4) 要按登记表的要求，登记好测定的时间(顺序时间)、练习的名称、脉搏次数，以及影响脉搏变化的其他因素和被测者的表现。

3. 统计与计算

(1) 坐标式：在事先准备好的坐标图上，按所测的时间顺序，脉搏次数，绘制出脉搏曲线图。将每次所测得的数据填入脉搏变化曲线图，并将各点连成运动负荷变化曲线，以便直观地显示出课中脉搏变化的情况。

运动心率脉搏曲线图

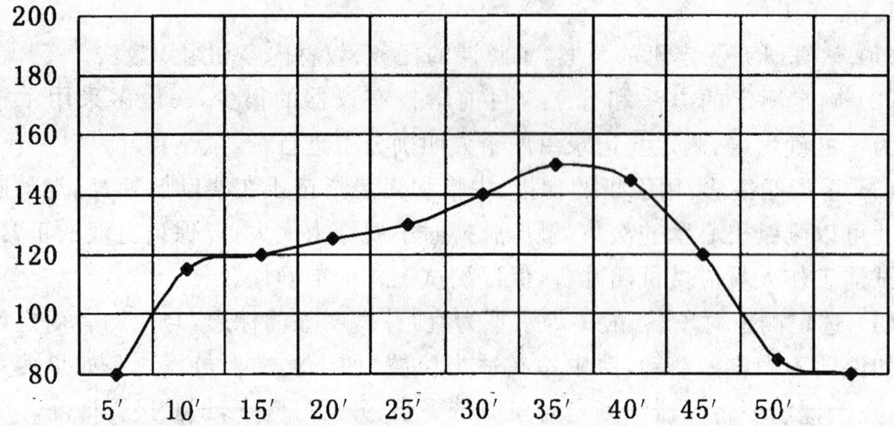

(2) 计算课的脉搏平均数(平均心率)的方法：平均心率是指全课心率的总和除以课的时间，求得课的每分钟平均脉搏数。

$$运动负荷指数=\frac{课中学生平均运动心率}{课前学生安静心率}$$

$$运动负荷=\frac{135次/分}{80次/分}=1.7(运动负荷为中等强度)$$

1.2以下	1.2－1.5	1.5－1.8	1.8－2.0	2.0以上
最小	小	中	大	最大

下面介绍一种新的用心率控制运动负荷的方法——靶心率。

靶心率是通过有氧运动提高人体心血管系统机能时，有效而且安全的运动心率范围，通用来调节运动负荷，帮助人通过心率来了解和控制体育锻炼的运动强度。

其计算公式：

最大心率＝220－年龄

靶心率＝最大心率×60％和最大心率×80％(成年人靶心率的上限为最大心率×80％;青少年靶心率的上限为最大心率×85％)

例如:一名初中一年级13岁学生的靶心率。

最大心率＝220－13＝207次/分

靶心率＝207次/分×60％＝124次/分;207次/分×85％＝176次/分

说明这位初中13岁学生的靶心率范围大约在124次/分和176次/分之间。靶心率为人们提供了运动时安全有效的心率范围,学会了如何根据靶心率来调控自己的运动强度,就能更好地为体育运动服务。

六、调节运动负荷的方法

1. 改变动作的速度、速率、强度等。

2. 改变练习密度。

3. 改变练习的条件(如改变活动范围、器械的重量和高度、附加的练习条件等)。

4. 改变练习的方法(如用循环练习法、增加竞赛因素等来增大运动负荷)。

5. 运用组织教法措施(如运用讲解、示范、组织学生观察、分析、提问、讨论等方法以降低运动负荷)。

七、安排体育课运动负荷应注意的事项

1. 根据课的任务和要求来安排运动负荷,课的主要任务不同,运动负荷也不一样。如新授课的运动负荷相对小于复习课的运动负荷。

2. 应根据学生年龄、性别、身体状况、训练水平、体质强弱等实际情况安排运动负荷,一节课的运动负荷应以绝大多数学生的承受能力为标准,并要做到区别对待。

3. 要考虑教材的性质、活动范围、难易程度、练习强度和教材之间的关系等要素安排运动负荷,这些要素对运动负荷有很大影响。如短距离助跑跳远与全程助跑跳远,学习熟悉动作与生疏动作的运动负荷都不一样。

4. 安排运动负荷还要考虑其他有关因素。如季节气候、上体育课的时间、学生课前体力活动负担等情况。课前根据以上要求进行周密考虑和安排之后,还应在教案中绘出课的运动负荷曲线预计图,以便有计划地锻炼学生的身体,作到心中有数。同时也可作为测定和评定检查课的依据。课的进行中,教师要善于观察运动负荷的大小是否恰当,并能及时采取有效措施来调节课的运动负荷。

八、运动负荷测量技能的思考与练习

1. 你认为现阶段重新提出体育课练习密度和强度要求有必要吗?

2. 你能否应用心率测试的方法来调控体育课运动负荷?

3. 你是否还有其他调控运动负荷的方法？

4. 在自己的手腕处用食指和中指触摸脉搏，测量10秒的脉搏数，再换算成1分钟的脉搏数。要求迅速触摸，测量准确。

5. 计算出你所教学生的靶心率范围，并把这一数字告诉学生。

第五节　体育教学课堂常规

体育教学课堂常规是根据体育学科的特点、教学规律、教学原则而制定的体育教学行为规范与具体要求，是教学活动科学化的具体表现。体育教学课堂常规是一个由多环节组成的体系，是新课程教学改革中体育教师应遵守的最基本的教学规范。

随着基础教育课程改革的深入发展，新生力量不断充实教师队伍，一些新的教学问题随着教改的深入发展而发生，影响着体育教学的进一步发展。重新审视和建立行之有效的教学常规，在传承与创新中帮助青年教师尽快适应新课程体育教学，指导青年教师按新的教学常规要求开展体育课堂教学，对于有效提高体育教学质量具有重要意义。

一、教师课前要认真温习教学环节和技术动作，合理布置场地和检查器材是否安全可靠。教师要身着运动服(鞋)提前到达授课地点，做好教学准备工作。

课前的教学准备是保证教学完成的第一步。教师应有高度的责任心对待每节体育课，这样就需要教师认真备课，课前应进一步熟悉教学的各个环节，制定教材内容的重难点、知识的切入点，以及在教学组织和教学方法中应采取的策略。教师课前一定要温习技术动作，教师的示范动作的成败起着重要作用，教师切不可忽视。例如，教师的示范动作失败会使学生的学习增加畏惧感，成功则会起到“事半功倍”的效果，同时教师的体育运动能力会深深烙印在学生的心目中。

教师身着运动服(鞋)上课是体育教学的特殊需要。不得体着装会影响学生对体育教师的印象。教师要重视课前对体育器材的维修和检查，杜绝不安全器材在教学中使用，保证课堂教学的顺利进行。

二、学生应身着运动服(鞋)上体育课，在体育委员组织下提前到上课地点，教师应检查学生是否携带有可能伤害身体的物品。

学生身着运动服(鞋)上体育课是体育课程性质的需要，不适宜的着装会影响体育活动。在发达国家中对中小学体育课学生着装有明确的要求，不同季节不同运动项目要求学生穿不同的服装上课。我国一些经济发达的城市学校基本上做到学生上体育课身着运动服，体现了青少年学生朝气蓬勃的精神面貌。

课前体育委员应主动与教师联系，帮助教师准备上课器材，组织学生提前到达上课地点，为上好体育课做好必要的课前准备。为了保证学生运动安全，课前教师和体育委员要提示学生不要把小刀、钥匙、发卡等带在身上，以免在运动中伤害身体。

三、上课前要整队并清查人数，处理见习生。要向学生宣布本课学习内容和教学目标，进行必要的队列队形练习，组织学生做好热身活动。

课前整理队伍是体育教学组织管理工作的基本要求，是培养学生组织纪律性的手段之一。新课程改革以来，有些教师误解学生的个性发展与体育课程性质的要求，放松课堂教学组织，无原则的宽松，用自由形式的教学代替严谨有序、张弛有度的教学。例如，目前不少学校体育课流行所谓的培养学生小教师的做法，由学生干部代替教师进行队列训练、准备活动以及教学示范。如果学生能代替老师，那么还要教师做什么？这种做法是教学自由化的表现，长期下去会弱化教师的教学技能，需要教师做的事必须一丝不苟认真完成。

课前向学生宣布本课学习内容以及目标达成程度，要使学生明白本课学习什么内容，要达到的标准，要使学生有目标地学习。现在有的学校个别教师还存在着教学随意性，想到哪里上到哪里，根本不清楚上体育课在做什么。这种做法既达不到锻炼身体的目的又违背体育学科教学要求，必须纠正。

四、教师要认真进行动作示范和讲解，要精讲多练，突出重难点；要用普通话教学，讲究用语规范。

教学示范是教师教学的第一语言，讲解与示范是帮助学生建立正确技术动作概念的基本途径。教师在做教学示范时要注意示范的正确和完整，要注意示范的位置和方向，根据学生的情况和教材的特点，完整地或分解地、常速地或慢速地示范。有的也可以用直观教具来进行示范。例如：多媒体动画、插图、道具等。示范要与讲解配合，用语言和手势帮助学生对技术动作的理解。讲解要做到以下几点：

1. 有的放矢，抓住时机，避免空谈。
2. 简明扼要，提纲挈领，避免烦琐。
3. 突出重点，指明实质，分清主次。
4. 运用术语，措辞准确，生动形象。

讲解与练习的形式很多，可以先讲后练，也可以边讲边练，还可以集中讲解与分散讲解相结合，防止讲的多练的少，要使学生在练习中感悟动作要领，在讲解中了解技术动作的概念和重难点。讲解与示范在运用上要密切配合，使学生的直观感觉与思维活动相结合，努力提高学习效果。

五、体育课要有适宜的运动负荷和练习时间、次数及强度，要以运动技能教学与身体锻炼为载体，切实促进学生运动技能的掌握和运动能力的提高。

合理安排课的运动负荷对于锻炼学生身体，掌握运动技能和满足学生运动需要具有重要意义。当前一些中小学体育课主要存在的问题是运动负荷偏小，练习时间和次数不够，教学内容空洞，教材内容选择出现低龄化、幼稚化和生活娱乐化。教材内容选择脱离体育课程性质，教学过于追求形式化，忽视体育课以身体练习为主要手段、以增进健康为主要目的、以运动技术为载体的根本性质。

运动负荷过小起不到锻炼的作用，运动技术含量低不利于运动技术的发展。反过来讲，运动负荷过大会挫伤学生锻炼的积极性，运动技术过难，会影响学生学习的兴趣。适宜的运动负荷需要教师在教学实践中不断摸索和研究，教师要根据不同教材、学生实际情况和场地器材条件等因素，对各部分学习时间、练习数量等要提出具体要求。

六、加强安全教育，严禁教师中途脱离教学岗位，要有效地组织教学活动，要有处理课堂突发事件预案。

体育课安全是上好体育课的基本保证，理应受到我们高度重视。目前，中小学体育课均处在人数多、场地小、器材少，难于有效地组织教学的现状。这需要我们教师合理组织教学，充分考虑到教学环节中的不安全因素，采取不同形式的教学组织。例如，分组轮换，分组不轮换练习等，可以缓解人多场地小、器材少的矛盾。

教师要坚守教学岗位，注意观察学生学习动态，调控学习节奏和学习情绪，尤其是分组练习时，由于练习小组处于教师直接视线以外，小组长的作用尤为重要。在处理突发事件时教师要冷静，准确，因势利导，及时处理。

七、体育课结束前要做好身心放松活动和课堂学习评价，并提出课外锻炼的要求。

体育课结束前进行身心放松活动是体育课重要的组成部分。当前中小学体育课中不少教师忽视这个教学环节，没有预留放松部分时间，而直接结束课的练习，这种做法是违背教学规律的。学生身心得不到充分调节和恢复，会直接影响后面其他课程的学习，其次对身体健康也会产生不利影响。

所以，体育课结束部分与其他部分同样重要，要做好身体肌肉和心理的调节放松，有助于今后学生身心健康发展。教学评价会使学生更加增强学习的自信心，帮助学生看到自己学习的进步和不足，有利于体育课程学习的深入发展。同时，要对学生提出课后锻炼要求，帮助学生制定课外体育锻炼计划，使体育课程学习更加有利于学生健康和谐地发展。

八、教师要对本课教学过程做好教学反思并记录在案，不断改进教学工作，提高教学质量。

为了提高教学质量，课后反思是不可缺少的课后教学活动。教师应对本课或本单元教学进行阶段性教学反思与小结，反思与小结的内容应包含以下几个方面：

1. 教学预期目标的达成分析；

2. 教学手段的应用、教学组织是否有利于学生运动技能的掌握和提高；

3. 教材的难易度是否适合现阶段学生发展需要；

4. 实施的教学方式是否有助于学生学习积极性的发挥；

5. 教学过程中的激励性评价语言是否起到推进作用；

6. 教学中共性与个性问题是否做到因材施教，区别对待，使每个学生都学有所得。

新课程改革对教师提出了更高的要求，教师要坚持不懈地进行课后反思，要在教学中学会反思，在反思中得到启迪，在启迪中不断进步。

第三章　场地器材使用

任何体育活动都是在一定时间和空间内进行的，体育场地是运动空间的具体形式。体育场地的数量和质量直接影响到体育活动的质量和效率。在某种意义上说，离开了体育场地，学校体育课程就无法正常存在。除了体育场地之外，多数体育活动的开展还需要特定的器材作为重要手段，配备充足的体育器材与合理使用体育器材可以提高锻炼效果，使体育锻炼更具有趣味性和实效性。因此，合理设计、充分利用、有效开发体育场地和器材资源，是提高体育教学质量的重要条件之一，也是体育教师应该具备的重要的教学技能。

教育部研制的《中小学体育器材和场地》(国家标准)已经从 2005 年 10 月 1 日开始实施。该标准根据中小学生的年龄特点，研究制定了科学具体的、符合中小学生年龄特点的体育器材和场地标准，为中小学校体育器材场地的建设工作提供了基本依据。中小学体育教师在规划、购置和使用体育器材场地的过程中，应该以这一标准为重要依据，为中小学生提供科学合理的运动场所和器材。

第一节　体育教学场地的布局和使用

体育教学活动的正常开展离不开运动场地，无论是什么样的场地，在具体使用中都应该有一个合理的布局，合理的场地布局和使用便于教师观察和指导学生的练习情况，保证学生有一个合理的练习空间，能提高学生练习的积极性和趣味性，从而有效提高体育教学效果。因此，体育教师在教学设计中，要对练习场地的布局和使用进行精心的思考与策划。

一、体育教学场地布局和使用的基本要求

1. 安全性

体育锻炼的目的是增强身体健康，如果因为场地问题使学生身体受到伤害，那就失去了体育锻炼的意义。因此，体育场地在布局和使用中首先要考虑的问题就是安全性。体育教学中要保证学生在安全、宽敞、舒适的环境下进行运动技能的学习和身体锻炼。体育场地要宽敞、平整，硬度适中，场地内没有障碍物和不利于运动的物体存在。投掷项目的投掷方向尽量朝空旷地带或“无人区”。在跳跃项目的落地区一定要有沙坑或垫子等。

2. 趣味性

场地的布置和利用一定要考虑不同年龄阶段学生的能力、兴趣和爱好，考虑学生的心理特征，以激发学生对体育运动产生浓厚的兴趣。如小学的体育场地应注意突出外观效果，以鲜明的色彩，明快的线条，有趣的图片等吸引学生对锻炼场地的注意力。初中的体育场地标准化程度较高一些，但也应该根据初中生的特点对标准竞技场地进行改造处理，使之适合初中生的年龄特点。如近年来兴起的"快乐体育园地"具有浓烈的趣味性，比较适合中小学生的年龄特点，应该在中小学校大力普及。高中学生已接近成人，体育场地的标准化程度更高，可以接近或使用标准的竞技体育场地。总之，根据不同年龄阶段学生的特点来设置和利用体育场地，是保证体育教学质量的重要条件之一。

3. 目标性

体育课程的目标体系包含了身体健康、运动技能、心理健康等多个学习领域，但是体育教学多元化目标的实现有赖于运动技能的学习和身体锻炼的过程，所以，体育场地的布局和使用要有利于教学目标的实现，特别是要有利于运动技能的学习和身体的锻炼。要根据教学内容和教学目标合理安排场地的使用，保证每个学生都拥有适宜的练习空间和人际交往空间，保证练习场地的充足与合理，从而保证体育学习目标的有效完成。

4. 教育性

学校的任何工作都与育人有关，在体育场地的布局使用上也是如此。体育场地的设计、布置和使用要体现以人为本和育人为上的理念，注重环境因素对学生潜移默化的影响和教育作用。如运动场周围的墙壁上可以书写"发展体育运动，增强人民体质"，"到阳光下，到操场上，到大自然中去陶冶身心"等标语口号。场地的地面要整洁、卫生，没有杂物污物，使人心情愉悦；场地上的标志线要醒目、整齐、简洁等，以令人赏心悦目的体育教学环境，给学生以美的感受，陶冶他们的情操。

二、不同教学内容场地布局和使用的特点与注意事项

不同的体育教学内容在场地布局和使用上具有不同的特点，有的内容对场地条件要求较高，如篮球、网球；有的内容则要求较低，如田径、徒手操；有的内容需有专用设施，如器械体操；有的内容则随处可练，如"拳打卧牛之地"。了解不同内容在场地布局和使用方面的特点及注意事项，有利于体育教学质量的提高。

1. 球类教学场地布局和使用的特点与注意事项

(1) 球类教学场地布局和使用的特点

大多数中小学校由于受场地面积的限制，球类场地的布局往往不像竞技体育场地那样规范。一个篮球场上常常安装不止一对篮球架，羽毛球场地有时也会布置在篮球场中间，甚至在田径场地中间也会设置篮球场和排球场，这种布局在竞技体育的场地中是没有的，这也是学校体育场地的一个明显特点。

球类项目的教学活动一般都在固定的球类场地上进行，这些球场一般都画有固定的标志线。因此，体育教师可以充分利用球场上各种已有的标志线和区域开展教学活动。以篮球教学为例，一般情况下，传球教学可以成四列横队在球场中间进行；投篮教学可以围绕限制区或三分线进行；行进间传接球可以在端线以外成纵队向球场内进行；准备活动可以充分利用场地线进行各种路线和图形的跑动，如跑方形、跑8字、跑对角线、跑蛇形等等。

(2) 球类教学场地布局和使用的注意事项

学校如有两个以上球类项目的场地，则应该将场地尽量集中安排在一起，至少也应将相同的球类项目场地安排在一起，以便教师开展教学活动和对学生进行有效的指导。

球类项目中跑、跳活动较多，因此，教学场地要求平整、硬度适中、无杂物，以保证学生在运动中的安全。许多学校把篮球场铺成砖地，时间一长，容易部分区域凹陷，甚至高低不平，而且地面很硬，并不是理想的球类场地。在没有条件铺设塑胶场地的学校，沥青地面或者质量较高的土地面也是不错的选择。

场地旁边如是校园围墙，则应该把围墙加高，以防球打出墙外，造成不必要的麻烦。尤其是排球场地更应注意这一点。

球类项目的场地上最好画上固定的标志线，这样可以减少平时上课画线的工作量，便于体育教师开展教学活动。

球类项目的设施如篮球架、排球网、乒乓球台等，应当牢固、结实、耐用、美观，并应当经常检查维修，确保使用安全。

在较大的足球场地上教学时，如不是进行教学比赛，教师应在场地上做出一些标志，确定活动范围，防止出现学生活动范围过大，教师无法对教学活动进行有效的调控。

2. 田径教学场地布局和使用的特点与注意事项

(1) 田径教学场地布局和使用的特点

“田径”两个字本身就已经概括了田径场地的基本特点，即田赛项目在空间较大的空地上进行；径赛项目在类似小径的跑道上进行。学校如没有标准或非标准的田径场地，选择一片平坦空地便可开展跳与投的活动，选择狭长、平坦的土地便可开展走、跑类的活动。学校中的田赛场地要考虑到教学的实际需要，如跳远沙坑可以适当增加宽度，能允许两人并排跳远；跳高场地可以布置成十字形，四个小组同时练习；投掷方向要面向无人区，要有足够的场地空间等。基层体育教师在教学实践中创造了很多田径教学场地布局的实例，可以给我们很多借鉴。

(2) 田径教学场地布局和使用的注意事项

走、跑类的教学活动，应选择平坦、硬度适中的地面进行。快速跑的教学，跑道长度一般应在25～30米以上。耐久跑的教学可因地制宜，根据具体情况在有限的场地上设计不同的跑动路线。

跳远、跳高的教学，落地区一定要有沙坑或垫子，为方便教学，可以左右相邻设置2～4个落地区同时进行练习。

投掷项目教学的场地使用，一定要把安全放在第一位，场地的布局使用以及练习方法要确保学生安全，不发生伤害事故。最好不要安排学生面对面投掷，投掷方向应朝向无人区。使用实心球进行面对面投掷时，相对同学之间要留有足够的距离。

当在篮球场上进行田径内容的教学时，应注意充分利用场地的长度和宽度，为增加长度，可以考虑使用对角线进行快速跑练习。若进行耐久跑教学，则可在场地上设计多样的跑动路线，如利用篮球赛场上的标志线进行8字形、对角线、方形、蛇形、螺旋形等多种路线的跑进，不仅因地制宜，而且妙趣横生。多种变化的跑动路线和活动方式，可以有效增强长跑的趣味性。

3. 体操教学场地布局和使用的特点与注意事项

(1) 体操教学场地布局和使用的特点

中小学体育教学内容中的体操项目包括单杠、双杠、支撑跳跃和技巧等。单、双杠属于固定体育设施，一般多呈直线并排安装。教学时学生一般多呈横队站在器械两边观察动作或等待练习。跳箱、山羊、垫子等器材可以临时布置并用后搬离。支撑跳跃教学场地一般多并排布置，学生成纵队同时进行练习。技巧的教学场地布置较为灵活，可以根据学生人数多少把垫子布置成直线、圆形、弧形或方形等等。

体操教学的场地布局，无论以何种形式出现，一般都比较集中，以便教师帮助保护和观察情况，同时也有利于学生之间的相互观察与合作。

(2) 体操教学场地布局和使用的注意事项

体操练习场地的地面要平坦，相邻器械之间要有足够的间隔，支撑跳跃和技巧项目的相邻器械中间要有2～3米以上的间隔距离；相邻单、双杠之间最好有3～4米以上的间隔，周围4米以内最好没有其他物体，以免影响练习。器械的安装要牢固、耐用，器械的下面和支撑跳跃的落地区要有垫子等。

在布置这些项目的练习场地时，首先要注意便于教师观察情况和指导学生练习，在器材中间留有足够的空间距离等，在此基础上可以进一步考虑布局形式上的美观。有的教师把支撑跳跃的练习场地布置成圆形，四个方向各有一个器械，看起来很新鲜，但教师在中间最多只能观察到两组学生的练习情况，顾及不到全体学生的练习，这种场地布局形式就不可取。

4. 操、舞与武术类教学场地布局和使用的特点与注意事项

(1) 操、舞与武术类教学场地布局和使用的特点

操、舞与武术类项目教学场地的布局和使用特点是灵活多变，简便易行，没有特殊要求。只要有一片足够大的空地，便可开展这些项目的教学活动。教师可根据空地的大小和学生的人数，灵活设计练习的队形，合理充分地利用场地。一些条件较

好的学校建有室内健身房，在室内进行操、舞和武术类教学时，要注意充分利用场地，利用墙壁上的镜子以及其他设施，以增强教学效果，提高教学质量。

(2) 操、舞与武术类教学场地布局和使用的注意事项

操、舞与武术类项目教学场地要平坦，有足够的空间，由于这类教学活动常常使用音乐伴奏，所以最好远离教学区，以免影响其他班级的文化课教学。

操、舞与武术类项目教学要求学生注意力高度集中，所以场地周围最好没有或较少有干扰因素。要尽量保持场地的整洁和美观，努力营造一个令人身心愉悦的教学环境。

如果是在不规则的场地上进行操、舞与武术类项目的教学，应该根据学生人数多少和场地的形状、大小来确定上课的队形。原则是应能使所有学生清楚地观察到教师的示范动作，相邻学生之间要有足够的间隔距离，以保证学生能正常进行练习。

三、场地标志线的作用与画法

使用石灰在场地上画出各种标志线，一直是体育教师经常使用的教学辅助手段。现在，经济发达地区的学校兴建了有固定标志线的塑胶场地，但在广大农村地区和经济欠发达地区的中小学校，用石灰画标志线仍然是常用的基本手段。可以说，在相当长的一段时间内，画线仍然是体育教师的教学基本功之一。

1. 标志线的种类与作用

根据场地标志线的使用目的，大致可把标志线分为以下几种：

(1) 场地标志

在球类场地上没有固定标志线的学校，需要经常画出球类场地的各种标志线，以清晰显示球类项目场地的界限和范围。如羽毛球场、排球场、篮球场的边线、端线、中线等。

(2) 方向标志

当练习的设计较为复杂，需要对学生跑动路线和方向进行提示时，一般多用箭头标志来表示运动方向，使学生对行进路线有一个直观的印象，减少练习中不必要的混乱和跑动错误。

(3) 位置标志

需要对排头学生所处位置进行提示时，可用圆圈、十字、圆点等表示学生或排头学生的位置。由于小学生方位感发育不太完善，所以，一般小学体育教学中运用位置标志较多。

(4) 范围标志

在游戏教学中，常常需要对游戏的场地或活动范围进行限定，此时可用方形、圆形或其他形状的标志线来限定范围。如在一个方形中进行“大渔网”的游戏；在一个圆圈中进行“打活动目标”的游戏等。

2. 画标志线的基本要求

画标志线是为了让学生在活动时有一个清楚、醒目的标志，以明确运动的方向和方位，有利于教师开展教学活动。画标志线的基本要求是实用、简洁、美观、清晰。一般情况下，小学生方位和方向感发育不太健全，需要更多地使用标志线。中学生，尤其是高中生，方位和方向感已经比较完善，可以较少使用标志线。不需要画线的时候就不要画线，不要把场地上弄得到处是白线，那样反而会让学生更加迷惑。

3. 直线的画法

在不用尺子或长绳作标志的情况下，用灰滚或灰斗画出较长的直线并非易事。其基本要领是：画短距离的直线可以先找准起点与终点两个点，然后，手持灰滚或灰斗直接画出，画线时要保持手臂和和手腕的紧张，以减少灰滚或灰斗的颤动。在没有长绳作标志的情况下画较长距离的直线（如超过 30 米的直线），是一件比较困难的事情。应该先确定起点，然后瞄准远方的一个目标作为终点，手持灰滚或灰斗朝终点径直前进，行进时眼睛要注视远方目标，保持行进路线的直线性，这样，可能局部线段会有点儿弯曲，但整体标志线会比较直。

4. 圆、弧线的画法

圆、弧线是体育课上经常用到的标志线，在无人帮助的情况下，一个人画出标准的圆、弧线需要掌握一定的技巧。基本方法是：如果画半径较小的圆或弧线，可以用自己的手臂作为半径，以自己的一只脚作为圆心，用灰滚、灰斗或者铁锹直接画出圆的标志线来。如果画半径较长的圆或弧，则可以先确定一点为圆心，然后根据半径长短，向四周不同方向走相同的距离确定几个标志点，最后把几个标志点用弧线连接起来，一个圆或者一段弧线就基本完成了。如果经验丰富，则可以用眼睛注视一点作为圆心，直接用灰滚画出圆圈或弧线。

四、体育场地资源的开发与利用

我国大部分中小学校和学生都在农村，大部分农村地区的中小学校在体育场地的建设方面尚不够发达，因此，充分合理地开发与利用体育场地资源具有重要意义。

1. 改造现有场地，提高利用价值

可以根据学校现有体育场地的情况，因地制宜地进行改造，使其更加适合中小学生开展体育活动。例如可以把足球、篮球或排球场地按比例缩小，降低篮球架和排球网的高度，缩小足球门等等。有条件的学校可以自己动手，把空地平整、碾实，修建实用价廉的运动场地。

2. 合理布局场地，提高利用效率

要根据学校开展体育活动的实际需要，合理布局体育场地。既要满足体育教学的需要，又要满足课外体育活动和学校比赛的需要；既要确保学生活动时的安全，又要保证学生有足够的活动空间。例如在田径场半圆内设置篮球场或排球场，在篮球场内设置排球场使二者兼用；在平坦的道路上或其他自然地形中设置跑道；在边角空地上设置体操器械或砌乒乓球台；在大树上设置爬绳、爬杆；农村学校可以利用现有的树木、沟渠、土岗等地物地形，设计障碍跑的练习场地等等。

3. 利用地理资源，开展体育锻炼

我国幅员辽阔，地貌多变，充分利用当地的自然地理资源开展体育锻炼是大有可为的。例如利用湖泊可以游泳；利用山地可以爬山；利用荒原可以远足、拉练；利用树林可以开展定向运动；利用田野可以开展越野跑和跳跃练习；利用沙丘、沙地可以滑沙、打沙滩排球；农村学校可以利用学校周围的田野、树林等地理环境，开展简易的定向越野活动等。

五、场地布局与使用技能的思考与练习

作为一名合格的体育教师，必须具备合理布局与使用体育场地的基本能力，具备准确画出各种标志线的能力。完成下面的练习，将有助于提高你的场地布局与使用能力。

1. 56 个学生在一个篮球场上上篮球课，有 20 个篮球可供使用，教学内容是行进间传接球，请思考如何利用场地，设计相对合理的练习场地和方法。

2. 56 个学生分 4 组上跳远课，学校内没有沙坑，但可用垫子代替沙坑，两位教师分别设计了两种不同的场地布局，一种布局是并排放 4 块垫子，4 组学生成纵队同时练习。另一种方案是 4 块垫子集中放在一起，学生由四周向中间同时练习。请分析两种场地布局的优劣和利弊。

3. 在没有标志线的情况下，用灰滚画出长 20 米的直线。

4. 在没有标志线的情况下，用灰滚画出半径为 7 米的圆形。

第二节　体育器材的使用与开发

很多体育教学内容要使用专用的器材，如跳绳、跳箱、跳高架、篮球、排球、实心球、单杠、双杠、跨栏架等等。有些体育项目离开了器材就失去了存在的意义，如篮球、排球等。在体育教学中合理地使用体育器材，充分挖掘和拓宽体育器材的使用价值，可以有效激发学生对体育运动的兴趣，加强体育锻炼的效果，提高体育教学的质量。

一、使用体育器材的基本要求

1. 目标性

目标性是指要紧紧围绕本节课的教学目标、教学内容使用体育器材。例如在学习新教材时，要提供尽可能多的器材，以满足学生练习的需求。在教学比赛时，只提供比赛使用器材即可。使用体育器材时，要根据教学目标大胆创新，勇于改革，以取得最佳的课堂教学效果，但要防止背离教学目标的创新和改革，犯华而不实的错误。例如，不切实际地把生活用品甚至食物引入到体育课中充作器材就是例子。

2. 安全性

安全性是指器材的使用应充分考虑学生在练习时的安全因素。一是要考虑到器材本身的安全性;二是要考虑到器材在使用过程中的安全性。如器械安装要牢固且符合学生的身体要求(双杠的高、低、宽、窄等);投掷项目要根据学生的投掷能力与水平,画好安全线和投掷线;沙坑应疏松平整;使用武术器械时要让学生保持一定的距离等。保证学生在舒适、安全的环境条件下,轻松愉快地进行练习,严防伤害事故的发生。

3. 趣味性

趣味性是指器材的使用要考虑到学生的兴趣、爱好,有利于激发学生对所学内容产生浓厚的兴趣。器材安排与使用要合理有序,新奇实用,使学生每堂课都有耳目一新的感觉,使他们心情愉悦且跃跃欲试,从而激起学生对体育课的兴趣。这不仅有利于学生掌握运动技能,而且还愉悦了身心,促进学生身心得到和谐发展,也有利于促使学生养成自觉坚持锻炼身体的良好习惯。

4. 针对性

针对性是指根据教学的具体需要,学生的体育兴趣和爱好,学生的身体素质和年龄特征,有目的地选择和使用体育器材。例如,要根据学生的年龄特点选择使用与他们年龄相称的球类的重量与大小;根据学生的年龄、身高等特点,确定单、双杠,跳箱等器材的高度和宽度;根据学生的力量情况选择合适重量的实心球、哑铃等。

5. 实用性

体育器材的使用要因地制宜,因陋就简,从实际出发,讲求实用和实效。尤其是经济欠发达地区和条件较差的农村中小学,要最大限度地发挥现有器材的作用,并创造性地设计、制作简易"器材"。例如,可以利用两棵树之间架一根竹竿或皮筋来练习跳高,用饮料瓶制作投掷器材等。充分利用学校或学生现有条件,巧妙设计与自制器材,拓展现有器材的多种用途,为学生从事体育锻炼创造有利条件。

二、体育器材资源的开发与利用

《体育与健康》课程标准明确指出:"积极利用和开发课程资源是顺利实施课程的重要组成部分,因地制宜地开发利用各种课程资源,可以发挥课程资源应有的教育优势,体现课程的弹性和地方特色。"

我国学校体育课程资源的发展是很不平衡的。广大农村地区尤其是经济不发达的农村地区,学校体育的设施贫乏,场地简陋,师资力量也较薄弱。如何更好地完成课程标准提出的各领域的学习任务,是摆在广大体育教师面前的一个重要问题。开发和利用现有的器材资源,对解决这一问题具有重要的现实意义。

1. 开发体育器材的多种功能

有一定规模的学校,一般都有一些基本的体育器材,一件体育器材除了本身固有的使用功能外,还可以开发出一些其他的用途。

跳箱、山羊、跨栏架、跳绳、实心球、小垫子、拔河绳等是学校体育的常用器材，这些器材除了本身的固有用途，都可挖掘出一些其他功能。一般说来小件体育器材在体育活动中的用途主要有以下几种：

(1) 充当障碍物

跳箱、山羊、跨栏架除了进行腾越、跨越练习外，还可充当一般障碍物，让学生爬过、翻过或钻过。实心球、小垫子等也可作为障碍，让学生跳过、绕过、跨过。不同器材的不同组合，便可设计出形式多样的通过障碍的练习。例如：翻过跳箱——钻过栏架——跳过立放的小垫子——钻过跳绳编成的铁丝网等。

(2) 充当标志物

体育活动中，尤其是各种游戏活动中，常离不开各种标志物。这些标志物在身体练习活动中起着限制、引导、提醒等作用。

小件体育器材除了本身固有的用途，常可在练习中充当标志物。例如，把几个实心球按一定间隔放在地上，便成为蛇行跑的标志；把一根跳绳横放在地上，便是起跳线；把小垫子立放在地上，便可成为沙包投掷的目标；把两根棍或标枪插在地上，甚至放两个实心球在地上，便可当作球门。这类例子很多，教师应开动脑筋，充分开发器材的多种使用功能。

(3) 充当游戏器具

活动性游戏中需要的各种器材，有时是可以替代的。如把跳绳对折几次后缠起来，便可当接力棒用；把跳绳系在腰间，后边拖上一根绳子，便是“抓尾巴”游戏时游戏者身后的“尾巴”了；一个排球或足球便是“打活动目标”游戏中的投掷物；把小垫子护在头的两侧，便是“通过封锁线”时的护具；拔河绳放地上可以让学生在上面“走钢丝”，固定在树上可以做荡绳用等等；实心球在接力类游戏中更是经常充当重要角色。

总之，大部分体育器材都具有多种功能，问题在于我们是不是开发利用了这些功能，是不是做到了物尽其用，一物多用。

2. 挖掘其他物品的健身用途

有些物品本身并不是体育器材，但是在体育活动中却可以发挥重要作用。如有位教师用学生上课坐的凳子上了一节体育课，给人以很大启发。他利用凳子做各种上肢力量练习；利用凳子做标志物；利用凳子做抢凳子的游戏和首尾接龙的游戏等等。小小的凳子变成了健身器材，这对于没有条件购置体操凳的学校具有很大的启发作用。下边再向你提供几种开发其他物品体育用途的思路。

(1) 砖头

有位教师用砖头上了一节体育课，表现出很独到的创意。其主要内容是：把砖头摆成有适宜间隔的路线，学生用适当的速度从上面跑过去；把砖头摆成一条“独木桥”，学生从上面通过；用砖头摆成间隔适宜的标志，学生绕标志做蛇形跑等等。另外，持砖上举可以起到哑铃的作用，把砖立放在地上可以充当“保龄球”击准的目标，用砖还可以做“摸石过河”的游戏和许多跳跃练习等等。有条件的学校，可以用木料制成“木砖”，使其成为体育教学中一种特有的自制器材。

(2) 汽车轮

许多学校的快乐体育园地中都有用废旧汽车轮子做成的健身器材。把汽车轮子埋在地里半截，这样，上半截就成了障碍物，可以利用它做各种游戏；利用车轮滚动的性能，可以使它成为接力游戏中的道具；车轮还可以作为“靶子”，看谁能把沙包从轮子中间掷过去；大的车轮还可以当成钻越的障碍物。想一想，车轮一定还有其他更多的用途。

(3) 饮料瓶

废饮料瓶的最常见用途是做投掷器材和标志物。饮料瓶装上沙土，拧紧瓶盖，就变成了“手榴弹”；地上摆上几个瓶子就可以打“保龄球”；手持饮料瓶可以做“哑铃操”。在农村小学，去掉玉米籽的玉米棒子也可以像饮料瓶一样成为很好的投掷器材或标志物。例如我们可以在场地上画一个小圆圈，学生在一定距离外把沙包或饮料瓶投向小圆圈，比比看谁投得准。

(4) 废旧车内胎

把废旧的自行车、架子车或其他车轮的内胎稍做加工，那富有弹性的车胎就变成了一根根“拉力器”了；如果有功夫，把车胎裁得细一点，就成了女生爱跳的皮筋儿。皮筋儿在田径、体操等项目中的用途是很广泛的，这里不再一一列举。

(5) 竹竿(或其他可替代物品)

竹竿是一种价格低廉的物品，有些地区甚至可以就地取材。有的学校利用竹竿的特殊性能，把它作为本校的体育校本教材，开发出不少有价值的系列体育游戏和锻炼方法，例如“交换扶竿”、“跳避竹竿”、“喊号扶竿”、“竹竿舞”等等。另外，利用竹竿还可以做跳跃练习的障碍物，较粗的竹竿还可以用来做搬运重物的游戏等。

3. 移植改造竞技体育项目

竞技体育项目大多具有较强的竞争性、技术性、观赏性和趣味性。竞技体育项目对中学生具有很强的吸引力，但复杂的规则和技术又往往限制他们从事这些项目的练习。因此，对竞技体育进行改造或者移植，可以更好地发挥竞技体育项目在学校体育课程中的作用。

(1) 移植

借用一种竞技体育项目的主要特征，用另一种更简便的方法来完成，可以使学生用简便的器材和场地，不花费什么财力就可体验到复杂竞技项目的乐趣。“沙包垒球”就是一个典型案例。用沙包作为“垒球”，让学生用脚向场内踢出，然后开始跑垒，防守队员则在接到沙包后去触杀进攻队员使其出局，游戏简便易行，效果良好。另外，用沙包在篮球场上打手球(取消运球，只做传球配合)也是一种比较有效的移植。还有，用羽毛球拍和乒乓球在平坦的场地上打“网球”，用实心球和饮料瓶打“保龄球”等，都可使学生体验到这些竞技项目的特点和趣味。

(2) 改造

这里所说的对竞技项目的改造，主要是指对竞技体育项目的器材进行简化处理，使其符合中小学生的年龄特征。如降低排球网高练习扣球；降低篮圈高度练习扣篮；用皮筋代替跳高竿或跨栏架；加宽跳远起跳板的宽度等等。改造竞技项目的目的是为了更便于学生从事这些项目的练习，激发学生对这些项目的兴趣。因此，应根据学生实际情况对竞技项目进行改造，并应随着学生水平的提高而相应提出较高的要求，以促进学生身心的不断发展。

三、器材使用开发技能的思考与练习

勤于思考，才能有所收获，勇于创新，才会不断进步。体育教师使用和开发体育器材资源的能力是在实践中得以提高的，只有在教学实践中勤于思考，大胆创新，体育器材新的应用方法和新的功能才会不断出现。思考以下练习题，对于提高你使用和开发器材资源的能力会有所帮助。

1. 用10个呼拉圈作为一节体育课的主要器材，请你设计4～6种不同的练习方法。

2. 用小垫子作为障碍物或标志物，请设计几种不同的通过障碍的方法和标志的用途。

3. 用篮球作为游戏道具，设计几种不同的用于结束部分放松身心的游戏方法。

4. 在一节以“鱼跃前滚翻”为主要内容的技巧课中，教师为每个小组准备了一根竹竿，请为他设计几种利用竹竿作为器材的练习，练习的内容应该和所学教材有一定关系。

第三节　标志物的运用

标志物是体育教学中一种特殊的“器材”。体育教师在教学中常常采用一些标志物作为教学辅助手段，以帮助学生更快地掌握运动技能，提高教学效果。合理有效地运用各种标志物，应该成为体育教师必备的基本教学技能。

一、体育教学中使用标志物的一般要求

1. 体育教学中使用标志物是为了增强教学效果，提高教学质量。因此，使用标志物要有明确的目的性，不能盲目地为了使用而使用，只图场地上花里胡哨，不管实际效果如何。不能增强教学效果的标志物就不要乱用，以免对教学造成负面影响。

2. 由于许多标志物和学生身体发生接触，因此，制作标志物的材料和使用标志物要注意安全性。体育课上不要使用有尖角或过硬、过重的标志物，以确保标志物在使用过程中不会伤害学生身体。

3. 标志物的使用要简练、清晰，一节体育课上不要同时使用过多的标志物，以

保证体育场地上有可以自由运动的空间和场地的整洁。要防止体育场地上一片标志物，造成学生的注意力分散，影响教学效果。现在有些体育公开课为了加强表演效果，教学场地上线条、标志琳琅满目，反而会分散学生的注意和影响他们的练习。

4. 根据体育教学的具体情况和学生的年龄特征，灵活决定在什么情况下使用标志物。如小学生体育课中经常使用明确方位和方向的标志物，而高中体育课上则很少使用这种标志物，这是由学生的年龄特征所决定的。第一次使用一种新鲜的练习方式，为了让学生明白练习怎样做，可以使用一些标志线或标志物显示运动路线，当再次运用这种练习形式或学生已经明白了练习的做法时，就可以不再使用标志物了。

二、标志物的材料

体育教学中的标志物一般都和学生的运动相联系，有时甚至会和学生身体发生接触。所以，充当标志物的材料应该具有稳定牢固，重量、硬度适中，没有尖角，色彩鲜明等特点。通常情况下，木质、塑料、橡胶、纺织品等材料比较适合做标志物。铁质、水泥等过于硬、重的材料和尖锐的物体不适合做标志物，因为容易发生伤害事故。过轻和过于圆滑的材料与物体也不适合作标志物，因为这些物体容易滑动或飘动，因而失去标志的意义。

体育教学中常用的标志物一般是木质或塑料制成的立柱、木块、圆锥体、橡皮筋、彩旗、标枪、实心球、小垫子等。

三、标志物的作用

体育教学中正确、合理地运用标志物具有以下作用：

1. 明确方向方位

当练习的方向或学生的方位较复杂时，学生对练习中的跑动路线常常会感到迷惑，例如篮球中的四角跑动传球和一些战术配合练习等。小学生的方向和方位感发育不完善，所以会对练习时的身体方位和行进方向产生迷惑。因此，使用标志物可以清晰地显示方向与方位，使学生对自己的跑动路线有一个直观的认识，有效提高练习的实效性，节约讲解说明的时间，减少练习中的混乱。

2. 增加练习趣味

在练习中布置使用一些标志物，尤其是色彩鲜明、形象可爱的标志物，能有效增加练习的趣味性，使学生对练习充满兴趣，产生跃跃欲试的感觉。这种效应在小学生的体育教学中尤为明显。例如用一块画有动物大嘴巴的版面作为投掷的目标，让孩子们把沙包当食物去“喂”动物，学生们会兴趣大增，乐此不疲。

3. 改进动作技术

使用标志物对于改进学生的动作技术也有明显效果。例如为了让学生加大跳远的起跳角度，在起跳板前面扯上一根高度适宜的橡皮筋，让学生从皮筋上面跃过去，这对改进起跳角度有明显效果。又如让学生在前滚翻时两腿中间夹一手帕，可以使学生养成并腿完成体操动作的良好习惯，培养正确的身体姿态。

4. 充当障碍物体

体育教学中在场地中设置障碍，以培养学生通过障碍的能力和克服困难的勇气，这在中小学体育教学中是常常出现的教学内容。用标志物作为游戏或其他练习中的障碍物则是经常采用的手段。例如在地上插几根标枪作为障碍物，让学生作蛇形绕杆跑动；在球场上放几个立柱，作为学生练习运球过人的障碍物等等。

四、标志物运用实例

1. 引领方向

小学生在快速跑时常常出现跑动方向偏离直线的问题。因此，在小学生的快速跑练习中，对准起点方向，在终点插上几根小红旗，让学生对准小红旗跑进，对于培养小学生跑直线的能力是一个不错的方法。

在跨越式跳高的助跑角度范围画上两条标志线，让学生在范围之内助跑起跳，对于让学生了解助跑角度，掌握正确助跑技术有很大帮助。

2. 确定位置

小学生体育教学中常出现学生找不到自己练习位置的情况。当练习场地或方法较为复杂时，为了让学生迅速明了自己的位置，在适当的地点放上几个实心球或立柱，或者在地上适当位置画几个小圆圈，一切问题就变得简单了。

3. 充当障碍

足球、篮球的运球过人技术需要设置防守队员，以增强实战氛围。在需要过人的地点放置立柱、圆锥体等障碍物充当防守队员，可以减少人力的浪费，有效增加练习的密度。

把小垫子立起来放在地上，可以充当障碍物，让学生跳过、跨过，或者体验跨栏的过栏动作，体验跳远腾空步动作等等。

4. 提示动作

纵箱分腿腾跃是一个远端支撑的动作，许多同学往往不能在远端支撑，结果完不成动作。这种情况下可以在跳箱远端放一块手帕或画一个圆圈，让学生双手向标志上支撑，可以促使学生完成远端支撑。

横箱的侧腾跃要求两腿侧摆有一定高度，在跳箱的一端放一个实心球，要求学生两腿侧摆高度超过实心球，可以有效促进学生的摆腿高度，提高动作质量。

五、标志物使用技能的思考与练习

体育课上标志物的使用看似简单，实则不易。恰到好处地使用标志物，能够充分发挥标志物的使用价值。不当使用标志物，会造成器材的浪费和学习效率的降低。请完成以下练习，让你的标志物使用技能得到进一步提高。

1. 一部分学生快速跑时总是跑不成直线，不是向左歪就是向右斜，你用什么方法促使这些学生跑成直线?

2. 学生在学习侧手翻时,手和脚总是落不到一条直线上,用什么方法促使他们能翻成一条直线?

3. 学生在学习篮球行进间投篮时,总是掌握不好开始跨步接球的位置,起跳后不是离球篮太近就是太远,教师应当怎么办?

4. 假如学校有一些类似砖头的木块,这些"木砖"在体育教学中可以做什么用?请设计出3~4种不同的标志物用法。

第四节 中小学体育器材场地标准

目前,中小学的体育场地、器材大多采用的是成人的竞技体育体系,为了改变这种不合理状况,教育部从2003年开始研究制定适合中小学生身心发展的体育器材和场地标准。现在,已经完成的《中小学体育器材和场地》(国家标准)已于2005年8月26日经国家标准化管理委员会批准发布,10月1日开始实施。

中小学体育场地器材是保证体育教学、课外体育活动和课余体育训练正常进行必不可少的物质条件,是检查、督导、评估、规范学校体育工作的重要内容之一。适宜的体育场地器材、设施对激发中小学生的运动兴趣、有效地进行体育锻炼能起到重要作用。因此,研究制定适合中小学生的器材、场地标准,对保护中小学生的健康,提高中小学生参加体育锻炼的积极性,使其心情愉快地参加体育活动具有非常重要的现实意义。本节从《中小学体育器材和场地》(国家标准)中选取部分器材和场地标准,供广大基层体育教师参考。

一、健身器材

1. 爬绳和爬杆器材的规格尺寸

单位为毫米

类 型	绳杆的握持直径	器材的有效使用宽度	器材的有效使用高度
中 学	30~38	≥600	≤3500
小 学	28~35	≥600	≤3500

爬绳的固定应符合5.4.21的规定;爬杆的下端若设置为非固定结构的悬空形式时,其下端至运动地面的离地高度应为200mm,且爬杆至其垂直轴线的单向摆动幅度应不大于8°。同时,爬绳和爬杆上端的连接部分还应设置有防止绳杆断裂的防护装置。

注1:爬绳和爬杆器材的有效使用宽度是指可供使用者安全运动的有效空间的宽度。

注2:器材的有效使用高度是指爬绳和爬杆等器材自运动地面计起的有效使用高度。

2. 行梯器材的规格尺寸

单位为毫米

类　型	长　度	有效使用宽度	最高使用高度	悬垂握持直径	纵向握持间距
中　学	4000±500	600±100	≤2300	30～35	≤350
小　学	4000±500	600±100	≤2100	28～32	≤300

注 1:平行梯的有效使用宽度是指可供使用者安全悬垂握持的有效宽度。

注 2:最高使用高度是指自运动地面计起至可供使用者安全悬垂握持的最高处零部件上表面的高度距离。

3. 肋木架器材的规格尺寸

单位为毫米

类　型	使用宽度	最高使用高度	横肋间距	握持直径
中　学	≥1000	2500±100	300	30～35
小　学	≥800	2200±100	250	28～32

注 1:横肋间距是指肋木架器材上相邻的上下横肋间的中心距。

注 2:最高使用高度是指自运动地面计起至可供使用者安全悬垂握持的最高处的横肋上表面的高度距离。

4. 不具有杠面弹力性能的单杠器材的规格尺寸

单位为毫米

类　型	杠面高度	使用宽度	横杠的外径
中　学	1300～2400	≥1200	≤32
小　学	1000～2000	≥1200	≤32

注:单杠器材规格尺寸的含义,可参见我国已发布和实施的体操器材的相应国家标准。

5. 不具有杠面弹力性能的双杠器材的规格尺寸

单位为毫米

类　型	杠　长	杠　高	杠面截面		纵向立柱中心距	两杠内侧距离
			长径	短径		
中　学	2500	1300～1700	50	40	1500±100	390～520
小　学	2000	700～1300	50	40	1000±100	360～450

注 1:双杠器材的杠面截面若设置为圆形时,其外径应不大于 45mm。

注 2:双杠器材规格尺寸的含义,可参见我国已发布和实施的体操器材的相应国家标准。

二、体操器材

6. 中学用单杠基本尺寸参数

单位为毫米

<table>
<tr><th colspan="2" rowspan="2">项　　目</th><th colspan="2">弹　力　型</th></tr>
<tr><th>基本尺寸</th><th>极限偏差</th></tr>
<tr><td colspan="2">杠面高度 H</td><td>1400～2400</td><td rowspan="2">±10</td></tr>
<tr><td colspan="2">两立柱支点中心距 S</td><td>2000～2400</td></tr>
<tr><td colspan="2">横杠直径 D</td><td>28</td><td>±0.5</td></tr>
<tr><td colspan="2">立柱升降间距</td><td>50</td><td>——</td></tr>
<tr><td rowspan="2">地板钩位置</td><td>L</td><td>5500</td><td rowspan="2">±50</td></tr>
<tr><td>B</td><td>4000</td></tr>
</table>

7. 小学用单杠的基本尺寸参数

单位为毫米

<table>
<tr><th colspan="2" rowspan="2">项　　目</th><th colspan="2">弹　力　型</th></tr>
<tr><th>基本尺寸</th><th>极限偏差</th></tr>
<tr><td colspan="2">杠面高度 H</td><td>1200～2000</td><td rowspan="2">±10</td></tr>
<tr><td colspan="2">两立柱支点中心距 S</td><td>2000～2400</td></tr>
<tr><td colspan="2">横杠直径 D</td><td>28</td><td>±0.5</td></tr>
<tr><td colspan="2">立柱升降间距</td><td>50</td><td>——</td></tr>
<tr><td rowspan="2">地板钩位置</td><td>L</td><td>5500</td><td rowspan="2">±50</td></tr>
<tr><td>B</td><td>4000</td></tr>
</table>

8. 中学用双杠的基本尺寸参数

单位为毫米

<table>
<tr><th rowspan="2">项　　目</th><th colspan="2">弹　力　型</th></tr>
<tr><th>基本尺寸</th><th>极限偏差</th></tr>
<tr><td>杠高 H</td><td>1300～1700</td><td rowspan="2">±10</td></tr>
<tr><td>柱长 L</td><td>3000～3500</td></tr>
<tr><td>杠面断面
（卵圆型）</td><td>短径 40
长径 50</td><td>±2</td></tr>
<tr><td>两杠内侧距离 S1,S2</td><td>410～610</td><td>无级调节</td></tr>
<tr><td>纵向立轴中心距 L1</td><td>2000～2300</td><td>±10</td></tr>
<tr><td>升降间距</td><td>50</td><td>——</td></tr>
</table>

9. 小学用双杠的基本尺寸参数

单位为毫米

项　　目	弹　力　型	
	基本尺寸	极限偏差
杠高 H	1000～1300	±10
柱长 L	2700～3000	
杠面断面（卵圆型）	短径 40 长径 50	±2
两杠内侧距离 S1,S2	320～520	无级调节
纵向立轴中心距 L1	1800～2000	±10
升降间距	50	——

10. 山羊的基本尺寸和极限偏差

单位为毫米

部位名称	中学用山羊		小学用山羊	
	基本尺寸	极限偏差	基本尺寸	极限偏差
山羊全高 H1	1000～1300	±10	680～1080	±10
山羊头长 L1	500～600	±5	420～460	±5
山羊头宽 B1	360	±5	280	±5
山羊头高 H2	260～330	±5	180～220	±5
立轴升降间距 L2	50	±3	50	±3
山羊腿外直径 D2	≥30	——	≥30	——
山羊腿壁厚 D1	≥3	——	≥3	——
羊脚底椭圆面长径 D3	≥100	——	≥60	——
羊脚底椭圆面短径 D4	≥80	——	≥50	——

三、篮球架和篮球

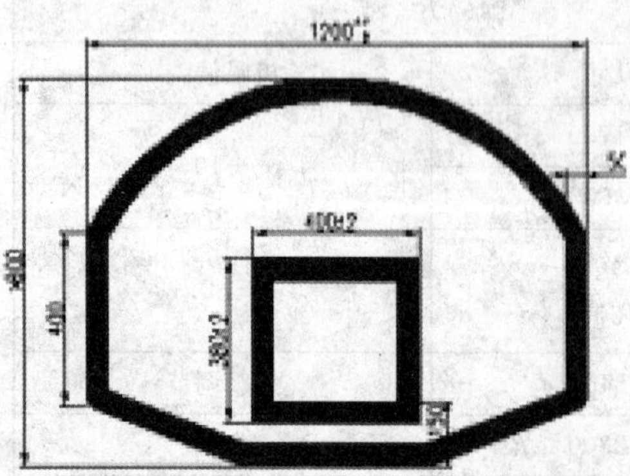

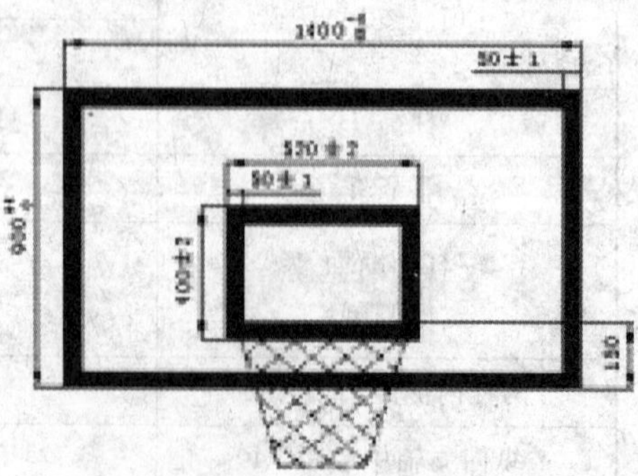

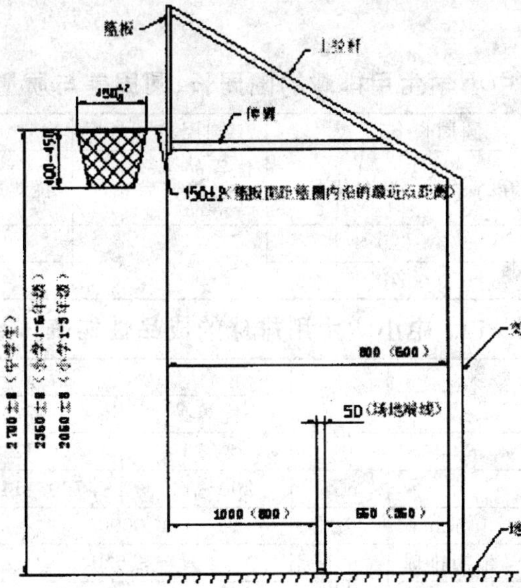

11. 中小学生用篮球的规格表

<table>
<tr><th rowspan="2">品　名</th><th rowspan="2">圆周长 mm</th><th colspan="2">圆周差 mm</th><th rowspan="2">质　量 g</th></tr>
<tr><th>优等品、一等品</th><th>合格品</th></tr>
<tr><td>小学生用篮球</td><td>645～670</td><td rowspan="2">≤3.0</td><td rowspan="2">≤4.0</td><td>420～480</td></tr>
<tr><td>初中生用篮球</td><td>695～725</td><td>490～560</td></tr>
</table>

12. 中小学生用篮球的成品性能表

<table>
<tr><th colspan="3" rowspan="2">项　　目</th><th rowspan="2">单位</th><th colspan="3">指　　标</th></tr>
<tr><th>优等品</th><th>一等品</th><th>合格品</th></tr>
<tr><td colspan="3">气压下降率</td><td>%</td><td>≤10</td><td>≤12</td><td>≤15</td></tr>
<tr><td colspan="3">回弹高度</td><td>mm</td><td>1200～1400</td><td>1200～1600</td><td>≥1100</td></tr>
<tr><td rowspan="8">耐压力冲击</td><td colspan="2">冲击次数(速度为 320r/min)</td><td>次</td><td colspan="2">3000</td><td rowspan="8">—</td></tr>
<tr><td colspan="2">冲击后气压下降率</td><td>%</td><td colspan="2">≤15</td></tr>
<tr><td colspan="2">冲击后破裂</td><td>—</td><td colspan="2">无</td></tr>
<tr><td colspan="2">冲击后内爆</td><td>—</td><td colspan="2">无</td></tr>
<tr><td colspan="2">冲击后脱胶</td><td>—</td><td colspan="2">无</td></tr>
<tr><td rowspan="2">冲击后圆周长</td><td>小学生用篮球</td><td rowspan="2">mm</td><td colspan="2">≤670</td></tr>
<tr><td>初中生用篮球</td><td colspan="2">≤725</td></tr>
<tr><td colspan="2">冲击后圆周差</td><td>mm</td><td colspan="2">≤5.0</td></tr>
<tr><td colspan="3">冲击后球体质量差</td><td>g</td><td colspan="2">≤50</td><td></td></tr>
</table>

四、排球

13. 中小学生用排球的圆周长、圆周差与质量表

<table>
<tr><td rowspan="2">品 名</td><td>圆周长 mm</td><td colspan="2">圆周差 mm</td><td colspan="2">质 量 g</td></tr>
<tr><td>优等品、一等品、合格品</td><td>优等品
一等品</td><td>合格品</td><td>优等品、一等品</td><td>合格品</td></tr>
<tr><td>小学生用排球</td><td>600～620</td><td rowspan="2">≤3.0</td><td rowspan="2">≤4.0</td><td>210～230</td><td>200～240</td></tr>
<tr><td>初中生用排球</td><td>650～670</td><td>240～260</td><td>230～270</td></tr>
</table>

14. 中小学生用排球的成品性能表

<table>
<tr><td colspan="3" rowspan="2">项 目</td><td rowspan="2">单位</td><td colspan="3">指 标</td></tr>
<tr><td>优等品</td><td>一等品</td><td>合格品</td></tr>
<tr><td colspan="3">气压下降率</td><td>%</td><td>≤10</td><td>≤12</td><td>≤15</td></tr>
<tr><td colspan="3">回弹高度</td><td>mm</td><td>1200～1400</td><td>1100～1450</td><td>1050～1450</td></tr>
<tr><td rowspan="5">耐压力冲击</td><td colspan="2">撞击次数(速度为 320r/min)</td><td>次</td><td colspan="2">3000</td><td rowspan="5">——</td></tr>
<tr><td rowspan="2">冲击后圆周长</td><td>小学生用排球</td><td rowspan="2">mm</td><td colspan="2">≤620</td></tr>
<tr><td>初中生用排球</td><td colspan="2">≤670</td></tr>
<tr><td colspan="2">冲击后圆周差</td><td>mm</td><td colspan="2">≤5</td></tr>
<tr><td colspan="2">冲击后球体质量差</td><td>g</td><td colspan="2">≤50</td></tr>
</table>

五、乒乓球台与乒乓球

15. 乒乓球台基本参数和尺寸

单位为毫米

<table>
<tr><td rowspan="2">项 目</td><td colspan="2">基本尺寸</td><td rowspan="2">极限偏差</td></tr>
<tr><td>A 型</td><td>B 型</td></tr>
<tr><td>球台长度 A</td><td>2740</td><td>2340</td><td>±3</td></tr>
<tr><td>球台宽度 B</td><td>1525</td><td>1300</td><td>±2</td></tr>
<tr><td>球台高度 H</td><td>680</td><td>640</td><td>±3</td></tr>
<tr><td>台面板厚度 T</td><td colspan="3">14 ～ 29</td></tr>
<tr><td>半张台面两对角线之差 Δ</td><td colspan="2">——</td><td>≤3</td></tr>
<tr><td>半张台面平面度</td><td colspan="2">——</td><td>≤3</td></tr>
<tr><td>端、边线宽度</td><td colspan="2">20</td><td>±1</td></tr>
<tr><td>中线宽度</td><td colspan="2">3</td><td>±0.5</td></tr>
<tr><td>中线对称度</td><td colspan="2">——</td><td>≤2</td></tr>
<tr><td>网架高度</td><td>152.5</td><td>130</td><td>±2</td></tr>
<tr><td>网架长度</td><td colspan="2">152.5</td><td>±2</td></tr>
</table>

16. 乒乓球的基本参数

序号	项　　目	技术指标
1	直径 mm	43.4 ～ 44.4
2	圆度 mm	0.40
3	重量 g	2.20 ～ 2.60
4	弹跳 mm	220 ～ 250
5	牢度	受冲击不小于 700 次无破裂

六、羽毛球拍

17. 球拍的基本参数

序号	项　　目	小学生用球拍	中学生用球拍
1	球拍总长度 mm	≤580	≤630
2	球拍宽度 mm	≤230	≤230
3	球拍拍弦面长度 mm	≤280	≤280
4	球拍重量 g	≤80	≤100
5	握柄直径 mm	23 ～ 25	
6	拍弦直径 mm	≤0.90	
7	轴线直线度 mm	≤4	
8	平直度 mm	≤4	
注 1:球拍重量不包括弦线。 注 2:握柄直径为椭圆长轴的长度。 注 3:握柄直径值不含柄皮厚度。			

七、合成材料面层运动场地

18. 平均厚度表

单位为米

类型 / 名称	混合型	透气型	复合型	备　　注
田径场地	≥0.01	≥0.012	≥0.011	加厚区为≥0.015
篮球、排球场地	≥0.007	≥0.01	≥0.007	——
网球场地	≥0.006	≥0.009	≥0.007	——
体育器材地面铺设的地垫	——	≥0.025	——	——

19. 物理机械性能表

项目	指标	备注
硬度(邵 A),度	35～50	可用震动吸收指标来取代 35%～50%
拉伸强度 Mpa	≥0.5	——
扯断伸长率 %	≥90	——
压缩复原率 %	≥90	——
回弹值 %	≥20	可用垂直变形指标来取代 0.6～2.2mm
阻燃性,级	1	

第四章　教学语言运用

语言是人们表达思想、交流感情和沟通信息的工具，在教学活动中是连接师生的纽带，也是构成教学方法的最重要、最基本要素。教学语言是教师在教学过程中为达到教学目标所运用的各种语言表达形式。体育教学与其他学科教学的最大不同，在于它是以学生的运动实践为主的开放式的动态教学，这一特点要求体育教师必须掌握具有体育教学特点的语言表达形式。例如用简练的语言形式描述或讲解有关知识和动作要领，用口令、指示等简短语言形式指挥教学活动，用生动的体态语言加强语言的感染力等。体育教师教学语言表达是否准确、得当，运用是否娴熟，会直接影响到学生参与活动的积极性和主动性，影响到教学活动的合理性发展，最终影响到体育教学质量和效果。因此，运用不同的语言表达形式，引发学生的求知欲和好奇心，诱导和激发学生的学习动机，使学生积极、主动、有效地参与体育学习，是体育教师必须具备的基本技能。

第一节　口令的运用

口令是体育教师在教学过程中运用的特殊语言形式，是体育教学中特有的专业性语言，在体育教学中被普遍使用，也是体育教师必备的基本技能之一。

体育教学口令主要包括队列口令、基本体操口令、数字口令、武术口令、信号口令等基本内容。在体育教学中，口令既是最直接的语言命令，也是组织教学的重要手段。一堂课从集合整队开始，到基本部分的各种组织练习，再到结束部分，这一教学的全过程都要有相应的口令才能够完成。因此要上好体育课，教师首先要了解口令的基本知识，了解口令训练的一般方法和应注意的问题，才能正确掌握口令的基本技能，在教学实践中加以运用，这正是这一节要讨论的重点问题。

一、队列口令

队列口令就是教师在教学中运用语言和信号，按照一定的口令词句，遵守规定的程序表达方式下达的命令。队列口令源于军事口令，是军事队列操练的基本内容之一。在体育教学中队列作为一种教学内容经常被采用，在组织教学或集会时也经常被用到。因而队列口令的运用也就成了体育教师必备的基本功。队列口令根据其发音特点可分为短促口令、断续口令、连续口令和复合口令。

1. 短促口令

口令一般由预令和动令组成，而短促口令只有动令而没有预令，如“集合”、“解散”、“稍息”、“立正”、“起立”、“坐下”、“报数”、“投”、“跳”、“停”等等；这类口令发音短促有力，且只有动令。短促口令的要领是：不论几个字，中间不拖音，不停顿，每个字要按音节平均分配时间，有时最后一个字，音节稍延长，如距离远、人数多时发出的“立正”、“稍息”口令，最后一个字“正”字和“息”字音节可适当延长。

2. 断续口令

断续口令就是预令和动令之间有微歇或有停顿的口令，如“第一排，报数”、“全体，集合”、“第一、三、五名，出列”等。断续口令的特点是：无论预令和动令，在发出时都要清晰、有力。

3. 连续口令

连续口令就是预令和动令之间有拖音或有时有微歇的口令，其特点是预令的最后一个字的拖音与动令相连，如，“向左——转”、“向右看——齐”、“齐步——走”、“向左转——走”、“立——定”等。其预令拖音的长短与人数的多少和距离的远近相关，人数多距离远拖音稍长，反之稍短，有时在特殊情况下，预令和动令都有拖音，如在接受检阅时行至主席台发出的口令“向右——看——”。

4. 复合口令

复合口令具有断续口令和连续口令二者综合的特点，如“以排头为基准，向右看——齐”、“左转弯，齐步——走”、“前排第一名，向前一步——走”等。

二、基本体操口令

基本体操口令是学生做团体操、广播操、徒手操等运动时常用的口令，是体育教师必须要掌握的口令技能之一。基本体操口令的特点是常常把指示性口令和呼数口令结合在一起使用，如“伸展运动，预备——齐，1、2、3、4、5、6、7、8。2、2、3、4、5、6、7、8……”，口令的前半部分是指示说明，后半部分为呼数口令，呼数口令一般每节为四至八个八拍。

学生在进行基本体操练习时，教师有时会使用哨音或掌声来代替口令进行指挥，这样既有效保护了教师的嗓音，又变换了口令的指挥形式，可以有效地提高学生练习的兴趣，但哨音和掌声只能作为辅助口令，而不能完全代替口令。

另外基本体操口令还包括体操队形散开和体操队形集中时的口令。体操队形在散开时所发出的口令就是“以右翼排头为基准，前后两步距离，左右两臂间隔，成体操队形——散开”；或是“以中间某同学为基准，前后两步距离，左右两臂间隔，成体操队形——散开”。体操队形集中时所发出的口令是“以右翼排头为基准，成密集队形——集合”。

三、武术口令

在武术教学中，教师在示范时，尤其是在分解示范和领做示范时都伴有口令，口令的形式主要有提示性口令、常用口令和伴有分解动作的口令。

1. 提示性口令

提示性口令是由预令和动令结合的口令，它的预令是动作的名称或要求，动令是呼号，如“马步冲拳——10”(“——”表示预令的拖音，“1”表示动令，“0”表示半拍休止符，表示动令不要拖音)。预令具有提示性，应有拖音，给学生短暂的思维间歇，然后再呼动令。提示性口令对比较容易遗忘或混淆不清的动作是行之有效的，具有唤起记忆的作用。

2. 常用口令

常用口令是一动一个呼号，口令的呼号是10，20，30，40，……80，口令“1”为第一动，“0”为半拍休止符，表示动令不要拖音，“2”为第二动……共呼8个节拍，再转第一节拍，循环往复，直至全部动作结束。长拳口令要求短促、洪亮、有力，而太极拳口令则不需要休止符，口令可用拖音拉长，音调柔和、缓慢。

3. 伴有分解动作的口令

在武术教学中，为使学生更加清楚，有些动作须分解为几个动作环节。如《初级长拳第三路》的第一个动作“虚步亮掌”需要分解为“4”个小环节，这种口令呼号就是10，②0，③0，④0，20，……(从10至④0是第一个动作的4个分解口令)，20是第二个动作的口令。

四、数字口令

数字口令在体育教学中经常用到，其形式和作用主要有以下几种：

1. 强调动作节奏，提高动作用力的准确性。如“三级跳远”助跑最后三跳，教师为使学生准确掌握每一跳的节奏，常在学生每一跳用力时使用口令“1—2—3”，来强调学生动作用力程度和每跳之间的准确性。又如篮球的三步上栏、掷标枪助跑最后四步(投掷步)交叉步等，教师常在上课时采用“1—2—3”和“1、2—3、4”数字口令来引领学生形成正确的节奏感。

2. 代替语言说明，强调用力顺序。如教师在领做各种诱导练习时，第一个分解动作为1，第二个分解动作为2，第三个分解动作为3……以此类推，让学生随口令“1、2、3……”按动作顺序进行模仿练习，在掌握的基础上再增加难度，这样教师可省去很多解释说明，学生又看得直观、明白。

3. 用来强调动作速度。如急行跳远十六步助跑，为使学生逐步加快助跑的速度，形成正确的助跑节奏，教师可从学生正式助跑的第一步开始喊“1、2、3、4、5、6”，“1、2、3、4、5、6”，“1、2、3、4”逐步加快口令的节奏，使学生在口令的引领下，形成快速有力的助跑节奏。

4. 用来加强动作用力的强度。如立定跳远，为了强调蹬摆的力度，教师可从学生两臂预摆时开始喊“1”，两臂后引下蹲时喊“2”，双臂快速前摆同时双脚用力蹬地时，为了强调蹬地的力量和速度，口令“3”可加大音量并缩短时间，以使学生加大用力的强度，获得最佳效果。

在实际教学中数字口令的用法还有很多，在此不一一列举，教师可在教学实践中多观察学习，多用心琢磨，大胆探索创新，以提高口令技能。

五、非语言口令

非语言口令主要是指哨音、音乐、掌声、枪声、旗示等。非语言口令作为体育教学的辅助手段，在体育课教学中被经常采用。

1. 音乐

在体育教学中音乐的应用非常广泛，有些运动项目如健美操、健身操、基本体操、舞蹈等，音乐是不可或缺的教学辅助手段。在音乐的伴奏下，学生可以集中注意力，随着音乐的节奏而做各种活动练习；有时教师可在音乐的伴奏下再辅之以口令（如数字口令等）。学生在音乐优美旋律的引领下，既规范了动作又提高了练习的兴趣。

2. 哨音

哨音是体育教学中变换、传递信息的有效方法，具有非口头语言所能表达的语言功能，有着丰富的语言内涵，其作用有：

(1) 丰富教学语言。哨音的次数、高低、长短变化有不同的语言内容，如表示某个动作或练习开始时，哨音“嘟——”一声，声音高而尖长；表示提醒学生注意时，哨音“嘟嘟嘟——”声音由低到高；表示小组练习轮换时，哨音“嘟嘟”，声音由低到高再到低等等。

(2) 提高练习效果。响亮、短促而清脆的哨音，有利于引起学生的注意，加快学生反应的速度，节省说明讲解的时间，有效提高教学效率。

(3) 强调动作用力的程度。如立定跳远，为加大学生蹬地时的力量加快摆臂的速度，在其发力的瞬间，发出短促有力的哨音，可帮助学生加大用力的程度。

(4) 代替语言指挥。在距离学生较远，语言无法指挥时，可用哨音代替语言指挥；在学生做各种竞赛、跑、跳或投掷练习时，也可用哨音下达指令。哨音的变化要视项目、人数、距离等不同情况而定。

3. 掌声、枪声、手势

在体育教学中，掌声、枪声、手势等信号有时也被采用。如在短距离起跑中，学生在听到枪声时迅速起跑；在掌声的指挥下，学生随节奏做基本体操；在教师手势的指挥下，学生做各种方向的变向移动练习等等。这些信号口令在教学中都起到了独特的效果，是非常好的教学辅助手段，教师们在教学实践中只有勤学多练，刻苦钻研，才能在教学中熟练运用。

六、口令的基本要求

1. 发口令时吐字要清晰，发音要准确

教师在发口令时一定要用普通话，发音要标准，并且掌握好每个字的着力点，不用方言，吐字要清晰准确，发出的口令要让所有的学生都能听清楚，听明白。知道教师要想做什么，学生才能够依令而行。

2. 发口令时教师要有正确的站立姿势

(1) 发口令时教师要自然站立，精神振奋，姿态端正；

(2) 教师的面部表情要自然，两眼平视，表情随口令的内容而有所变化；

(3) 教师要充满激情，发出的口令才具有感染力，如精神萎靡不振，发出的口令会苍白无力。

3. 要掌握好各种口令的基本节奏

教学实践中，各种口令都有其基本的节奏。如队列口令、基本体操口令、武术口令等都有其内在的变化规律；预令与动令之间声调及间歇时间的变化，要依据其基本变化规律，并在实践中多听多练，才能够运用自如。

4. 口令要突出主音

口令突出主音，就是教师要把口令中的重点字喊清楚，并且音量要稍大，拖音要加长，以便使主音字更突出，使学生听得更清晰、更明白，使学生更准确、更迅速地做出反应。

5. 口令要掌握好音量与音调

口令的音量有大有小，音量的大小应依据学生人数的多少、距离远近而有所不同，有时也要视周围环境的影响而定，但原则上是以学生听得清楚为准。口令的音调有升有降，并有抑扬顿挫之变化，但音调的变化应以引起学生注意为原则。

6. 口令要掌握好节奏和语速的变化

口令的节奏和音乐一样有其固定的节拍，不同的口令其节拍是不一样的，这一点应引起注意。语速的快慢变化，应与操作和具体要求相一致，如放松练习时语速可慢一些，而进行轻快活泼的练习时语速可快一些。

七、口令技能的练习

1. 口令练习内容

(1) 队列口令练习：原地稍息、立正、向右看齐及行进间各种口令练习；

(2) 基本体操口令练习：集合、解散或体操队形散开、徒手操口令等各种练习；

(3) 各种形式的数字口令练习；

(4) 各种信号口令练习等。

2. 口令练习步骤

(1) 学习口令的基本理论知识；

(2) 观看教师口令示范及相关录像资料；

(3) 实践操作

① 个人模仿练习：个人模仿各种口令练习；

② 个人在别人的帮助下进行各种口令练习(互观互评);

③ 在教师的指导下做各种口令练习;

④ 对比范例(包括录像资料)做各种口令练习;

⑤ 同伴互助下,互为师生角色的各种口令练习;

⑥ 实际操作(实习)下的口令练习。

第二节 讲解的运用

讲解既是语言说明,也是重要的教学方法,无论什么学科的教学,如果没有讲解,就无法进行正常的教学活动,体育教学也是如此。由于体育教学是以操作实践为主要特征的教学活动,在教学中如何讲解、怎样讲解才最有效,则是教学活动中最充满魅力的艺术,也是衡量体育教师是否胜任的显著标志,同时也是教师观察、思维、分析、表达等诸多能力及价值观的综合体现。这就是本节所讨论的主要内容——讲解技能。新课标实施以来,体育课教学模式不断创新,课的结构形式也呈现出多样化的态势,其讲解的方式、方法和内容也在随着新的课程理念不断更新而发生着变化,这是教学改革的需要,也是一种进步;但万变不离其宗,所有新理念的体现,知识技能的传授,新的学习方式的应用等,都离不开教师的讲解。本节讨论的讲解技能,是以体育课的基本结构顺序为主线,以体育实践课讲解为重点,以理论知识讲座为辅助内容,并结合教学实践,重点介绍体育教学实践中常用的主要讲解形式、讲解方法及基本要求。

一、体育课中的讲解

1. 开始部分的讲解(导入)

体育课的开始部分(导入),是一节课的前奏,是新的教学活动开始前的导言,俗称"开场白",它的目的是引起学生注意,激发学生兴趣,引发学习动机,明确学习目标,为下一步学生积极主动地学习活动创造条件。中小学体育教材有很多种类,如田径、体操、球类、武术、舞蹈等,每一类又包括很多教学内容,如球类包括篮球、排球、足球、乒乓球、羽毛球等。由于教学内容不同,教学对象不同,课堂导入也不可能只有一种固定不变的导入模式,相同的教学内容,相同的教学对象,不同的教师也会采用不同的导入方法。教师如何讲解如何导入,要依据教学内容、教学目标和学生认知水平及身体、心理的不同需求而加以选择;导入的方法有很多,如语言导入、演示导入等。下面针对语言技能,重点介绍语言导入。语言导入包括直接导入、故事导入和提问导入等。

(1) 直接导入法

直接导入法是体育教学中经常采用的方法,即课的一开始就直奔主题,宣布本次课的教学内容、学习目标和课的基本要求,让学生直接进入学习状态。例如"同学们，本次课我们初步学习‘鱼跃前滚翻’技术，在学习以前复习‘前滚翻’，要求在分组练习中动作认真、规范，前一个同学练习完后，按要求对下一位同学进行保护与帮助。”这种导入方法简单明了，节省时间，一开始就让学生明确了学习内容，抓住了课的中心。但此方法虽简便，却比较单调，缺乏激情，难于激发学生(特别是小学生)的学习兴趣，这种导入方法一般较适合高年级学生。

(2) 故事导入法

中小学生活泼好动，对事物充满了好奇心，尤其比较喜欢听故事，教师可抓住中小学生这一特点，选用恰当的故事，有效地进行课堂导入。例如在上短跑课时，教师可这样导入："同学们，刘翔在2004年雅典奥运会上，以12′91的成绩平了男子110米栏世界纪录，在2006年世界田径大奖赛上，又以12′88的成绩破了该项目的世界记录，成为当今世界上在这个项目上跑得最快的人，实现了中国乃至亚洲人在这个项目上零的突破。其实在速度方面我们每个人都有一定的运动潜能，只是平时由于缺少运动而没能很好地发挥出来，今天机会来了，这节课我们学习短跑……"这样导入，既抓住了主题，又能够很好地吸引学生的注意力，同时也能有效地激发学生对短跑练习的热情。

(3) 提问导入法

这是一种教师根据学生已掌握的体育知识、运动能力和技术水平，结合教材内容向学生提出相关问题所进行的课堂导入方法。例如，教师在上跳远课(助跑与踏跳)时，可这样导入："同学们，这节课我们学习跳远，有哪些同学知道怎样才能跳得远?"回答："跑的速度快才能跳得远。""回答非常好，但是只有很快的水平速度，能跳得最远吗?"回答："还要有踏跳。""对，还要有踏跳以获得向上的垂直速度，那么怎样踏跳才能获得最大的垂直速度呢？……这就是这节课我们重点学习的两个内容，助跑与踏跳……"提问导入法简单明了，直奔主题，并可逐步设疑，把学生引入课堂主题，此法节省时间，简单实用，是体育教学中常用的方法。

开始部分的讲解(导入)，由于时间所限，教师的讲解要言简意赅，讲述内容一定要精练，并且要有针对性、启发性和激励性。除此之外，教师要深入钻研教材，分析教材，熟练把握教学重点、难点，精心设计课的讲解内容，选择适当的导入类型。

2. 准备部分讲解(过渡部分)

准备部分讲解主要是指围绕课的基本部分内容所设计的准备活动及相关练习的讲解，主要包括徒手操、游戏及相关准备活动、练习的讲解等。

(1) 徒手操讲解

徒手操在体育教学中经常用到，在讲解徒手操时，首先要讲清每节课的动作名称，在讲解动作要领的同时应结合示范口令。例如先做一个八拍，让学生看清楚，然后提出动作要求(提示动作重点难点)，最后教师做镜面(或其他示范面)示范，带领学生按一定节拍(结合口令)进行练习。在讲解徒手操动作要领时，语言一定要精练。

(2) 游戏的讲解

游戏在体育教学中有着特殊的功能,特别是低年级学生尤其喜爱游戏。游戏使用得当能起到很好的寓教于乐的作用,对中小学生身心的健康成长能起到积极的促进作用。在讲解游戏时,教师首先要讲清游戏的名称、方法、规则,然后提出游戏的目的和具体要求。例如"同学们,下面我们开始'贴烧饼'游戏,一、二组和三、四组分别按现在的顺序分成两个大组,每个大组的同学手拉手分别围成两个大圆,面向内,然后从大排头开始,每两个同学肩并肩站立,每组选两位同学,一人追逐,一人跑动中可向任意两人的一侧并立(贴),被贴同学的异侧同学立即逃离;如在未贴上前被追上(触摸),则被追上的同学反追原追逐者,追逐者则可在逃离过程中贴向任意人。目的一,看谁反应快,最灵活、机敏;目的二,看谁跑得快。要求一,只能从侧面轻贴,不能从后、从前面贴;二、贴时不可撞击(用力过大),以免受伤。追上时只能触摸,不可拍打(用力过大)……"

(3) 准备活动讲解

准备活动讲解包括准备活动练习的讲解和各种诱导练习的讲解,其讲解主要是围绕这些活动内容而进行。一般性准备活动练习主要包括利用跑、跳、球类和各种体育器械所做的各种活动练习。讲解这类练习时,首先把名称、方法和要求讲清楚,其次讲解时语言要精练,描述要准确、清晰;这类讲解一般要结合示范、口令等一起进行。例如对"高抬腿跑"的讲解:"高抬腿跑要求上体正直(或稍向前倾),重心高抬、挺髋,两腿交互屈膝高抬大腿与躯干接近直角,前脚掌着地并迅速蹬伸,髋、膝、踝三个关节要充分伸直,两臂前后要自然摆动。"然后教师结合侧面示范,先领做,再让学生按要求独立完成动作。诱导练习的讲解,除语言要精练、准确以外,随着练习的逐步深入,每一步的讲解都应有明确的目的性,并且应有由浅入深的层次安排,切不可杂乱无章、前后重复,以利于学生掌握正确的动作要领,明确练习的目的、要求。

3. 基本部分讲解

在体育课教学中,基本部分是体育课的主体部分,也是教学的重点、核心部分。在整个过程中,教师运用各种各样的教学方法,提出与之相应的要求,都要通过各种形式的讲解来完成,因此讲解的类型也是各不相同的。在体育课基本部分教学中,教师所运用的讲解类型主要有以下几种:

(1) 解释、说明性讲解

解释、说明性讲解是对概念、名词、教学任务、目的、内容、练习方法、注意事项、比赛规则等教学相关内容给予必要的解释、说明和强调。

例如田径运动术语"步频"的说明性讲解:"在走或跑的过程中,两腿在单位时间内交替行动的次数,是决定跑的速度的重要因素之一,其疏密主要取决于后蹬、腾空与前蹬缓冲时间的短长。"

再如"重力性休克"的解释性讲解:"重力性休克是人疾跑后的一种生理反应。有时在疾跑后突然站停,就会昏倒在地,一倒地就感到舒服,如再度站起,则又会昏过去，这种现象称为‘重力性休克’。原因是跑后即停，下肢毛细血管和静脉失去肌肉收缩的挤压作用，加上血液本身的重力作用，大量血液积聚在下肢舒张的血管中，回心血和输送给大脑的血量减少，造成暂时性脑贫血。当人体卧倒后，体姿与地面平行，血液失去重力作用，大量回心，输送大脑的血量也随之增多，脑贫血就得到缓解……”

(2) 介绍性讲解

在体育教学中，教师经常要向学生介绍一些有关体育项目或体育基本知识，这就要运用介绍性讲解的方法。例如对“网球运动”的介绍性讲解：“网球运动是运动员手执网球拍击球的一项运动。比赛分两方，在网球场上进行，由一方发球开始后，互相击球越过球网至对方场地，如一方击球出界，落网或让球落地两次者，失一分，以先得四分者胜一局(如各得三分，任何一方需净胜两分才确定局的胜负)，以先得六局者胜一盘(如各得五局，任何一方须净胜两局才确定盘的胜负)。每局结束后，双方交换发球。设有男子团体、女子团体、男子单打、男子双打、女子单打、女子双打、男女混合双打七个项目。”

(3) 练习方法和要求的讲解

教学过程中，采用什么练习方法，达到什么要求，一般是教师课前预设好的“预案”。讲解时应力求简明扼要，通俗易懂。例如在教学生学习“鱼跃前滚翻”时，可结合示范按照每个练习的步骤，分别进行示范、讲解。例如“同学们，这节课我们学习新的技术动作‘鱼跃前滚翻’，第一步：分四组分别复习以前我们学过的前滚翻(示范)，每人连续做三个，看谁的动作圆滑，运作连贯。”第二步：分组做远撑前滚翻，教师示范，要求每人做一个，做三轮。第三步：分组做远撑前滚翻，每人连做三个(熟练的)，要求尽量远撑。第四步：在远撑的基础上再向前一点(放标志物)，做带有一些低腾空的“前滚翻”。讲解完后教师示范，要求蹬地有力，撑地两臂力量均匀。第五步：在练习四的基础上增加远度和腾空高度，教师示范，要求蹬、摆协调有力，腾空较舒展，滚动圆滑。通过以上不同难度练习的讲解，结合教师准确的诱导示范，提出不同的难度要求，学生由浅入深、由易到难地练习演进，可有效消除学生学习过程中的恐惧心理，增强学生学习和掌握动作的信心。

(4) 动作要领的讲解

动作要领的讲解，应根据动作的基本要领和用力特点以及所要达成的目标，用简短而精练的语言，准确地加以描述，必要时应强调用力方法，如在讲解“前滚翻”动作要领时，可向学生这样描述：“同学们，前滚翻用力顺序是从蹲撑开始—低头—含胸(弓背)—蹬地—推手—团身—抱腿成蹲立。重点是蹬地和推手，蹬地有力，滚动速度快，推手正而有力，身体滚动就直。”如果讲解时再结合教师的示范动作，就会更加直观生动，更容易使学生接受。如果按照教科书上所描述的动作要领去讲解，就显得烦琐而冗长，学生反而记不住。因此对动作要领的讲解，教师要善于把握动作的精要，把复杂的动作过程用最简练的语言描述出来，这也是体育教师最主要的基本技能之一。

(5) 动作示范的讲解

动作示范的讲解,一般是先讲解后示范,有时是先示范后讲解。无论什么形式的讲解,基本要求是语言要精练,对动作过程中的重点、难点描述既简单明了,又要非常到位。示范与讲解相结合,可省去不必要的讲解内容。例如在学习篮球"原地单手肩上投篮"时,按照一般的讲解要叙述整个投篮的全过程:"准备投篮时,两脚前后开立,两膝微屈,重心在两脚上,左手扶球,右手托球右肩上方(大小臂的夹角大约90°),投篮时,右臂随着下肢蹬伸的力量向前上方充分伸展,最后用手腕前屈和手指的力量将球投出。"如果教师先做示范,要求学生按照教师的示范方法持球,带领学生先做投篮的模仿练习,再要求学生"蹬地－伸臂－屈腕(压腕弹拨)",并强调动作的协调与连贯,可使学生既直观又快捷地掌握动作要领,可节省时间,省去多余的叙述过程。

(6) 纠错讲解

纠错讲解就是在教学过程中,学生出现普遍性错误或个别学生出现动作错误时的讲解。当学生出现普遍性错误时,一般是停止练习集中讲解,即教师根据出现动作错误的原因,找出解决的方法,纠正错误动作所进行的讲解。例如,学生在学习原地侧向推铅球时,普遍出现了"倒肩"现象,教师在集中讲解时应强调:肩向投掷方向移动时,其路线(运动轨迹)应是直线,不可向左侧下方偏移,否则蹬地的力量不能有效地向右侧肩上传递,造成部分力量"消散"。使学生明白错误动作的根源所在,以利于正确用力方法的形成。如果是个别学生出现错误动作,教师可结合正确示范给予简单的讲解,也可抓住动作错误的关键,提示性地给予讲解,例如"动作这样做会更好一些","蹬地再快一些","手臂再伸展一些"等等。这样提示性的讲解语言,简便易行,易引起学生注意,是体育课普遍采用的讲解方法。

(7) 正误、优劣对比讲解

对比性讲解是指在教学过程中,教师根据学生练习中存在的问题,所进行的正误、优劣、特点、方式等方面的对比性讲解。当教师发现学生存在典型动作错误时,可让动作技术正确的学生与其一起做示范,让学生进行正误判断(示范前教师应提出观察的重点),在此基础上教师做总结性讲解,以提高学生正误动作的鉴别能力。有时在教学中,教师也可以让好的和不好的、强势和弱势的放在一起,提示学生进行对比性讲解。例如在练习立定跳远时,可提示学生:跳得好的同学,腿蹬伸速度快,而且髋、膝、踝能充分伸展,身体腾空高(前上方),两臂前摆有力并与蹬伸协调一致,两脚落地前伸积极。而动作质量差的,可让其他学生认真观察,并提出关键问题:蹬地速度慢(无力),膝、髋关节蹬伸不直,蹬摆不一致,落地时两腿前伸不主动等等。这样学生一边练习,教师一边提示性讲解,既不影响学生练习,又可让学生对照好的示范动作,改进自身动作的不足。但这种讲解技能的形成需要教师在长期的教学实践中认真地观察、分析和积累。

4. 结束部分讲解

体育课结束部分的讲解,是教师根据本次课教学目标完成情况以及学生的情意表现所作的总结性评价,具有一定的教育和导向作用。结束部分由于时间相对较短,教师在讲解时应运用简短而概括的语言,准确评价本次课的得与失,评价要力求公平、公正、准确,同时应当表明自己的观点,以利于学生进一步学习、活动和运动参与。对课中表现突出的学生应给予表扬,这样对表现突出的学生是一种精神鼓励,对其他同学是一种促进。对课上出现的不良行为表现,教师要恰当地表明自己的看法(或批评),既让有不良行为表现的学生明白自身的行为错误,又不伤害学生的自尊心,既起到了告诫的作用,又达到了教育全体的目的。例如:"本次课绝大多数同学练习都很积极、认真,练习效果总体都不错,有的组尤其表现出了较好的协作意识,个别同学甚至提出了比较深刻的问题,说明在练习活动中不但善于动'体',也善于动'脑',在活动中发现问题是探究新知的表现,值得大家学习,希望在下次课的学习活动中,我们所有的同学都多观察,多思考,提出更多有益的问题。"

利用结束部分的讲解,除进行总结性评价以外,也可以向学生布置课后"作业",即让学生利用课余时间或课外活动时间,延伸体育课上的活动练习,以达到强化运动技能、掌握运动方法和促进身体健康的目的。当然,利用结束部分讲解,还可以达到更多的目的,只要教师在教学实践中多观察,多积累,就一定会创新出更好的讲解方法。

二、体育理论知识讲座

体育教师在制定学期教学计划时,都要安排一定比例的理论课,其目的是丰富学生体育理论知识,提高学生体育认知水平,传播体育文化,培养学生终身体育意识。体育理论知识讲座主要包括体育基本知识讲座和针对学生存在的认知问题进行的专题讲座。

1. 体育基本知识讲座

体育基本知识讲座,首先是选择恰当的内容。体育基本知识内容有很多,除各年级教科书上所列举的备选内容以外,还可以选择诸如赛事报道、明星传记等学生较关注的体育时事要闻。不管选择什么内容,都要遵循这样几个原则:一、必须针对学生已有的体育知识基础;二、必须符合学生的认知水平;三、必须了解学生的知识需求。这样再加上教师出色的讲解,可有效增强理论课的实效性。

其次讲座的目的要明确,突出重点和难点。一节理论课,教师要达到什么目的,解决什么问题,一定要围绕这一主题有序地展开,对重点和难点,在讲解时应着重剖析;同时也可结合学生的实际生活和课中突出的实例进行对比说明,旁征博引,多举实例,一步步深化主题。

在讲座时,吐字要清晰,语言要流畅,语速要适中,音调要抑扬顿挫,有节奏感。表情自然而轻松,如能配合有效的体态语言,可进一步增强理论课讲座的感染力。

2. 为解决教学问题而进行的专题讲座

体育专题知识讲座，一般是根据学生存在的问题，有目的、有计划、有针对性地选择教学内容，为解决专门问题而设计的专题讲座。例如中长跑是一项具有很高锻炼价值的运动项目，但在实际教学中，大多数学生都不喜欢上，为解决这一问题，教师可对学生进行有关“中长跑”的专题讲座，其主要内容应包括以下几个方面：

(1) 中长跑对心、肺功能的作用；

(2) 中长跑对心血管及循环系统的作用；

(3) 中长跑对运动系统全面的锻炼作用；

(4) 中长跑对能量代谢的作用；

(5) 中长跑对人意志力的锻炼作用；

(6) 中长跑不受场地器材限制，便利的特点；

(7) 科学而合理地从事中长跑，对增进健康，保持旺盛精力，提高学习效率的积极作用。

通过教师深入浅出的语言讲解，使学生对中长跑产生更深刻的理解，可有效促进学生练习中长跑的自觉性，进一步提高学生学习中长跑的主动性和积极性。

三、讲解的基本要求

1. 讲解要有科学性

讲解内容和阐述观点要正确，使用术语要规范，要根据讲解的目的和要求，有条理、分层次地进行，做到设计合理，框架清晰，结构完整，层次分明。

2. 讲解要有目的性

教师应根据学生及教学内容，确定明确的教学目标，做到讲解目标明确，内容丰富具体，重点难点突出，分析透彻。

3. 讲解要有针对性

要提高讲解的效果，教师必须了解学生的现有状况(包括年龄、兴趣爱好、知识水平)和认知现状，有针对性地讲解，这样才能够有的放矢，提高讲解的实效性。

4. 讲解要有充分的准备

讲解前，教师一定要认真分析教材，吃透教材，精心设计讲解内容，明确讲解的顺序，确定讲解的重点和难点。

5. 讲解要简明扼要，通俗易懂

体育教师讲解的语言，一定要简明扼要，不可烦琐冗长，语言要简练，语速快，思路清楚，层次分明，并且生动有趣，富有变化。

6. 讲解要和示范技能相结合

在体育课教学中，技术动作的教学必须和动作示范结合使用，以弥补讲解的不足，或是先讲解后示范，或是先示范后讲解，或是边示范边讲解，以加深学生对所学技术的理解。

7. 讲解时要注意反馈

教师在讲解过程中，要随时注意学生的反应，了解学生对讲解内容的理解和掌握情况，从学生的表情、动作及神态中发现问题，及时调整讲解内容或方法，以引起学生注意，达到最佳讲解效果。

四、讲解技能的思考与练习

1. 写 1 至 2 篇体育理论课的讲稿，利用业余时间进行试讲。注意语言要概括、精练，普通话要标准。讲解时间以 15 分钟为宜。(重点难点可详细些)

2. 写一段介绍体育运动项目的讲稿，先熟读几遍，然后试讲，请同行指导。

3. 找出几个体育教学中经常出现的动作错误进行纠错讲解；根据体育课上常出现的事件进行即时语言评价练习；设计几个开始和结束部分的开场白或结束语，进行演讲练习。

4. 写一篇完整教案，进行说课演讲，请同行指导并提出改进意见。演讲时注意语言表达的准确性，表达形式及其效果。

5. 在实际教学中观察学生对自己讲解效果的反应，了解学生对自己语言表达的意见，及时总结经验，不断改进和变化讲解方法，提高讲解的感染力和实际效果。

第三节　教学评价语言的运用

教学评价语言是教师在教学过程中，对学生的动作质量、技术运用、情意表现及合作精神等一系列有关学习行为即时的语言评价，是一种有效的教学反馈，也是教师组织教学的重要手段，同时还是教师实施教育的重要方法。在教学评价中，其方法大多以定性评价、形成性评价、激励性评价和发展性评价为主。在教学实践中，有经验的教师总能在细微之处发现问题，捕捉到教育时机，及时有效地进行评价，以利于学生进一步学习，教学评价语言的运用伴随着教学过程的始终，对促进和激励学生主动学习具有重要意义，不仅是教师综合素质和专业化水平的体现，也是教师教育智慧及创新能力的充分展示。

一、对学生运动技术、技能的评价

在体育教学中，教师的基本任务之一就是要让学生掌握正确、合理的运动技术，并通过运动技术的练习形成技能，以此增进学生的健康。在教学实践中，学生与学生之间的运动水平和能力是有一定差距的，如何利用教学评价语言，在不中断练习的情况下，对每一位学生进行恰如其分的评价，以此更加有效地促进教育教学效果的提高，是有一定难度的。一般情况下，如遇见学生表现出较好的技术动作，应给予及时的鼓励性评价，如“很好”、“完成得漂亮”、“真不错”等等，也可以提醒学生“注意看××同学的××动作，完成得很不错”。这样评价，不但对练习者是一种激励，对观察者也起到了对比、示范作用。若遇到由于自身条件所限,不能够很好完成动作的学生,应以勉励评价为主,如“挺好,某部位再用力些会更好”或“别灰心,再来一次”等等,这样勉励学生,逐步克服畏惧心理,让学生树立起信心。

二、对学生运动参与的评价

运动参与是学生发展体能、获得运动技能、提高健康水平、形成乐观开朗的生活态度的重要途径。在体育教学中,学生能否积极、主动、快乐并伴有探究思考地参与到教学的各项活动中去,应该是教学过程中教师关注的重点。然而学生的运动参与又是和教学方法、教材内容和教师的教学态度以及学生自身的运动基础、身体状况和情绪状态等密切相关的。因此在教学过程中对学生运动参与的评价,除应关注以上诸多因素之外,还应结合学生平时在教学活动中的行为表现,给予公平、客观而恰当的评价,以促进学生进一步积极、主动地参与活动。

在教学实践中,教师总会遇到这样的情况,有的学生(或小组)对活动很感兴趣,练习的积极性很高,而有的学生(或小组)练习时积极性就没有那么高,相比之下比较被动。在这种情况下,教师先不要影响练习较好的学生(或小组),而应该向练习较被动的学生(或小组),这样委婉地评价:“怎么了同学们?是不是有点累了(暗示练习不积极),看那几组练习得多投入(引起学生注意,形成对比),来,咱们一起练习。”一般情况下,能够引起教师的关注,学生练习会主动一些,加之教师及时引导评价,学生参与活动的积极性会进一步提高。

如遇个别学生练习时情绪低落,与平时课中表现大不一样,教师首先要了解清楚原因,有的放矢地进行评价,例如“有问题吗?是不是不舒服?需要老师帮助吗?”(提出问题要从关心学生出发,并让学生感觉到老师的关注是由自己练习不积极主动引起的)如学生能继续从事练习活动,应给予肯定性评价:“还能坚持吗?好样的!”多加鼓励和引导。如情况特殊,不能继续练习,可先妥善安置,课后进行疏导,切不可只管评价,不分青红皂白,否则有可能引发学生的对立情绪,甚至对正常的教学活动造成不利影响。

三、对学生情意表现的评价

学生的情意表现,即学生在体育学习过程中表现出的学习态度,情感体验,交流与合作精神及意志力表现等。在教学过程中,关注学生的情意表现,并给予准确有效的评价,不仅是教学活动自身发展的需要,也是教师实施教育的重要方法。在进行语言评价时应关注学生以下表现:在学习活动中学生能否克服各种困难与障碍,能否运用体育活动等手段较好地调控自己的情绪,能否理解和尊重其他同学和老师,能否在学习过程中表现出良好的人际交往能力,能否在练习活动中与他人很好地合作等。其次在评价中还应关注学生的个性化特点,即教师在评价时应针对每个学生的特殊情况,确立不同的评价标准。

例如，在上跳箱分腿腾越时，部分学生会产生畏难情绪，有的甚至不敢跳越器械。这时教师可先进行一些引导(或疏导)："要想越过障碍，首先要战胜自己(心理障碍)，以你的身体条件完全有能力越过障碍，有老师的保护与帮助，敢不敢再试一次?"疏导时可让其一边观看其他同学跳跃器械时的动作示范，一边进行鼓励性引导："如果你的用力方法能和他们一样，你一样能轻松越过器械。"在教师的鼓励下，如果这些学生能够在下一次练习时获得成功，教师一定要着重进行鼓励性评价，"太好了，再来一次"等。如果尝试失败了，教师也应根据失败的原因进行鼓励性评价，"比上次好多了，如果踏跳再用力些，分腿再充分一点，下次一定能行"等，进一步鼓励学生增强克服困难的信心，学生会逐渐有所进步。

在体育学习中，如果发现个别学生不愿与人合作，甚至不与人交流，首先要摸清原因，然后有针对性地说服教育，让学生明白"学会交流、学会合作是一个人一生幸福生活所必需具备的能力，一个不会交流合作的人，一生将是很孤独的"。这时学生能回到自己的小组(或团队)继续与同伴活动，教师应给予赏识性的评价或加上肯定赞扬的手势，"很好，这样就对了"等。在适当的时机，运用恰当的语言评价，鼓励学生战胜不良情绪或帮助学生排除干扰，使每一个学生保持良好的人际关系，这样既能发挥体育课教育的综合功能，又有利于学生身心健康发展。

四、对教学事件的语言评价

在体育教学实践中，总会有一些意想不到的事件(教学事件)发生，有时学生在练习活动中会有出人意料的绝好发挥，有时学生可能会为一件小事或意外与同学发生争执，或做出一些与教学活动无关甚至相悖的事情。这是教育自身的复杂性所决定的，从一个侧面也说明教学过程是不可能被完全操控的。在这种情况下，教师首先应判断事件的性质，如果是对教学活动具有负面影响的消极事件，教师应立即制止事态的进一步发展。然后了解事情的真相，进而表明自己的观点和态度(表明态度的过程既是评价过程，也是教育过程)，根据事件的轻重缓急，给予当堂处理或课后处理，教师评价的语气、态度也应根据事件的性质而有所不同。例如："请别冲动，告诉老师怎么回事?""这样做很不理智，尤其在上课期间，是不是有点过分？好了，听老师的，先接着活动，下课后我们再谈。"

如果是对教学活动具有正面影响的积极事件，虽打破了教师原有的教学计划，此时学生练习非常地积极、投入，情绪高涨，这时教师应充分发挥自己的聪明才智，把握有利的教学时机，引导学生向着更有利于发挥创造，展示自己运动潜能的教学情境发展。教师的语言评价也应随着课堂情境的变化与学生互动，并带有一定的肯定性和鼓动性，如"发挥很出色，其他同学也来试试？太棒了，再来……"

利用积极或消极的课堂事件进行即时的语言评价，能及时把握有利的教育时机，有效提高教育教学质量，是体育教师教育水平、能力的体现，也是教师教育智慧和创新能力的充分展示。

五、教学评价语言的基本要求

1. 评价语言要准确、精练

教师的评价语言主要是针对学生在教学中的各种表现而进行的一种即时反馈，由于时间有限，教师的评价语言必须准确、精练，不能拖泥带水，含糊不清。

2. 评价语言要有针对性

运用评价语言时，一般是就事论事，把学生的动作或行为的真实情况及时反馈给学生，使学生及时获得反馈信息，以利于下一步改进、提高动作(或行为)质量。

3. 评价语言要有激励性

教师运用评价语言进行反馈的目的是为了让学生掌握科学合理的锻炼方法或改变其不良学习行为，并通过科学合理的练习活动和良好行为习惯的养成，促进学生身心全面健康发展。因此，教师评价语言要有激励性，要有利于学生进一步参与体育学习。

4. 评价语言要体现教育性

学生在体育学习中的表现是千差万别的，当教师运用语言评价时，可通过“语气”或“语调”来表明教师的态度与看法。教师的这种态度对学生可起到导向作用，学生会根据这种导向作用改变自己的行为，这就使评价发挥了很好的教育作用。

六、教学评价语言的练习

1. 不断学习研究教育教学的基础理论，提高自身文化修养水平。
2. 加强现代汉语知识的学习，在同伴的帮助下进行语言表达练习。
3. 多听课、多观摩，向有经验的教师学习语言表达的运用技巧。
4. 通过说课、评课锻炼自己的语言表达能力。
5. 注意在实践中积累经验，多写课后小结、反思、日记等，提高教学评价语言的实效性。

第四节　体态语言的运用

现代教学理论研究表明：教学过程中教师并不仅仅通过口头语言形式传递教学信息，非口头语言也是教师传递教学信息的重要形式之一，而且非口头语言表达在教学中有时还起着十分重要的作用。体态语言就是一种典型的非口头语言形式。体态语言是指教师利用自身身体变化对学生产生不同的刺激，引起学生注意，维持正常教学秩序，生动地传递知识和交流感情，促进学生学习的教学行为方式。教学是一门科学，也是一门艺术，教师在教学过程中合理恰当地运用体态语言，是教学艺术的重要体现。在教学实践中，体态语言主要是指教师的表情、身体姿势、手势、目光、举止和外表修饰等，是一种非口头语言的符号形式，也是一种重要的信息传递手段。

一、体态语言的类型

关于体态语言的类型有多种说法，有人认为体态语言包括身体姿势、手势和面部表情；有人认为包括举止、手势和眼神；还有人认为除以上几种以外，还包括服饰和距离等等。根据体育课的特点，体育教师的体态语言主要有以下几种：

1. 面部表情

有经验的教师在教学过程中非常善于运用面部表情的变化表达自己的思想感情，并能针对课堂情景的不同变化，运用面部表情有效地调节课堂气氛，提高教育教学效果。面部表情是人内心世界的晴雨表和显示屏，一个人的喜、怒、哀、乐都可以通过面部表情显露出来。作为一名教师，从面部表情上给学生带来的应是真诚、爱护和关心，学生则会信任和热爱教师，乐意接受教师的教育和要求。一般而言，教师运用面部表情教育学生，首先应学会运用微笑。教师微笑着面对学生，会让学生感到关爱和温暖；教师微笑着教育学生，会让学生感到信任和真诚；教师微笑着分析问题、处理问题，则让学生感到"温而历，恭而安，威而不猛"。然而，教师的微笑首先应真诚，不可虚心假意，并善于察颜观色，获取学生的反馈信息，在微笑中求变化(微笑的变化应根据具体情况有所不同)。只有这样，教师才能在教学过程中成功运用面部表情的变化，有效调节教学氛围，营造和谐的教学环境。

2. 手势

手势是手指、手掌、拳头和手臂动作的综合运用。在教学过程中，手势是师生交往互动中使用频率最高的体态语言，在教学中变化最多、最快并且具有丰富的表现力，对口头语言表达也具有较强的辅助和补充作用。正确而适度的手势，不仅可以表达思想，又可以传递感情，同时又可以增强教师口头语言的说服力和感染力，是体育教师重要的无声的教学语言。

在体育教学实践中，手势有着特殊的不可替代的作用。如学生做原地高抬腿跑练习时，为了提高动作质量，强调蹬地充分，抬腿到位，教师在用语言强调"蹬"和"抬"时，可以用手臂上摆的手势来强化言语的力度，提高学生蹬和抬的用力程度。这比教师单独只用语言表达更富有表现力和感染力，同时也避免了语言的多次重复，节约了教学时间，提高了教学效率。

3. 身体姿势

身体姿势是指教师在教学活动中通过自己躯干和四肢动作来传递或辅助传递教学信息的活动。主要包括站立姿势和身体移动。站立姿势虽然在教学中并没有特殊的意义，但在教学活动中，教师不同的站立姿势会给学生不同的感受。如果教师站姿挺拔，气宇轩昂，充满自信，会使学生精神振奋，注意力集中，对学习充满信心。

身体移动是指教师在教学活动中身体位置的变化。教学过程中，教师的身体位置处于不断的动态变化之中。教师应不断改变自己的身体位置，使自己的位置始终处于便于观察学生学习情况，便于学生观察教师的位置。这样可以拉近教师学生之间的距离，更好地促进师生之间的信息和情感交流，使教学活动变得更活泼，更富有生气，同时，也可使学生的练习活动变得更积极主动和富有活力。

4. 目光注视

眼睛是心灵的窗口，眼神是人与人之间交流的主要方式之一。眼睛会“说话”，能“传神”，最能表达细腻的情感。体育教学实践中，教师可以通过眼神，发现学生注意力是否集中，思维是否活跃，练习是否积极。学生也可以通过眼神感觉到教师是否专注，教师是否带有真情实感。因此，教师在教学中恰当地运用眼神，对辅助教学，提高教学效果，起着重要的促进作用。教师的眼神运用主要有三种形式：

(1) 注视法

注视法是教师在教学中出于某种需要，把视线短暂地停留在某一处或某一学生身上的方法。

例如在教学过程中，某学生不认真练习或对别人的练习起到了干扰的作用，此时教师并不进行批评，而是用眼神注视该学生，当学生发现教师注视着自己时，会有所警觉，停止不利于教学的活动。再如学生在练习中获得了成功，教师注视着学生，投去肯定、赞许的目光，可以使学生受到鼓励，有效增强学生练习的积极性。

(2) 环视法

环视法是教师用目光依次扫过全体学生，是针对全班同学运用眼神的一种方法。环视是教师尊重学生的一种表示，同时也是教师维持课堂纪律、督促学生进行有效活动的一种方法。

例如在体育课的练习活动中，教师不时用眼神环视整个课堂，可使学生感觉到教师时刻在关注着自己，对于练习比较认真的同学，可进一步促进其练习积极性；对于练习不认真的同学，可督促其认真主动地参与活动。而对于教师来讲，通过环视，可随时掌握整个课堂活动情况，便于教师从整体上把握课堂教学进程。

(3) 虚视法

虚视法是教师在教学过程中采用的“似看非看”或对某个学生仅仅投去一瞥的目视方法。与注视法不同的是，教师不是把目光停留在某个学生身上，而是不经意地轻轻一瞥。虚视法对于那些平时表现不错、自觉性较强、偶而注意力分散或思想不集中的学生较为有效。这类学生自尊心较强，教师轻轻地一瞥，便可以有效唤起他们的注意。如果注视时间过长，反而可能会伤害其自尊心，不利于下一步的教学活动和师生关系的和谐。

5. 外表修饰

外表修饰是指教师的发型、容颜化妆和着装服饰等。在体育教学中，外表修饰虽不能直接表达与教学相关的信息，但却是影响教学效果的一个潜在的不可忽视的因素。因为外表修饰不仅能反映出教师的知识水平和审美能力，也是教师文化修养和风度气质的外部流露，而学生对这些外表修饰的感知往往比较敏感。

体育教师如果外表修饰得当，着装整齐，就会显得自然大方，精神焕发，能起到引起学生注意和振奋精神的作用，对学生下一步的学习活动在精神上起到了积极的正面影响。相反，如果教师不修边幅，蓬头垢面，或奇装异服，发型奇特，将会分散学生的注意力，在精神上产生不舒服的感觉，从而对教学活动产生不利影响。

二、运用体态语言的基本要求

教师的体态语言伴随着教学过程的各个环节，对教学过程发挥着无声的影响。正确运用体态语言，应做到以下几点要求：

1. 体态语言要自然得体，富有美感

教师的体态语言一定要和自己的教学思维活动相一致，做到表里如一。教师的一举一动，一个眼神，一个微笑，都应该让学生感到真诚、可信，切不可矫揉造作，扭扭捏捏，那样反而会损坏教师形象。

2. 体态语言要和口头语言表达相结合

体态语言是口头语言的有效补充，因此，要和口头语言表达紧密结合，相互补充，使其更具有感染力和说服力。

3. 体态语言要简繁适度，恰当准确

体态语言只有掌握好时机，做到少而精，简繁适度，才能起到画龙点睛的作用。过简过繁都会对教学活动造成不利影响。

4. 眼神运用要有的放矢

在教学过程中运用眼神表达某种意思，要根据具体情况采用注视、环视或虚视等方法，目光不可过于专注或不够集中。

5. 外表修饰应体现教师的职业特点

体育教师的着装应具有体育教师的特点，符合体育教师的职业要求，在此前提下，进行适当而得体的外表修饰，才能对学生产生言传身教、潜移默化的作用，才能有助于学生良好习惯的养成。

三、体态语言技能的练习

1. 站姿练习

站立时应挺胸收腹，头颈正直，身体端庄、自然。体育教师应在平时的教学活动中注意自己的站立姿势，养成良好的站姿习惯。

2. 行姿练习

行走时应步履轻盈、稳健，协调、自然。体育教师在教学中应经常和学生一起进行队列练习，言传身教，养成正确的行走姿势和习惯。

3. 手势练习

手势练习要和语言表达相结合，举手投足讲究得体、自然、适度。教师平时可对着镜子练习手势的运用，不断提高和改进手势运用的水平。

4. 面部表情练习

应重点训练微笑表情，微笑时应亲切、自然、真实。注意在平时教学中养成对学生和蔼、亲切的习惯。

5. 目光练习

在镜子前练习注视法、环视法和虚视法，体会不同眼神的特点及效果。

第五章 运动技能演示

运动技能演示是教师根据教学内容的特点和学生的学习需要，选择和使用直观的教学手段，把动作的结构、顺序、方法和要领等要素展示出来，使学生直接感知所学内容的一种教学行为。运动技能演示的目的在于给学生提供可模仿的范例，帮助学生形成动作的视觉表象和建立正确的动作概念，使学生明确自己所要达到的学习目标。恰当地运用运动技能展示，有助于吸引学生的注意，激发学生的学习兴趣，加深学生对运动技能的理解，帮助和促进学生尽快掌握运动技能。

第一节 运动技能演示的作用与种类

一、运动技能演示的作用

1. 初步建立动作表象，为学习动作技能奠定基础。

可以说，学生对大多数运动技能的学习是从模仿开始的，他们通过模仿教师、学生的动作或电视电影中运动员的动作来学习他们感兴趣的动作，在不断的练习中逐步改进动作并形成熟练的动作技能。体育课上教师对动作技能的演示为学生提供了可模仿的范例，使学生通过观察运动技能的演示建立初步的动作表象，为学习和掌握动作技能奠定基础。

2. 激发学生运动兴趣，促进运动技能的掌握。

中小学生的心理和生理特点是第二信号系统发育还不完善，对语言的理解程度较低甚至存在偏差，但是，他们的模仿能力较强，对直观的动作演示容易产生兴趣。在课堂上通过影像、图片、模型以及教师正确优美的示范，明确地展示所学动作技能，能够引起学生的学习兴趣，使他们对所学动作产生注意。通过对演示动作的模仿，促进他们对所学运动技能的掌握，有效提高体育教学效率。例如在学习跨栏跑技术动作时，先播放录像或 VCD 让同学欣赏刘翔等运动员的高水平的跨栏动作，可以有效激发同学们的学习兴趣和练习热情。

3. 提高观察和分析能力，促进思维发展。

观察是认识事物的开始，运动技能的演示目的是为了学生通过观察，在大脑中形成正确清晰的动作表象，建立感性认识，在教师的引导启发下，对所观察的动作进行分析，讨论和概括，理解动作要领，掌握运动技能。例如在教跳远的技术动作时，利用电影、图片等直观教具和完整的跳远示范，根据教学需要，抓住主要技术环节，提出问题，学生在观察中思考、讨论、理解，并能概括出动作的要领。通过分解示范和对比示范，发现错误动作及出现错误动作的原因，找出解决问题的关键，促进学生对动作的学习和掌握。这一认识和掌握运动技能的过程，不仅培养和提高了学生观察事物的能力，而且提高了学生分析和解决问题的能力。

二、运动技能演示的种类

从运动技能演示出现的时机和目的来看，运动技能演示可分为导入演示、新授演示、巩固练习演示、结束演示等。根据演示动作的正确与否也可分为正确演示和错误演示等。从运动技能演示的媒介来看，一般包括教师示范、影像、图片、模型等几种演示方式。

1. 示范

动作示范是体育教师以人体自身为教具，通过形体动作把动作技能直接展示给学生的一种演示方式。例如在新授教材的学习中，教师先把动作示范一遍，然后进行讲解和组织学生练习。动作示范是体育教学中运用最广泛、最方便，也是最经济的一种演示方式。根据运动技能、具体教材的不同特点、运动技能形成的规律和学生的实际情况以及教学任务，从不同的角度进行划分，教师的动作示范一般可分为完整示范法、分解示范法、常速示范法、慢速示范法、对比示范法、正面示范法、侧面示范法、背面示范法、镜面示范法等等。

2. 影像

影像是教师通过电教设备，生动地再现运动技能，或再现学生学习过程的演示方式。它包括幻灯、电影、VCD、DVD等。例如在学习韵律操时，先播放一套完整的动作，让学生欣赏和体验到韵律运动的美感，激发起学生学习的积极性和热情，使他们主动地投入学习。另外，高水平的跑、跳、投等运动技术的演示，可以激发学生对这些运动形式的兴趣和深入了解，产生对体育学习的内部动力。运用影像设备循环播放的特点，可以方便教学，节省教师的精力、体力和时间。并且，利用影像播放演示运动技能，能让同学们欣赏到高水平和高难度的动作，使同学们对体育的魅力产生更深刻的了解。

3. 图片

图片是教师利用挂图或照片、简图、连环画等媒介向学生展示运动技能的演示方式。利用图片可以完整地演示动作，也可演示分解的动作细节，并以静态的单个画面出现，还可演示连贯动作的各个步骤。有条件有能力的体育教师，可以自己动手绘制动作图片，对于经济欠发达的地区和学校，这无疑是一种比较经济实用的运动技能演示方式。例如利用图片展示跳高、跳远的空中动作，可以给学生呈现一个个单个清晰的动作形象，如果有条件，应尽可能把动作的运动轨迹都描绘出来，这样会呈现给学生一个相对连贯的动作印象。

4. 模型

教师通过模型，帮助学生了解和掌握动作结构、动作路线或动作细节的演示方式。例如跳远的空中动作、背越式跳高的杆上动作、体操中的某种平衡动作等，都可利用模型进行演示。有能力有条件的体育教师可以利用硬纸板、薄木板、铁皮等材料，自己动手制作简易的能够活动的人体模型，用来演示动作技能的某个静止状态或身体姿势。

第二节　运动技能的示范

一、示范的目的和意义

动作示范是体育教学中最常使用的直观教法。它是教师把教材内容通过形体动作展示给学生，使学生能够直接观察到动作的结构、顺序、方法和要领的一种教学行为。示范的主要目的在于给学生提供一个可以模仿的对象，让学生初步形成对所学动作的视觉表象，帮助学生了解动作的基本特征，形成正确的动作概念。

兴趣是人对某种事物的特殊欲求倾向，并力求积极参与该事物的心理特点，兴趣有利于形成良好的学习氛围，有助于学生对教材的学习和掌握。正确、优美的示范动作不仅可以帮助学生建立正确的动作表象，还可以激发学生的学习欲望，引发学生对所学动作的学习兴趣，营造一种跃跃欲试的学习氛围。例如当学习技巧中经手倒立前滚翻的动作技术时，教师娴熟、优美的手倒立和前滚翻动作示范，不仅使学生了解了这一动作的完整形象，同时也有效激发了学生对学习这一动作的热情。因此，体育教师具备完成正确动作示范的能力，不仅有利于教学目标的完成，同时也有利于激发学生的学习兴趣和热情。

从某种意义上说，学生学习运动技能的过程大多是从观察和模仿体育教师的动作示范开始的。运动技能示范是体育教学中最常用的直观教学手段，也是最方便、最经济的运动技能演示方式，应该成为体育教师必备和重要的教学技能。

二、示范的时机与位置

1. 示范时机

(1) 不同示范时机的作用和意义

示范时机是一个教师在什么时候作示范的问题。一般来说，在不同的时机进行动作示范具有不同的作用和目的，只要是符合教学和学生的需要就是适宜的示范时机。例如教师在课的开始首先做一个漂亮的动作示范，可以起到吸引学生注意力和激发运动兴趣的作用；在学生练习之前进行动作示范，是为了让学生产生初步的动作视觉表象，给学生一个模仿的范例；在学生练习之中做示范，可以帮助学生纠正动作错误，进一步明确动作要领；在课的结束时做示范，具有总结评价和帮助学生形成正确的动作概念的作用。

掌握好动作示范的时机，有利于充分发挥动作示范的作用，在不同的时机进行动作示范，要注意根据示范的目的不同而采用不同的示范方法。例如完成导入性的示范，目的在于吸引学生注意和激发学习兴趣，所以动作要漂亮、潇洒、优美；为学习动作技能而进行的示范，目的在于给学生一个准确的模仿对象，所以，动作要准确无误，并注意示范的位置、速度和示范面；在学生练习中进行动作示范，目的是纠正错误和明确要领，可以进行重点示范、分解示范或正误对比示范。

“不愤不启，不悱不发。”在学生渴望看到教师示范的时候，或在学生注意力比较集中的时候进行示范，一般来说会取得较好的教学效果。因此，营造一种让学生期待示范的时机和氛围，对于提高示范效果具有非常重要的意义。体育教师要学会准确把握示范时机，合理营造示范时机，努力提高示范效果。

(2) 示范与讲解的组合方式及其效果

讲解与示范是体育教学中运用频率最高的教法，也是最常结合起来运用的教法。讲解与示范的组合方式是指二者结合运用时的时间结构，即二者出现的先后顺序。显而易见，讲解与示范可能的组合方式只有三种，即先示范后讲解、先讲解后示范和边讲解边示范。

从学生的角度审视讲解和示范的组合方式，这实际上是一个学生在感知动作时先听还是先看的问题，归根结底也是一个直观与语言如何结合的问题。不同的组合方式会产生不同的作用与效果，会影响学生对教学信息的接受和理解，尤其是对讲解内容的理解和记忆。心理学知识告诉我们，人们对客观事物的感知过程中，如果有较多的感觉器官参与活动，可以大大提高感知的效果。从这一角度看，边讲解边示范的组合方式可以使学生的视觉与听觉同步活动，很容易把讲解内容和动作联系起来，建立较为清晰的动作表象，非常有利于学生获得较多的知识储存和动作记忆。但遗憾的是，这种组合方式只适用于部分教材，更多的体育运动技能，由于动作本身的时空特征及人体生理特征的限制，无法采用边讲解边示范的方式。

从学生建立动作表象的心理过程来看，由于视觉的清晰度较高，视觉表象建立迅速，所以视觉成分在动作表象中往往占据主要地位。教师首先通过示范让学生建立有关动作的视觉表象，然后通过讲解加深印象，继而通过身体练习逐步建立技能的动觉表象，最终形成动作概念。如果不示范先讲解，动作表象储存有限的学生很难仅根据语言建立动作表象，对抽象的讲解内容的理解也必然受到负面影响。如果一个教师在教授双杠挂臂撑屈伸上这一动作时，在学生还没有看到示范的情况下，先去讲解什么“伸腿，制动，压杠”等技术要领，学生们很可能会喊道：“老师，先做一个让我们看看吧！”因为此时他们无法把教师的讲解内容与动作形象发生联系，会对讲解内容感到陌生、抽象与难以理解。所以，在学习陌生的动作技能时，在所学运动技能不能边讲解边示范的情况下，先示范后讲解这种组合方式应该成为首选的组合方式。

在动作本身条件允许的情况下，边示范边讲解有利于学生接受和理解教学信息，建立动作表象，是较为理想的讲解与示范组合方式，也应该是体育教师的首选组合方式。先示范后讲解比先讲解后示范更有利于教学信息的有效传递，有利于学生对讲解内容的理解和记忆，在无法边讲解边示范的情况下，先示范后讲解是更为合理的组合方式。

2. 示范位置

示范位置是指体育教师示范的地点与学生之间的空间关系。示范位置的选择要注意尽量使所有学生都能清楚地看到教师的示范动作，即体育教师的示范位置应与全体学生的距离保持基本一致，而且要照顾到后排的学生也能看到教师的示范动作。如在武术教学中教授基本动作时，一般采用四列横队队形，教师应站在横队两端与教师形成的等边三角形的顶点位置进行示范。如果是进行武术套路练习，必要时教师也可站在队伍的左前方或右前方示范，即站在套路前进方向的一侧进行示范。又如短跑的起跑教学，教师应让学生站在起跑线的两侧观察教师示范，这能使学生的视线始终随教师的示范动作移动。实践证明，这几种位置的示范方法最能让学生便于观察教师的示范动作。

一般情况下，下面的示范位置是比较合理的位置。

○○○○○○○○○○
○○○○○○○○○○
　　　　▲

○○○○○○○○○○
　　　　▲
○○○○○○○○○○

下面的示范位置应当尽量避免使用。（武术套路练习等特殊情况除外）

○○○○○○○○○○
○○○○○○○○○○
▲

○○○○○○○○○○
▲
○○○○○○○○○○

当学生人数较多，横排面超过四排时，最好让前面两排学生蹲下，以保证后排学生能清楚看到教师的动作示范。例如在进行技巧动作的教学时，教师的示范位置较低，要想让学生清晰地观察到教师的示范，前排同学应该蹲下。

在确定示范的时机与位置时，还要考虑到阳光和风向等环境因素的影响。一般来说，教师做示范时应该让学生背对太阳和背对风向，以免强烈的日光和风沙影响学生对示范动作的观察效果。

合理确定示范的位置和方向，可以保证学生能清晰地观察到示范动作的完整面貌。因此，教师在示范前，应注意分析动作的主要结构和技术特点，要考虑学生观察动作的角度，还要考虑学生的人数和队形分布特点以及环境因素的影响，以便合理确定恰到好处的示范位置。

三、示范方法

根据示范所展示的动作结构是否完整可分为完整示范和分解示范；根据示范的

速度可分为常速示范和慢速示范;根据示范的正确与否可分为正确、错误的示范(正误对比示范)等。体育教师应根据示范的具体目的来确定具体的示范方法。

1. 完整示范法

这是教师把整个动作完整连贯地进行演示的一种方法。这种方法有利于学生形成完整的动作表象,有利于保持所学动作的完整性和连贯性。教师在教一个新的教材时,先进行一个正确优美的完整动作示范,能够帮助学生建立正确完整的感性认识,激发他们的学习热情,积极主动地投入学习当中。例如在学习支撑跳跃某一动作时,教师在讲授前先做一个正确优美的完整性示范,可以消除学生特别是女生对支撑跳跃的惧怕心理,从视觉上体验到动作的美感,激发学生跃跃欲试的心理,从而积极主动地投入到学习中去。又如跨越式跳高在第一课时的教材导入时,运用完整示范法,可以使学生观察到跨越式跳高的完整形象,帮助学生建立完整的动作概念。

完整示范法适合于结构较简单的动作,但不适合相对较难和动作技术较复杂的动作,因为这会影响到学生对动作的整体把握和理解。所以对于结构比较复杂的动作,运用完整示范时,可采用辅助设施,降低动作难度,突出重点地进行示范,以免对学生造成学习的压力和惧怕心理。例如在教跑的技术时,可以先缩短跑的距离,教支撑跳跃时先降低器械的高度,教投掷项目时先降低投掷物的重量等。

2. 分解示范法

这是教师根据教学的需要,把完整动作合理分解成若干部分,根据教学的重、难点,有针对性地进行示范的方法。把学生较难掌握的动作环节提炼出来,便于学生集中时间和精力突破教材的重点和难点,利于学生掌握动作。但是这种教学方法会使一个完整动作的整体性和连贯性遭到破坏,割裂动作各环节的内在联系。

在学习较复杂的运动技能时,要合理地把动作分解成几个部分,有重点地示范其重点和难点,然后再逐个地进行示范和学习。例如原地正面掷实心球,在课堂教学示范时,可分成两个部分,一是用力前的预备姿势,二是最后用力将实心球掷出。第一部分看起来简单,又是一个相对静止的动作,但实质上该技术动作对于后面的掷球动作来说,是一个很重要的衔接技术,学生理解和掌握了该动作,对学习正面掷实心球意义很大。因此,我们在教学时,应对每一个动作的技术环节做出合理的分解,并进行规范的示范。再例如把快速跑的技术分解成起跑和起跑后的加速跑、途中跑、终点冲刺和撞线;把跳高的技术教学分成助跑起跳、过杆落地;把支撑跳跃的技术教学分成助跑踏跳、腾空落地;把篮球行进间投篮分成徒手跨步、跨步接球、起跳投篮等等。在学习过程中,教师要讲清楚每个环节在整个动作技术中的位置,使学生明确该环节和整个动作的关系。随着教学进程的发展,分解示范应越来越少,完整示范应随之增加。

对于中小学生来讲,可以对他们进行动作技能的分解示范,帮助他们了解技术细节,但不要过多地进行分解练习和技术细节的练习,以免造成动作技术的脱节和影响练习的兴趣。尤其对小学生，把本来并不太复杂的动作过多地分解练习，其结果只能是把生动活泼的体育课变成机械式的操练，使学生对练习失去兴趣和积极性。

3. 常速示范法

这是为了使学生初步了解新授的完整动作而采用的正常速度的演示，目的是使学生建立一个完整的动作概念。常速的连贯演示，能使学生体验到运动的魅力，激发强烈的求知欲。例如在初学少年拳的教学中，应先用正常速度把整套动作示范一次给学生看，使学生初步了解少年拳的完整动作结构，领略我国传统体育项目的精神风貌和特点，然后，再根据该次课的任务，进行其他形式的示范教学。

常速示范由于速度较快，有时不利于学生了解动作技术的特点和动作的完整面貌。此时可使用直观教具进行辅助示范，如录像、图解等，以弥补常速示范的不足和增加讲解的实效性。

4. 慢速示范法

这是为了使学生能够清晰地观察完整动作，减慢原来动作的正常速度和节奏，从而降低动作难度，促进学生对动作关键环节的掌握而采用的示范方法。在教学中要恰当地选用慢速示范法，在新授教材时，对于动作的难点和重点要尽量放慢速度示范，并且要和讲解配合，如技巧中的滚翻动作、篮球的传球动作、排球中的垫球动作等，都可放慢速度进行示范，以利于学生观察动作和明确动作要领。

放慢示范速度是为了让学生了解动作的重点、难点和细节，在练习时要尽快进入常速练习，不能过多停留在慢速阶段，以免影响对动作的正确理解和掌握。

5. 对比示范法

这是教师为提高学生判断、分析能力而采用的相似技术动作的对比和正误动作之间对比的示范方法。在教学中，教师要正确把握每个动作的技术关键和结构，合理地选用对比示范，通过相似动作的对比示范，促进学生对动作的有效学习，通过正误对比示范，帮助学生辨别正误动作，预防和纠正错误动作，加深对正确动作的理解和掌握。例如支撑跳跃的踏跳动作、前滚翻的团身动作、徒手操和武术中的一些动作等，都可采用对比的方法帮助学生形成正确的动作概念。

采用错误的示范动作时，不要有意模仿出现错误的同学的动作，也不要把错误动作夸张，以免引起其他同学对该同学的耻笑。由于小学生模仿性特别强，所以，对小学生要慎用错误的动作示范，防止他们对错误动作进行模仿。

四、示范方向与示范面

1. 示范方向

当示范者身体有位移存在时，如快速跑、左右滑步移动、投掷中的助跑、立定跳远等，示范动作位移的方向对示范效果有一定影响，不恰当的位移方向会影响学生对动作的观察和理解。一般情况下，教师动作的位移应当成左右方向移动，而不应当朝向学生或背向学生移动。例如在进行快速跑、高抬腿跑、跨步跳等动作的示范时，教师应当侧对学生跑进或跳跃，使学生能观察到教师跑进的速度和动作特征。而在做篮球侧滑步的动作示范时，则应面对学生完成动作，使学生观察到侧滑步的动作要点。有的教师背向学生做高抬腿跑的动作示范，此时学生只能看到教师的背影，而对高抬腿的腿部动作特征和身体姿态等却观察不到，这就失去了示范的意义。

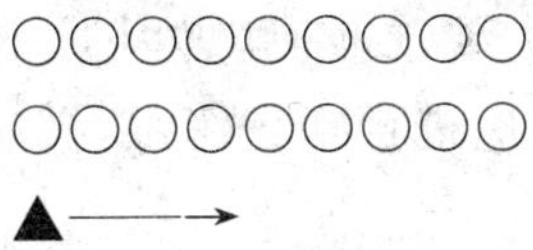

2. 示范面：示范面是教师做示范动作时自身身体结构与学生视线之间的关系。确定合理的示范面，应注意分析动作的结构、位移方向、技术要求等，还要考虑学生观察动作的角度。一般情况下，可采用正面、镜面、侧面和背面示范等。

(1) 正面示范

这是教师面对学生进行示范的方法。通常是显示左右和上下移动的动作，适用于一些简单易学的动作。教师在教学示范中，示范的方向应根据动作的结构和要求、学生观察动作的部位而定。教师应尽量把示范动作的方向、路线与学生跟做的方向、路线相一致，根据生物力学中运动器官三个基本运动轴和运动平面的观点来确定示范面。在实际教学中，为了显示动作在左右方向上的移动和变化，多采用正面示范，如篮球防守中的左右移动，武术中的马步冲拳等。当动作是围绕身体前后轴运动时，教师就应该面对学生进行示范，如体侧屈运动就应采用正面示范，这样才能使每个同学都能看清楚教师左右上下移动的动作。当身体绕纵轴运动时，由于身体处于运动变化之中，一般可以从正面示范开始，在不同的位置结束动作。

(2) 侧面示范

这是教师用身体侧对学生做示范的方法。它是体育教学中运用最广泛的一种示范方法，适用于动作简单、结构较复杂的技术动作。当动作呈现前后移动状况和身体绕横轴运动时，教师应采用侧面示范，如技巧动作的前滚翻、后滚翻、支撑跳跃；单杠前翻下；站位或坐位体前屈；跳远的起跳、腾空和人体在空中的移动路线；走和跑的蹬摆动作；武术的弓箭步弓步正压腿等。为显示动作在前后方向上的移动和变化，一般多采用侧面示范，如跨栏跑的"摆动腿"上栏动作和"起跨腿"后蹬、提拉动作等。

(3) 背面示范

这是教师背对学生做示范的方法。一般用于某些方向、路线变化比较复杂的动作或身体各部位配合较难的动作。根据动作的结构和要求，以及要求学生观察动作的部位，教师的示范为绕前后轴运动时，可采用背向学生的方法进行示范。如武术中的器械套路、徒手操中较复杂的全身运动、艺术体操和健身操的套路动作等，这些项目由于动作方位变化多且没有规律，教师在教学中需要随时改变示范的位置和方向，因此，对这些动作或套路的学习，采用背面示范效果较好。

(4) 镜面示范

这是指教师面向学生示范，示范动作的方向与学生练习方向相一致的示范方法。示范的方向和路线就像学生的动作在镜子中的成像。在教学中采用镜面示范有利于学生正确、整齐地模仿跟做，也便于教师对学生进行观察和指导。镜面示范法通常用于动作呈左右方向，路线较为简单的徒手操、武术和舞蹈动作等。

镜面示范对教师的示范能力要求较高，尤其是一些技术较为复杂的动作，做镜面示范并非一件容易之事，教师应进行事先练习，做好充分准备，才能在教学中完成准确的镜面示范动作。

五、动作示范的基本要求

1. 明确目的

体育教师的每一次示范都要明确所要解决的问题。要根据教学目标、教学步骤以及学生的实际情况，合理确定示范的内容、方法、示范时机、位置和示范面。盲目的示范，反而会分散学生的注意力，影响教学效果。

2. 动作正确

体育教师的示范动作应该是动作的典范，是学生模仿的范例，要力求正确、熟练、轻巧、优美，使学生对所学动作产生正确的表象。

3. 位置恰当

要注意示范面的合理、恰当，使每个学生都能清楚地看到教师的示范。在必要的情况下，教师应该及时调整位置，以保证示范的有效性。

4. 方向合理

要保证示范动作的方向和示范面的合理，使每个学生都能观察到动作的位移方向和主要动作特征，以便模仿学习。

六、示范技能的思考与练习

动作示范在体育教学中的重要作用决定了示范能力应该成为体育教师最重要的教学基本功。因此，有目的、有计划、有重点地加强自身示范能力的培养与训练，对于提高体育教师自身业务水平和提高教学效率，具有积极的影响和作用。

1. 良好的身体素质，尤其是力量、柔韧和灵活性，是正确展示运动技能的前提条件。因此，体育教师应当经常坚持身体锻炼，保持良好的身体素质和完成动作示范的能力，特别应注意加强柔韧性的练习和保持一定的力量与灵活性。有的体育教师年纪轻轻便大腹便便，失去了动作示范的能力，这就失去了体育教师在学生面前的威望和魅力。试想教师自己的示范动作马马虎虎，又怎能要求学生把动作做得十分到位；教师自己跑三步、跳一跳都气喘吁吁，不堪“重负”，又怎能让学生体验到动作的美感和魅力。

2. 为了做出正确的示范，教师要在提高自身运动技能水平上多下功夫，特别是教学内容中具有一定难度的动作，要经常进行练习，这样有利于教师更好地理解教材和运用教材。教师每一次的动作示范都应该明确目的，对要解决什么问题，示范什么，怎样示范，示范步骤，学生实际接受水平等做到心中有数，才能保证在课堂上正确、优美地演示这些动作。教师在课前课余时间要舍得下功夫反复练习一些复杂或有一定难度的动作，以保证课堂上给学生演示的是正确、规范、赏心悦目的动作。体育教师只有积极保持并努力提高自身素质，拥有扎实的基本功，才能真正使运动技能的演示发挥其应有的作用。

3. 演示镜面示范常常使一些体育教师感到为难，因此，对于有必要进行镜面示范的徒手操动作，应当在课前进行练习，保证在课堂上能正确进行镜面示范的演示。首先是教师自己要达到熟练程度，才能保证在学生面前正确、优美、熟练地演示。

4. 下面这些动作都有自己的特点和运动方向，根据这些动作的特点，请你选择应该采用什么样的示范面。

前、后滚翻，侧手翻，马步架打，篮球双手胸前传球

5. 根据下面这些动作的特点，请你选择采用什么样的示范方法（完整、分解、慢速等）。

篮球行进间投篮、鱼跃前滚翻、肩肘倒立——经单肩后滚翻成单膝跪撑、篮球原地运球

第三节　不同项目的示范特点

一、田径

1. 田径动作示范的特点

田径运动集中展示人类在力量、速度、耐力等方面的极限能力，最能体现更快、更高、更强的竞技精神。田径运动在中小学体育教材中出现，主要是为了发展学生的各种身体素质和基本活动能力，培养学生勇敢、顽强的意志品质。

田径运动的动作示范具有连贯完整、自然协调、用力猛烈、速度较快等特点。中小学体育教学中的田径动作示范，一般多为先集中完整示范 1 至 2 次，然后对重点环节分解示范。田径教学中侧面示范应用较多，正面示范较少使用。由于田径运动的完整示范中间一般不能停止下来，所以，在演示一些动作的关键环节时，需要借助图片或模型并结合教师的讲解来让学生对关键技术有所了解。

田径运动的技术动作多属于人体的本能动作，示范动作应体现这种人体本能动作自然、协调、舒展、合理的特点，不要过于强调和拘泥于动作的姿态。在中小学体育教学中，不要过分和过多地强调和示范动作技术的细节，而应把重点放在动作整体结构和用力顺序的合理及有效上，着重展示动作的关键技术环节。

2. 田径动作示范实例分析

（1）蹲踞式跳远

动作要领：助跑起跳蹬离地面后，向前上方腾起形成“腾空步”，这时上体应保持稳定，不要过分前倾和后仰。在腾空步至最高点时，踏跳腿迅速屈膝向前上方提拉与摆动腿靠拢，两腿继续屈膝上提靠近胸部，上体稍前倾，两臂下摆，在空中成蹲踞姿势。将要落地时，向前伸出小腿，同时两臂继续向前摆动，落地屈膝缓冲，尽快转为全蹲姿势，使身体重心移过支撑点。

示范要点：跳远的起跳动作示范，多采用侧向示范面，有条件的还可以使用电化设备（如 VCD、电脑等）。教师先做完整示范，然后可根据教学对象分阶段示范，如助跑起跳、腾空步、落地动作等。在分解示范的基础上，教师应把整个起跳动作串联起来，进行完整示范。教师应根据学生的年龄特点和运动水平确定示范的分解程度，对运动员和运动水平较高的学生可示范得详尽、细致，对一般学生可粗略、完整，绝不能不分对象地使用同一种示范方法。

腾空步是一种上接起跳动作、下连空中动作的过渡状态的身体姿势，教师可采用原地和行进间的示范方法向学生展示腾空步的基本姿态。

由于跳远的空中动作和落地动作，是在身体无支撑的状态下完成的，并且速度快，动作间连续性强；所以教师的完整动作示范，学生不易观察清楚，因此教师在教授该部分技术时，应采用有地面支撑的分解动作示范，让学生了解该项技术的重点、要点和动作间的联接、配合。如在做空中动作示范时，教师可用双手拉单杠使身体悬空，然后做腾空步的模仿动作。也可在一腿支撑下做腾空步模仿动作，然后，踏跳腿蹬地、跳起、提膝与摆动腿靠拢，让学生体会踏跳腿迅速跟上的动作要领。

（2）快速跑

动作要领：途中跑动作自然，腿后蹬时快速有力，前摆抬腿高，摆臂积极，两腿的蹬与摆动配合协调。快速跑途中跑的动作要点是后蹬充分，快速积极，前摆幅度大，步频快，重心移动平稳，两臂摆动配合好。

示范要点：在做蹲踞式起跑的示范时，应采用学生分列两侧的侧向示范位置。在强调每个动作技术的要点时，教师示范后，可请一位学生来做，教师一边讲解一边指导学生做动作，这样可使学生对该技术的动作理解更明确、更清晰。

加速跑是和起跑紧密相连的技术动作，一般都与起跑一起进行示范。在加速跑示范中，教师应把学生布置在起跑线前两侧以便于观察动作。

途中跑是一个连续的循环技术动作，而且动作速度比较快。学生对教师示范动作的观察，只产生大概的动作印象，而对技术的动作细节，不容易观察清楚。因此，教师除了做完整示范动作使学生对这一完整技术动作有个全面了解以外，还应该对技术中比较重要的技术环节进行分别示范，如蹬腿、送髋、摆臂等。途中跑示范时，学生应离教师远一些，便于每个同学都能清晰地观察动作。

冲刺跑的示范采用原地躯干前压和行进间冲刺撞线动作两种方法结合运用，根据需要分别进行。

二、球类

1. 球类动作示范的特点

球类运动技术动作繁多,技术复杂程度不一,有的简单易学,有的难学难练,有的动作单一,有的较为复杂,有的是单人操作,有的需多人配合。因此,球类运动的示范具有多变性、复杂性的特点。示范的位置、示范面和示范方向都要根据具体情况灵活确定。一般来说,球类运动的教学中正面、侧面示范运用较多,很少使用镜面和背面示范。教师在球类运动的教学中,要根据具体情况灵活采用不同的动作示范方法,以收到最佳的示范效果。在学习战术配合时,还要让学生配合教师进行动作示范,以便学生明确战术配合的方法和意图,这也是球类教学中示范的特点之一。

球类运动的教学中要注意使学生了解某一动作在比赛中的作用和运用时机,使学生领会所学动作在比赛中的意义,而不是为了学动作而学动作。因此,球类运动中的动作示范要突出自然、合理、实用、有效的特点。

2. 球类动作示范实例分析

(1) 篮球原地单手肩上投篮

动作要领:(以右手为例)右脚在前,左脚稍后,两膝微屈,重心落在两脚掌上。右手五指自然分开,手腕后屈持球于肩上,左手扶在球的左下方,目视瞄篮点。投篮时,下肢蹬地发力,身体和左臂随之向前上方伸展,手腕前屈,食指、中指拨球,通过指端将球投出。

示范要点:为了让更多的学生能注意观察教师的示范动作,可以采用不直接投篮而是在教师做投篮动作时指定一学生接球的方法,避免直接投篮时,学生把注意力集中在观察教师能否投中,而忽略了观察投篮动作。投篮示范时,要让学生站在两侧观察,这样能更完整地看到单手肩上投篮时的各个动作环节之间的关系。投篮的示范一般多采用侧面示范,也可在侧面示范后再做一次正面示范,以便学生了解投篮时肘关节的方向和全面、多方位地观察投篮动作。投篮示范的重点是投篮的预备动作和投篮时的用力。

(2) 排球双手垫球

动作要领:垫球的准备姿势为,上体稍前倾,两脚开立,两脚间的距离稍宽于肩,两臂微屈置于腹前,两肘稍内收,两眼注视来球。

目前常用的垫击球的手法有两种:

① 指叠法,即两手手指相叠,两拇指对齐平行相靠,压在上面一手的中指第二指节上,掌根紧靠,两臂伸直相夹。

② 抱拳法,双手抱拳互握,两拇指平行向前,两掌根和两小臂外旋紧靠,手腕下压,使前臂形成一个垫击平面。

为了便于正确体会动作方法,将垫球动作按连贯顺序概括为插、夹、抬三个字。

插:指及时移动取位,降低重心,两臂前伸插至球下,使两前臂的垫击面对准来球，并初步选好手臂的角度。

夹：指含胸收肩，两手掌根紧靠，手腕下压，用平整而稳定的击球面去迎击球。

抬：指下肢蹬地，提肩抬臂，顶肘压腕迎击来球，身体重心随球前移，两臂在全身协调动作的配合下送球。

示范要点：先做正面和侧面的完整动作示范，然后再讲解，也可边讲解边做慢速动作示范。完整示范要做侧面示范，着重示范手臂的下插抬臂、击球点、身体协调用力等。为了让学生看清垫球动作中的击球点和击球部位，可找一位同学配合教师进行。方法：让示范者面对全体学生，做好正确的手型，教师持球置于其正确的垫击部位。

三、体操

1. 体操动作示范的特点

体操动作技术性较强，明确动作要领对学习和掌握动作有重要作用；体操动作对身体姿态要求较高，讲究身体姿态的规范和优美；完成一定难度的体操动作还要求学生具有良好的力量、柔韧和灵敏素质。所以，体操运动中的动作示范具有突出技术要点、讲究动作规范、注重身体姿态的特点。教师的示范面根据具体动作而有所不同。一般绕横轴运动的动作采用侧面示范，绕前后轴运动的动作采用正面或背面示范。在器械上进行示范时，大多情况下要使学生站在器械的两侧，使学生能清楚观察到教师的示范动作。一般情况下，体操动作的示范不容易分解进行，也不易慢速进行，所以在体操动作的示范中运用常速的完整示范法较多。

教师能不能完成高质量的体操动作示范，直接影响到学生的学习效果。所以，教师对体育课上所要示范的体操动作，应进行课前预先练习，以保证示范产生良好效果。

2. 体操动作示范实例分析

(1) 双杠支撑摆动

动作要领：从支撑后摆开始，身体伸直，脚向后伸自然下摆，前摆过垂直部位时用力向前上方踢腿，带动髋部前送，直臂顶肩，尽量拉开肩角，梗头、含胸。身体伸直自然下摆，含胸紧腰，带动髋部后摆，直臂顶肩，尽力拉开肩角。

示范要点：为使学生看清动作轨迹，应进行侧面常速示范。示范时根据对象、水平和目的的不同，可着重展示用力时机或拉开肩角等要点。对初学此动作的学生，示范动作的摆动幅度不宜过大，以免使学生产生畏难情绪。对于运动水平较高的学生，可加大摆幅，提高动作难度，以激发学生的练习兴趣和积极性。

(2) 技巧前滚翻

动作要领：蹲撑、提踵，两手撑垫，同时屈臂、低头，身体重心前移；然后两脚蹬地、提臀收腹团身，使头、后颈、背、腰、臀依次着垫向前滚动，当滚至背部着垫时，迅速屈腿、团身，两手抱小腿成蹲撑。

示范要点：先做完整示范，然后做原地支撑、蹬地、低头、提臀的慢速示范。示范时以做侧面示范为宜，这样便于学生清楚地观察身体各部位着垫的顺序。学生练习过程中，可请同学演示，大家共同分析。蹬地、团身动作是示范的重点。由于技巧动作大部分示范位置较低，为便于学生观察示范动作，应让前排同学蹲下，以保证后排同学能清楚地观察到示范动作。

四、操、舞与武术

1. 操、舞与武术动作示范的特点

健身操、舞蹈和武术的动作示范具有相似的特点。这类动作一般数量较多，一节健身操就由三四个动作组成，一套健身操或武术套路中，少则由十几个动作，多则由几十个动作构成。学生不可能一下子记住十几或几十个动作，因此，操、舞和武术类的动作示范具有重复和领做的特点。教师示范量和工作强度较大，容易疲劳。教师往往要反复示范多次才能解决一节或一套动作的学习问题。教师领做，学生跟做是这类项目教学中常用的教学方法。这类动作的示范面多为正面示范、背面示范或镜面示范，只是在示范一些围绕身体横轴运动的动作时才使用侧面示范。

操、舞和武术类动作的示范大多能边示范边讲解。有研究证明，学生在接受知识时多种感觉器官同时作用效果最好，所以，教师在可能的情况下，最好边做边讲，这样可收到最佳演示效果。

武术套路练习中的领做是一种特殊的示范形式，由于在武术套路练习时动作的方向和位置不停变化，所以，教师在领做时，示范的位置和示范面也要不断变化，以满足学生观察动作的需要。

2. 操、舞与武术动作示范实例分析

(1) 徒手操

动作要领：略

示范要点：无论什么套路和什么动作，有条件的学校都可先组织学生观看录像，并提出一些有关问题，让学生带着问题去思考和观看。这样，不仅动作正确，图像清晰、生动，感染力强，更能激发学生练习的积极性；同时，还能培养学生的观察力、模仿力和记忆动作的能力。

徒手操教学中，为了显示动作主要结构特征，一般多采用正面或侧面示范，常速和慢速示范可交替使用，以便学生观察动作的细节。在领做时一般多采用镜面示范，较复杂的动作可采用背面示范。示范可配合讲解同时进行，以节省时间和达到最佳效果。在必要时，教师可把某一动作静止下来，让学生更清晰地观察到动作的主要特征。例如体前屈时双手指触地的动作，弓箭步时双手斜上举的动作等，都可把动作静止显示，让学生看清动作的部位和幅度。

(2) 武术——弹踢冲拳

动作要领：重心前移，右腿由前弹出，高度齐腰。同时左拳由腰间向前直冲成平拳。动作技术要点是动作连贯，弹腿时挺胸、直腰、脚面绷直，弹踢时要猛，力达脚尖。

示范要点：教师应采用侧面示范。在介绍屈膝提腿和猛力弹踢时，可进行慢速示范，配合示范可以同时讲解和提示弹腿的动作技术要点。本动作可以讲解示范同时进行，因此，教师最好边讲边做，以收到最佳示范效果。如果学生是初学本动作，可以先把冲拳和弹踢动作分开示范并练习，然后再进行完整示范和完整练习。

第六章　诊断纠正错误

诊断错误是指对学生在运动技能学习中出现的错误进行症状与原因分析，纠正错误是指针对错误表现及其原因提出纠正的方法。诊断与纠正错误是体育教师在教学操作层面中，运用自己掌握的理论知识、教学技能以及教学经验，通过观测学生在教学过程中的学、练行为，发现问题，找出原因，并提出解决方法的教学行为。在诊断与纠正学生的错误动作时，应根据学生出现的不同错误，正确归因，对症下药，才能收到较好的效果。要在体育教学中正确地诊断纠正错误，需要教师仔细研究教材，认真观察学生的练习情况，勤于反思教、学、练行为，不断积累教学经验，只有这样，才能有效提高学习质量，促进学生又快又好地学习和掌握体育运动技能。

第一节　错误原因分析

在教学过程中，对学生在学习和掌握运动技能时出现的错误原因进行正确分析，明确诱发错误的原因，找出错误的症结所在，采取有针对性的练习方法和手段，使学生在以后的学习和练习中，能够根据教师的正确指导进行学习和练习，防止和避免错误的重现，这对于学生学会、掌握以及熟练运用运动技能，提高教学效率和达成体育教学目标，具有非常重要的意义。

一般来说，产生错误的原因主要有以下几种：

一、技术要领不清

要领是学生学习、掌握运动技能，完成教材规定动作时必须掌握的知识和方法。要领不清，会影响学生正确学习和掌握运动技能，影响运动技能的发挥和运用。因此，明确和理解动作技术要领，能够加快学生掌握技术和技能的进程，提高体育课的教学效率和质量。

1. 重心移动的概念不清

重心的移动在体育运动中的作用是非常重要的，人体的移动遵循着运动力学的原理。学生如果对身体重心移动的轨迹不清楚，那么对学习和掌握运动技能就会造成很大的障碍。

体育教学中在学生练习和运用某一动作（单一或串连动作）时，由于身体重心的不稳定或移动错误，将直接影响到学生学、练技术和完成动作的质量。

(1) 篮球运球急停急起

在做运球急停急起练习时，学生如果对身体重心的作用了解不清楚，不能够降低身体重心，保持身体平衡，使重心随脚步的移动而移动，就有可能在练习中，造成人停球不停或球停人不停的结果，影响练习的效果。

(2) 单杠单腿摆越成骑撑

身体的平衡在体操教学中尤其重要，由于学生对身体重心移动的重要性不了解，因此，在做单腿摆越成骑撑的动作时，由于身体重心向左(右)移动得不到位，就难以完成单腿摆越成骑撑的动作甚至会从单杠上面掉下。

2. 方向与路线概念不清

在健美操、韵律操、舞蹈和武术的教学中，学生如果对头、手、臂、腿和脚的运动方向和移动的路线不清楚，无论是对学习和掌握单个动作，还是整套动作都会带来一定的困难。

在体育教学中，如果学生不了解动作的方向和路线，将会在练习中产生各种错误。

(1) 搏击操

由于搏击操是集拳击、搏击、武术三项运动为一体的运动项目，能够体现上述三项运动的特点，因此，它的动作速度比较快而有力，上肢下肢运动的方向变化比较大而迅速。所以，如果对练习动作的速度、方向和移动路线的要求不清楚，则有可能使动作力度不够、动作移动速度慢，动作的衔接停顿、不连贯，最后导致所做的动作四不象。

(2) 武术

由于学生对成套动作的顺序和动作运动的方向、路线不清楚，在进行练习时，容易造成动作停顿、不连贯，无法连接，练习的方向和路线出现差错等。

3. 位置的变化概念不清

在球类技术和技能教学中，由于战术配合的需要，学生要在场上不停地跑动，变换自己在场上的位置，寻求有利的战机。如果学生缺乏战术意识，不能按照要求和需要到达相应的位置，则容易造成配合失败，主动变为被动，丧失有利的进攻机会，不利于运动技能的学习和掌握。

在体育课教学中，如果学生不能了解战术配合的要求、做法和重要性，将在教学中产生以下一些错误。

(1) 篮球全场人盯人防守和进攻

防守队员不能正确运用快速的移动，去夹击、换防、堵截、封锁、抢断球，去抢占有利的位置，而出现二防一，造成局部漏人；进攻队员对移动的路线、方向的不明确，就不能够很好地利用同伴的掩护，去抢占有利的位置，丧失有利的进攻战机，造成进攻失败。

(2) 足球战术配合

在对斜传直插和直传斜插的战术配合教学时，如果对传球和插上的路线和方向不清楚，就容易造成战术配合时的脱节，不是人不到位，就是球不到位，导致战术配合的失败。

4. 技术动作不规范

有些动作技能在技术上十分相似，但实质上并不一样。学生在学习和练习这些动作时，往往会出现动作技术上的偏差和错误，在实际运用这些技能时，将会导致效果不佳甚至造成伤害事故。

(1) 排球发球

正面上手发飘球的准备姿势和发球动作与正面上手发球基本相同。飘球是用掌根击球的后中下部，使作用力穿过球体重心，使球不产生旋转，击球时，用力迅速，力量集中，手腕紧张并后仰。而上手发球是手掌触球时，手腕继续有一个向前推压的动作，使球向前旋转飞行。两者击球的手型很相似，只是在击球的瞬间动作不一样。

(2) 足球脚背踢球

足球脚背踢球和足球脚背外侧踢球动作很相似，只是一个是脚背的正面触球，一个是脚背的侧面触球，但两者踢出球的效果是大不一样的。因此，在练习时要正确区分两种踢球的方法，以免造成似是而非的结果。

二、身体条件较差

身体条件是对学生学习掌握体育运动技术、技能在身心素质方面的基本要求。它主要包括两个层面：一是身体素质；二是心理素质。身体素质包括力量、速度、耐力、灵敏、柔韧、协调等。心理素质包括情绪、意志、性格、思维、记忆、知觉等。身体条件较差是指学生在体育课的学习中，由于个人的身体素质和心理素质的原因而影响了运动技能的学习、掌握和运用。

1. 身体素质较差

身体素质较差是学生在学习运动技能时，由于自己身体某项素质上的原因，不能完成或不能很好完成学习与掌握运动技能的任务。因此，教师在教学中要根据具体情况，区别对待，选择针对性强的练习与指导方法，促进学生掌握运动技能的进程。

(1) 健美操

学生的音乐节奏感比较差，导致在练习时，跟不上音乐的节奏，使动作忽快忽慢，出现不和谐的错误。

(2) 足球传球

学生在近距离用较小力量传球时，踢球的动作比较规范，符合要求，在要求加长传球的距离时，由于腿部力量比较差，导致踢球的动作变形。

(3) 技巧

直腿后滚翻对身体柔韧性有一定要求，大腿后群肌肉柔韧性较差，将直接导致不能完成该动作。

2. 心理素质较差

心理素质较差导致学生在学习有一定难度的技术动作时，心理上产生畏难情绪，不敢进行练习。另外，有的同学平时动作还比较规范正确，而到在同学面前进行展示、表演、考核或比赛时，技术和技能发挥较差或出现一些失误。因此，教师要从细微处着眼，即对学生隐性的和显性的心理状态进行分析，在增强自信、鼓励参与和体验的前提下，积极引导学生进行练习，利用赏识、激励的教育方法，使学生逐步增强自信心，使学生的运动技术和技能得以正常发挥。

(1) 跨栏

在低栏上动作比较规范，随着栏的高度上升，心理上产生惧怕的心理，怕摔或怕绊住栏板，致使整个动作变形，不敢过栏。

(2) 纵箱分腿腾越

由于防御性的条件反射，怕碰怕撞，而出现步伐混乱、单足上踏板、上板后突然停下、不敢手撑远端、骑到箱上不能完成分腿腾越的动作，等等。

三、教学方法有误

教学方法是指教师在教学过程中，为完成教学目标而采取的活动方式的总称。它不是教师孤立的单一活动方式，它还包括学生在教师指导下的学习、教学方法的运用、场地的设计、器材的摆放和利用等，是教与学的统一。教学方法有误，会影响学生学习和掌握运动技能以及技能的运用，以至影响体育课的教学效果。

1. 练习方法和内容选择不恰当

体育课教学中，教师在教授某项教材时，由于对体育教学方法钻研不透、教学实践经验不足，有时会在练习方法和内容选择上不科学或不合理，从而使学生学习效果欠佳，影响了体育课的教学效果。

(1) 篮球原地传接球

教师采用双人面对面传球的练习，两学生之间距离过远，超出学生手臂力量的能力范围，结果导致学生产生传球不到位或动作变形的错误，影响了正常传接球技术的掌握和运用。

(2) 双杠

由于学生上肢力量比较差，平时双杠器械练习得比较少，在学生还不能用双手在双杠上面进行移动行进时，就进行支撑摆动的练习，使学生不能够完成预定的学习目标。

2. 诱导练习选择不恰当

诱导练习是为了使学生尽快掌握动作而选择的一种能够过渡到所学动作或降低动作难度的练习，目的是使练习者逐步向规范的动作技能发展。如果诱导练习运用的不合理，则可能使学生在学习中要领不清，动作出现偏差，延误和耗费课堂有限时间，达不到预期的目的。甚至使学生产生错误动作，影响学习效果。

(1) 技巧直腿后滚翻

为了让学生尽快掌握直腿后滚翻的动作，在教学中采用团身后滚翻作为诱导练习。但是，由于二者在身体姿势、用力程度等要素上大相径庭，结果导致学生在练习时总是出现屈腿团身的错误，为完成直腿后滚翻带来了困难。

(2) 横箱屈腿腾越

教师采用跪撑在横箱上的方法作为屈腿腾跃的诱导练习，结果导致学生一起跳就跪在箱上，不知道屈腿上提，影响了屈腿腾跃动作的完成。

3. 场地规划不科学

在体育教学中，新颖、合理、实用的场地布局，能够给学生产生异样的视觉效果。简捷实用的场地设计，对减少不必要的队伍调动，保证课的流畅进行，也有不可忽视的作用。由于各项运动的技能教学都对场地的大小有一定的要求，因此，场地规划是否合理，从某方面能够影响学生掌握技能的程度与快慢，同时，对预防伤害事故的发生也有一定影响。

(1) 武术棍术

由于对练习时需要的场地大小了解不够(学生的两臂伸直加一棍长)，导致在学习棍术时由于场地较小，学生不能进行正确的练习，出现动作不舒展、不到位等错误，甚至导致意外的伤害事故。

(2) 背越式跳高

在背越式跳高过杆技术学习时，由于落地区垫子的高度太低，使学生从心理上产生恐惧感，出现不敢用背部落地等错误，从而影响学生对背越式跳高技术的学习和掌握。

4. 器材利用不合理

在体育教学中，除了各种操、舞类内容对器材的摆放没有特殊要求外，其他很多运动项目的教学都对器材的摆放有一定的要求。因此，教学器材的摆放是否科学合理，是否有很高的利用率，都能够影响学生学习和掌握运动技能的程度和快慢。

(1) 支撑跳跃

由于踏板距离山羊或跳箱的距离过近，导致助跑的水平速度不能够发挥，使学生一上踏板就容易碰到山羊或跳箱，使踏跳与腾空的动作质量受到影响，影响了腾越山羊或跳箱动作的学习和掌握。

(2) 排球(硬排)上手传球

在学习上手传接球的技术时，由于排球充气太足，导致球太硬，容易使学生在练习时将手指挫伤，导致学生的手不敢接触球，影响了上手传接球技术教学的顺利进行。

四、错误原因分析技能的思考与练习

要准确分析出学生产生错误的原因，需要体育教师善于观察，勤于思考，多想多练，不断积累教学经验。请完成以下思考与练习，这对提高你的分析与解决问题的能力大有好处。

1. 体育教学中产生错误的原因有哪些？

2. 技术要领不清的种类有哪些？试举一例。

3. 教学方法运用有误的种类有哪些？试举一例。

4. 一小学体育教师让小学生在篮球的罚球线上练习投篮，学生要么投不到位，要么动作变形。请分析是什么原因造成的。

第二节　纠正错误的方法

在体育课各项运动技能的学习中，教师根据学生在学习时出现的错误，选择纠正错误动作的方法是否合理有效，对学生掌握运动技能的进程有着决定性的作用。如何针对学生学习运动技能中存在的错误和问题，采用合理的纠正方法，使学生尽快学会、掌握以及熟练运用运动技能，这对提高学生的练习兴趣和练习积极性，正确掌握运动技术和技能，以至提高体育课教学的效果和完成教学目标有着十分重要的意义。

在体育教学中，一般多采用语言纠正法、条件纠正法和练习纠正法纠正学生的动作错误。

一、语言纠正法

语言纠正法是体育教师运用语言或者特定的口令提示，对学生在学习运动技能时发生的错误进行指导，以纠正学生技能学习上的偏差，使学生尽快掌握所学运动技能的方法。

1. 语言提示法

体育教学中，在学生学习运动技能时或运用这些技能时，教师根据学生完成动作的情况，利用语言反复提示、强调正确动作的要领，来纠正学生存在的错误技术动作，帮助学生尽快掌握和运用运动技能的方法。

(1) 武术　为了使学生掌握健身拳和太极拳等整套动作，教师在学生练习时，反复运用语言提示，指导和纠正学生在练习中的方向、路线和动作力度方面的不足和错误。

(2)篮球　为了使进攻队员对移动路线、方向更加明确，能够很好地利用同伴的掩护，去抢占有利的位置，教师运用语言提示学生跑动的路线和方向，来解决学生对跑动的位置和路线不清楚的错误。

2. 口令提示法

在学生由分解动作向完整动作整合教学以及运用运动技能时，教师运用口令的提示，帮助学生掌握技术动作或纠正原来技术动作中的偏差和错误，使学生尽快掌握所学运动技能的方法。

(1) 行进间单手高手投篮　学生学习行进间单手高手投篮技术时，教师运用“一大，二小，三高跳”的口诀，来提示学生行进间高手投篮技术的要领，以纠正学生在练习时腿部动作出现的不协调错误。

(2) 双杠　在学习双杠支撑摆动后摆转体 180 度成分腿坐的动作时，学生已经能够熟练掌握支撑摆动练习后，当学生的后摆高出双杠面时，教师给予口头“转”的信号，解决学生扭转髋部时机掌握不好的问题。

二、条件纠正法

条件纠正法是教师和学生共同创造一种特定的条件或教师运用场地和器材等来创造条件，以纠正学生学习和掌握运动技能时的偏差和错误，使学生能够尽快掌握所学运动技能的一种方法。

1. 降低练习难度法

由于学生先天的素质和能力不一样，因此，在学习和运用技术技能时，可能会产生这样或那样的错误。对于学生这些技术和技能上的偏差和错误，可以采用降低练习难度的方法，来纠正学生在学习技术动作和运用技能时的偏差和错误，达到使学生掌握技术动作和运用技能的教学要求。

(1) 纵箱分腿腾越　由于跳箱比较长，学生由于防御性的条件反射，产生怕碰撞而出现步伐混乱，单脚上踏板或上板后突然停住，不敢手扶远端的错误。在练习时采取降低动作难度的方法，如鼓励学生先骑在箱上、手逐步向远端支撑、降低跳箱高度等方法，逐步使学生掌握纵箱分腿腾越技术动作。

(2) 足球跳起头顶球　为了让学生掌握正确的头顶球技术，可采用让学生在慢跑中，做跳起用头顶吊球的练习，来体会跳起头触球的位置、时间和顶球的动作方法，来解决学生在头顶球时闭眼、缩脖和不敢主动迎球的畏惧心理。

2. 降低练习强度法

由于学生身体素质方面的因素，在学习技术动作和运用技能时，掌握程度不一，姿势不规范，达不到规范技术动作的要求，容易产生一些小的偏差和错误。为了使学生所学技术动作达到规范技术动作的要求，采用降低练习强度的方法，可以起到巩固所学动作技能的作用。

(1) 背越式跳高过杆　为了使学生能够掌握并熟练运用背越式跳高过杆技术，采用降低横杆高度的方法进行练习，让学生在练习中体会过杆技术中的挺髋举腿动作，逐步提高过杆动作的质量，达到巩固提高所学动作技能的目的。

(2) 短跑途中跑　为解决学生在途中跑中步幅或大或小的错误动作，采用降低途中跑的速度，让学生跑规定横线的方法，来解决学生步幅或大或小的错误。

3. 降低练习速度法

在比较复杂的单项(整套)技术动作和集体项目的练习中，为了纠正学生在学习技术动作和战术配合方面的错误，采用将练习动作速度放慢的方法，来纠正学生动作要领不清和概念不清的错误，使学生能够清楚自己的移动路线，逐步掌握技术动作。

(1) 篮球传接球　行进间传接球技术学习时，由于行进间传接球技术对上下肢的协调性配合要求比较高，学生初学时容易产生“带球走”违例的错误，为解决这一错误，采用将行进间传接球速度放慢的练习方法进行教学，来降低行进间传接球技术的难度，使学生逐步掌握行进间传接球技术，而后，再提高行进间传接球技术的速度。

(2) 武术跃步前穿　学生在做跃步前穿动作时，为了使学生规范的完成动作，可要求其先放慢动作的速度，用心体会动作的规范要求，然后逐步加快动作速度，提高动作质量。

4. 多媒体纠正法

对一些技术动作难度大、动作速度快、战术配合复杂的技术动作，在有条件的情况下，采用多媒体技术，来纠正学生在学习过程中的偏差、不足和错误的方法。它能够弥补学生在时间感、距离感、空间感方面的不足。它对纠正单个或复杂技术动作，学习中的困难和集体战术配合方面，位置的移动和跑动路线方面的错误，非常直观，效果也非常好。

(1) 足球战术配合　对直传斜插、斜传直插、长传吊球、战术球等技术的配合运用，运用多媒体技术(电影或录像)能够很好地将传球时的时间、空间和距离呈现在学生面前，使学生能够清楚自己跑动的路线和传球的方向，清楚地了解战术球的运用方法和时机，纠正学生视野不宽、传球方向和跑动路线不清的错误。

(2) 背越式跳高　将背越式跳高技术做成 flash 动画课件，能够把助跑、起跳、过杆、落地四个技术环节生动形象地呈现在学生面前。学生能够根据 flash 动画上的技术动作，通过慢放了解动作的来龙去脉，弥补教师讲解示范的不足，来纠正自己的错误动作。

在体育教学中，还可以运用摄像机拍摄学生练习时所做的技术动作，并随时将拍摄的技术动作进行慢动作回放，让学生进行观看，来纠正学生在学习过程出现的偏差和错误。

三、练习纠正法

练习纠正法是教师根据学生在学习运动技能时产生的偏差和错误，运用一系列的练习方法，来纠正学生动作和技术技能方面的错误，使学生能够尽快掌握所学技术和技能的一种方法。

1. 模仿练习纠正法

体育教学显著的特点就是直观性教学，即教师示范、演示动作图片或录像等，以帮助学生建立完整的动作表象，学生在教师的引导下学习，模仿练习各项运动技术。模仿练习是学习体育运动技术和技能最基本的方法。同时，模仿练习也是学生在学习过程中，纠正错误动作的方法，反复的模仿练习可以加深学生的本体感觉、巩固动作记忆，改进动作技术。

(1) 跨栏　为纠正学生过栏时身体不平衡、落地瞬间身体向一侧偏斜的错误动作，而采用让学生在垫子上做跨栏坐，上体前倾时，两臂配合摆动，同时，注意身体不要向两边倒的过栏动作的模仿练习，以纠正过栏时身体不平衡，落地瞬间身体向一侧偏斜的错误。

(2) 游泳　为纠正学生蛙泳腿部收、翻、蹬动作不连贯的错误，而采用让学生坐在游泳池边或凳子上，做蛙泳腿的收(腿)、翻(脚)、蹬夹水、停的模仿动作练习，以达到纠正腿部收、翻、蹬动作不连贯的错误。

2. 设置标志物纠正法

在体育教学中，标志物的设立和运用，能够使学生在学习、练习、完成运动技能时有一个参照物，它对学生尽快学习和掌握技术和技能，纠正自己技术动作的错误有着特殊的作用。同时，也有利于学生技术和技能的发挥和运用，提高学生学习和练习的积极性。

(1) 短跑起跑　为纠正学生起跑后第一步停顿，造成二次起跑的错误，采用在起跑线前面画一条线，划出起跑第一步的落脚点，距起跑线大约 30 厘米左右，来限制第一步的步长，要求起跑后脚踩在标志线上，限制上体抬起过早的错误动作，逐步控制起跑时停顿的错误。

(2) 篮球后转身运球为提高学生后转身运球技术，可设立多个障碍物，让学生连续进行后转身运球练习，以提高学生后转身运球技术的能力。

3. 帮助练习纠正法

在体育课教学中为了让学生尽快地掌握运动技能，克服场地器材条件的不足，经常采用帮助的方法纠正错误动作，一是可以加深学生肢体的感觉，纠正错误动作；二是可以帮助学生建立正确的动力定型。

(1) 短跑起跑　为纠正学生“预备”姿势时重心没有前移，臀部后坐的错误动作，可以让二名学生一组，互相辅导进行练习。辅导者一手放在练习者臀上部，另外一手放在肩前，帮助另一名学生体会“预备”动作抬臀与探肩的姿态和空间感觉，达到纠正错误动作的目的。

(2) 排球传球　为纠正学生对传球手型技术的掌握不好和用力不协调的错误，利用二名学生一组，一名学生按传球手型持球于额前上方，另一学生用手轻按住球，持球学生按传球方向，向上伸展，体会正确的手型和全身的协调用力。

4. 重复练习纠正法

重复练习是学习和掌握体育运动技术、技能很必要的途径，它在是指不改变动作结构和运动负荷的表面(外面)数据，即在相对固定的条件下，根据完成动作的基本要求，反复进行练习的方法。目的是通过多次的重复练习强化体验，以达到熟练运用的目的。在重复练习中学习，在重复练习中掌握，在重复练习中运用，在重复练习中提高。重复练习是巩固技术、纠正错误技术和技能的重要手段。

(1) 篮球战术配合　对传切配合、掩护配合、挡拆配合、区域联防、人盯人防守等战术配合，学生必须经过多次的重复练习，才能够熟练自己所跑动的时机、方向和路线，达到纠正在战术配合方面不默契的错误。

(2) 武术棍术　为解决学生存在的动作和器械不连贯、不协调，手握器械动作僵硬、不会用力的错误，运用重复练习的方法，逐步纠正学生存在的上述错误，使学生逐步达到身械合一，协调完整，眼神到位，舒展有力的要求。

四、纠正错误技能的思考与练习

有针对性地选择和确定纠正错误的方法，对体育教师分析问题和解决问题能力提出了较高的要求。教师应当不断总结反思教学过程，不断积累教学经验，使自己成为纠错的高手。完成以下思考与练习，对于提高你的纠错能力很有帮助。

1. 体育教学中纠正错误的方法有哪些？试举一例。

2. 条件纠正法有哪些？详细叙述一种。

3. 练习纠正法有哪些？详细叙述一种。

4. 分别用语言纠正法、条件纠正法和练习纠正法纠正学生技术错误，各举一例？

5. 一个学生在跨栏时起跨点离栏太近，导致身体向上跳很高。请你为他设计一个纠正错误的方法。

第三节　错误动作纠正的范例

在体育教学中，各项教材具有自身特殊性，不同的教材对学生的身体素质和能力要求是不一样的。因此，在选择和运用纠正错误的方法时，也应该因项、因人、因条件而异，不应该机械照搬。同一问题出在不同的学生身上，有可能是不同的原因造成的，因而采用的纠错方法也是不一样的。因此，以下提供的纠正错误的范例只是给我们提出了一个大致的解决思路和参考，在体育教学中还要从实际出发，对具体问题进行具体分析，并采取相应的和有效的解决办法。

一、田径

1. 跑

(1) 起跑和起跑后加速跑常见错误动作与纠正方法

① “蹲踞式”起跑“预备”时重心没前移，臀部没有上抬

纠正方法：按各就位、预备做起跑的分解练习，强调重心前移，学生两人一组相互纠正错误动作。

② 预备时后腿蹬得太直

纠正方法：调整两脚之间的距离，反复调整预备姿势的静态练习，学生两人一组相互纠正错误动作。

③ 蹬离起跑器时两臂不能协调配合，同时向后或向前摆动

纠正方法：讲清摆臂的作用和技术要点，多做起跑时两腿与两臂的蹬摆配合练习。

④ 蹲踞式起跑时第一步停顿，造成二次起跑

纠正方法：用线画出第一步脚的落点，距起跑线约一脚多，来限制第一步步长，强调第一步脚落地时前脚掌向后做扒地动作的练习。

（2）途中跑常见错误动作与纠正方法

① 后蹬不充分，“坐”着跑

纠正方法：采用后蹬跑、扶墙或肋木的后蹬跑等练习方法，发展后蹬力量。

② 踝关节紧张，脚落地制动

纠正方法：做小步跑练习，体会膝、踝关节放松技术。

③ 大腿抬不起来，近似直腿摆

纠正方法：多做原地高抬腿或原地支撑高抬腿练习，强调大腿高抬积极下压。

④ 跑的直线性差，左右晃动或身体重心起伏过大

纠正方法：在跑道的前方定一标记，看着标记跑，或沿着画好的直线跑，加强弱腿与弱臂的力量练习。

⑤ 抬头挺胸跑

纠正方法：要求跑时目视前方，动作放松协调，多做定距离的放松跑；提高腹部肌肉力量的练习。

⑥ 跑时动作紧张、不协调

纠正方法：经常做柔韧性练习，增强弱肌群力量，使身体各部分肌肉力量发展平衡；改进摆臂和后蹬动作，做到放松、自然、协调。

（4）耐久跑常见错误动作与纠正方法

① 跑时身体重心起伏大，左右摇摆

纠正方法：改进跑的技术，利用定时或定距离跑，改进身体重心起伏大的动作错误。

② 体力分配不匀，呼吸方法不正确

纠正方法：在耐久跑的全程跑过程中，将跑的场地分成几段，采用分段跑的练习方法，培养学生的速度感，同时让学生在练习中，体会正确的呼吸方法。

（5）接力跑常见错误动作与纠正方法

① 起动标志不准确，造成传、接棒困难

纠正方法：初步确定起动标志线后，根据传接棒同学的速度，调整标志线的位置，反复进行练习。

② 接棒人在起跑后的加速跑中，伸臂过早影响速度发挥

纠正方法：消除接棒人在加速跑中的紧张心理状态，未听到信号，一般不做伸臂接棒动作。

2. 跨栏常见错误动作与纠正方法

① 直腿摆动攻栏

纠正方法：多做攻栏的模仿练习，强调摆动腿的膝盖超过栏高再迅速前伸小腿。

② 摆动腿屈膝越过或偏斜绕过栏板

纠正方法：调整起跨点，多做屈膝前摆攻栏的模仿练习；利用跳箱和墙反复练习起跨攻栏动作。

③ 起跨腿提拉太迟，拖在后边

纠正方法：多练习栏侧提拉动作，同时发展髋关节的灵活性。

④ 过栏时身体不平衡，落地向一侧偏斜

纠正方法：在垫子上做跨栏坐，做过栏模仿练习，注意两臂配合摆动，强调上体前倾时不要向两边倒。

3. 跳远

(1) 蹲踞式跳远常见错误动作与纠正方法

① 步点不准确

纠正方法：确定起点，反复练习，注意克服拉大步或捣小步的错误动作，反复调整距离，最后确定合适的助跑距离。

② 起跳不充分，跳不起来

纠正方法：反复做用全脚着地迅速滚动的起跳练习；多做不同距离的助跑起跳练习，起跳时要强调充分蹬直髋、膝、踝关节。

③ 过早地收起跳腿，急于做空中动作

纠正方法：让学生听信号或越过一定标志再做收腿动作。

④ 腾空后身体前旋、平衡不好

纠正方法：短、中距离助跑起跳，腾空后要求上体保持正直，不要过早前倾，保持"腾空步"姿势，待身体腾越一定距离后，再做落地动作。

(2) 挺身式跳远常见错误动作与纠正方法

① 摆动腿不下放，挺身动作做不出来

纠正方法：做模仿练习，体会下放摆动腿、挺胸展体动作；站立做摆动腿脚尖绷直下压扒地后甩练习，体会空中动作和肌肉用力感觉。

② 过早挺身

纠正方法：加强起跳练习，强调"腾空步"姿势，待身体腾越一定距离后或越过标

记再下放摆动腿，再做挺身动作。

4. 跳高

(1) 跨越式跳高常见错误动作与纠正方法

① 起跳时身体向前冲，跳不起来

纠正方法：适当控制助跑速度，多练习助跑与起跳相结合的动作。

② 过杆时上体后仰

纠正方法：强调过杆时大腿贴胸，徒手做过杆时大腿贴胸动作练习；坐在垫子或跳箱上，做向起跳腿一侧转体动作的练习。

(2) 背越式跳高常见错误动作与纠正方法

① 助跑速度慢，直、弧段助跑衔接不好

纠正方法：采用直道进入弯道跑的练习方式，反复进行助跑练习，体会加速与直、弧道助跑衔接技术。

② 弧线助跑时，身体没有形成内倾，导致起跳时倒杆

纠正方法：加强弧线助跑技术练习，多进行弧线助跑和弧线助跑结合的起跳练习。

③ 坐着过杆、侧身过杆，杆上髋部挺不出去

纠正方法：垫上做下“桥”练习；利用踏板或跳箱做原地背越式过杆练习；采用教师用手托腰，体会空中挺髋动作的练习。

5. 三级跳远常见错误动作与纠正方法

(1) 第一跳直膝换步

纠正方法：在第一跳中加实心球或其他标志物，增加第一跳高度的练习。

(2) 第二跳跳不起来

纠正方法：改进第一跳的落地动作，加强摆动腿和两臂的积极摆动；按第二跳的适当比例在地上划线练习改进；加强踝关节力量练习。

(3) 第三跳高度不够

纠正方法：加强弱腿的力量练习；在第三跳中加放皮筋、横杆等，提高其跳跃高度的练习。

(4) 三跳比例不当，节奏不好

纠正方法：明确三跳的比例为35%、30%、35%，节奏应为嗒—嗒—嗒；在跳跃区内画横线，要求按比例练习每跳远度。

6. 实心球常见错误动作与纠正方法

(1) 实心球出手无力，或未完成掷球动作纠正方法：增强上肢、躯干和手指力量，强调五指分开用力握紧实心球中后部进行投掷。

(2) 实心球出手角度太高或太低

纠正方法：增强肩臂和腰腹力量以及肩臂的柔韧性和灵活性，徒手用轻器械进行正确动作的练习，体会正确的出手角度。

(3) 投掷用力顺序不正确

纠正方法:徒手用轻器械进行正确动作练习,体会蹬、撑、挺、挥、收动作的用力顺序,发展全身肌肉力量。

二、体操

1. 技巧

(1) 跪跳起常见错误动作与纠正方法

不展髋提腰,急于收腿

纠正方法:做向前和向上的跪立跳动,使小腿能够离开垫子的练习;有扶持地由高处向低处跳的练习,练习中注意展髋提腰。

(2) 前滚翻易犯错误与纠正方法

① 滚动不圆滑

纠正方法:让学生在垫子上做团身滚动,体会滚动圆滑的肢体感觉。

② 身体滚动方向不正

纠正方法:强调两手平均用力撑垫,头要正,或当学生开始蹬地时,两手扶其髋关节两侧帮助前送,让学生体会正确的动作要求。

③ 滚动时两腿分开

纠正方法:采用让学生在两腿中间夹一片纸或手绢进行练习,帮助学生纠正两腿分开的错误。

(3) 后滚翻常见错误动作与纠正方法

① 向后滚动时身体打开

纠正方法:提示学生做后滚翻时胸和大腿要贴紧,或让学生双手抱腿练习后滚翻,体会身体后滚翻时的动作。

② 向一侧歪斜

纠正方法:采用慢做后滚动至头部触垫时,上提练习者的髋帮助其推手的练习;多做向后滚动的练习,以纠正头的位置不正的错误。

(4) 前滚翻交叉转体 180 度成蹲立易犯错误与纠正方法

① 转不过去或两脚相碰

纠正方法:让学生多练习,由交叉蹲立开始做 180 度的转体动作。

② 交叉腿时两膝不分开或重心不稳

纠正方法:多练习前滚翻成交叉蹲立,待身体停稳后,再做转体动作。

(5) 头手倒立常见错误动作与纠正方法

① 倒立起不来,撑手无力,髋前移不够

纠正方法:让学生做屈臂屈体静力练习,增强臂力;做屈腿或单腿蹬地成头手倒立的练习。

② 头和手的位置不当,肘外展

纠正方法：摆正头和手的位置，一脚或双脚离地的屈体头手倒立；在地上画一等腰三角形进行练习。

(6) 肩肘倒立易犯错误与纠正方法

① 后倒即撑腰，重心提不高

纠正方法：反复让学生做直角坐，后倒折体举臀，两手撑腰，两臂撑垫的练习。

② 倒立不直，伸髋不充分

纠正方法：帮助者站在练习者背面，握其小腿，并用膝盖顶其背部，或站在其侧面帮助向后屈体滚动和向上伸髋成肩肘倒立。

③ 倒立起不来，立不住，手撑腰不正确

纠正方法：做后倒肩练习时，同时要举腿、翻臀，倒立时，两手撑腰的后侧，低头、立腰、展髋，眼视脚面。

(7) 鱼跃前滚翻常见错误动作与纠正方法

① 低头时间过早或过晚

纠正方法：多做蹲立开始的远撑前滚翻，体会低头的时机。

② 腾空不明显或没有腾空

纠正方法：让学生原地做远撑前滚翻，从高处向低处的前滚翻，使学生体会腾空的动作。

(8) 侧手翻易常见错误动作与纠正方法

① 肩前倾或塌腰

纠正方法：在帮助下使练习者做身体逐渐打开的练习。

② 脚落地离手太远，顶肩推手不及时，造成站不起来

纠正方法：强调先落地的脚向后撑地的手的方向踢；给于信号强调顶肩推手、立身。

(9) 直腿后滚翻常见错误动作与纠正方法

① 上体前屈不够，造成摔臀

纠正方法：利用斜面、由高到低，练习向后倒体。

② 推手时间不当

纠正方法：可采用听信号推手或帮助推手的方式纠正。

(10) 单肩后滚翻成单腿跪撑平衡常见错误动作与纠正方法

① 头侧屈与手撑地不及时

纠正方法：由直角坐开始，做后倒举腿翻臀，头向左侧屈的练习，保护者单腿跪立于侧面，一手托肩，一手托后举腿，帮助完成动作。

② 翻滚不圆滑或方向不正

纠正方法：由蹲撑开始做单肩后滚翻，告诉学生注意头向哪一侧倒，哪一只手就要加大推力，以维持平衡，使滚动圆滑保持方向正确。

2. 支撑跳跃

(1) 山羊分腿腾越常见错误动作与纠正方法

① 先撑后跳

纠正方法：多提示或加强踏跳和推手结合的练习。

② 两手离器械晚

纠正方法：做俯撑成分腿立的练习；做慢速助跑的完整练习。

(2) 横箱分腿腾越常见错误动作与纠正方法

① 单脚踏跳

纠正方法：原地上一步做单跳双落踏跳练习；做三至五步助跑踏跳练习。

② 空跑、不敢跳

纠正方法：加强心理训练和保护帮助，消除害怕心理；俯卧撑推手成分腿立撑练习。

③ 含胸提臀不够，分腿小或屈腿

纠正方法：原地俯撑成提臀分腿练习；不过器械，手撑器械，原地起跳提臀分腿推手回落练习。

④ 推手慢，腾空低

纠正方法：俯卧撑推手击掌，直背顶肩推墙推手或击掌练习；利用语言提示推手时机，体会快推手感觉。

(3) 纵箱分腿腾越常见错误动作与纠正方法

① 手撑中部或倒手换撑

纠正方法：加强助跑踏跳和摆臂练习，做手撑远端的分腿坐；做手撑至规定区域的练习。

② 踏跳后没有跃起，就推手分腿

纠正方法：要求学生踏跳要快速有力；做三至五步助跑踏跳练习；改变高度和踏板远度进行练习。

(4) 横箱屈腿腾越常见错误动作与纠正方法

① 提臀高度不够，屈腿慢

纠正方法：连续做俯卧撑推手成蹲立，站起，体会提臀高度和屈腿速度。

② 推手慢或手不离器械

纠正方法：做俯卧撑推手击掌练习；练习中给予信号快速推手。

(5) 横箱正面助跑侧腾越常见错误动作与纠正方法

① 提臀侧摆腿不够或不协调

纠正方法：在垫子上做俯卧撑弹起提臀侧摆成单臂侧撑练习；在踏板上手撑器械连续做跳起提臀向侧上方摆腿练习。

② 单臂侧撑不明显，或摆腿不高

纠正方法：垫上单臂侧撑，或另一人托起腿帮助体会要领；在器械侧上方悬吊标志物（吊球等），使练习者向侧高摆越踢标志物练习。

3. 单杠

(1) 单腿(或并腿)蹬地翻上成支撑常见错误动作与纠正方法

① 摆腿方向不对,两臂没有及时拉引

纠正方法:由站立开始,做摆腿、蹬地、拉臂练习,体会三个动作的配合,增强臂力的练习。

② 身体翻不到杠上

纠正方法:增强上肢、腹背和腿部力量和强调摆腿方向;脚蹬高物做翻上练习。

③ 翻到杠上后,抬不起上体

纠正方法:屈体俯卧趴在杠上,帮助者固定其双脚,练习者做抬上体、抬头、翻腕、挺身成支撑。

(2) 支撑单腿向前摆越成骑撑常见错误动作与纠正方法

① 移重心、推手不充分,摆越、换撑动作不连贯

纠正方法:由骑撑开始,保护者站在杠正前方扶练习者的脚,帮助单腿向前、后摆越成骑撑。

② 心理胆怯,不敢推手、摆越

纠正方法:由支撑开始,保护者站在杠前摆腿方向的异侧,一手托腿,一手扶上臂,帮助练习者移重心、推手,单腿向前、后摆越,控制支撑平衡。

(3) 骑撑后倒挂膝上常见错误动作与纠正方法

① 不会利用腿的摆动,急于屈臂拉杠,或摆腿过早

纠正方法:多做挂膝摆动 2~3 次上成骑撑的练习;做在杠前上方悬吊标志物,加大腿摆动幅度的练习。

② 前摆时,腿摆向后上方,使动作失去节奏

纠正方法:在帮助下做,帮助者站在摆动腿一侧,当前摆时,一手扶肩,一手按摆动腿膝部,当后摆时,顺势一手托背,一手压腿,帮助练习者成骑撑。

(4) 骑撑单挂膝后回环一周半常见错误动作与纠正方法

① 撑起或腿后摆不够,没有远离握点

纠正方法:由杠上骑撑开始,帮助者站在杠后,一手扶肩,一手托后腿,帮助体会撑起、后摆腿、挂膝后倒技术。

② 抬头、翻腕、挺身不及时

纠正方法:学生在练习时教师利用语言信号提示;结合骑撑后倒挂膝上进行反复练习。

(5) 支撑后摆转体 90 度下常见错误动作与纠正方法

① 支撑后摆时,撤肩,身体远离杠,摆腿低于杠

纠正方法:多做支撑后摆重复练习;练习不松手的支撑后摆下。

② 转体后失去平衡,落地不稳

纠正方法:在杠后站立两手扶练习者腰部帮助后摆转体 90 度下,强调经侧撑

时，掌握好重心。

4. 双杠

(1) 支撑摆动常见错误动作与纠正方法

① 前摆收腹举腿屈髋，后摆时挺腹塌腰

纠正方法：同伴帮助下体会两腿摆至最高点时身体所处的位置，提高支撑摆动的能力，在保护帮助下做支撑小摆动练习。

② 支撑能力差、肩轴不能相对固定

纠正方法：练习支撑移行和分腿前进等动作，提高支撑能力及小幅度摆动能力。

(2) 跳上成分腿坐前进常见错误动作与纠正方法

① 屈腿、屈髋前进

纠正方法：从杠上分腿坐开始，反复练习推杠、挺身、立腰、夹腿动作。

② 前摆低、手撑太近或太远

纠正方法：加标志物练习前摆腿过杠及远撑手部位。

(3) 支撑后摆转体 180 度成分腿坐常见错误动作与纠正方法

① 腿未出杠面，转体过早

纠正方法：反复练习支撑摆动和支撑后摆扭髋动作。

② 屈腿、推手换握不及时

纠正方法：垫上俯卧，两腿蹬地后摆，两腿交叉转体 180 度成分腿坐；在帮助下练习。

(4) 外侧坐越两杠直角下常见错误动作与纠正方法

① 举腿不高

纠正方法：可增加标志物练习；反复练习外侧坐，上体后仰撑杠，两腿压杠摆举动作；反复练习外侧坐越两杠成外侧坐。

② 推手换握杠不及时

纠正方法：做直臂推杠练习或给信号做直臂及时换握杠的练习。

(5) 支撑前摆下常见错误动作与纠正方法

① 前摆举腿不高

纠正方法：反复练习支撑前摆展髋举腿；在摆腿前上方加标志物的练习。

② 伸腿展髋挺身不充分

纠正方法：下杠一侧加标志物练习，或反复练习外侧坐越两杠直角下。

(6) 支撑后摆挺身下常见错误动作与纠正方法

① 后摆收腹、屈髋、撅臀

纠正方法：增强上肢、肩带及腰背肌肉力量；练习由小幅度到大幅度的支撑摆动。

② 推手换握时机掌握不好

纠正方法：在帮助下练习俯卧推手换握移重心动作。

(7) 高杠挂臂摆动常见错误动作与纠正方法

① 挂臂撑时漏肩

纠正方法:增强肩带力量,做支撑摆动臂屈伸练习;做挂臂撑练习,体会压杠撑肩动作。

② 摆动腿前摆时兜腿过早,后摆时甩腿过早

纠正方法:采用语言信号提示纠正;逐渐加大幅度的摆动练习。

(8) 高杠挂臂撑前摆成分腿坐常见错误动作与纠正方法

① 摆腿与压杠配合不协调

纠正方法:在杠上反复做收腹、举腿、提臀的练习,或练习前臂撑摆动成分腿坐。

② 前摆伸髋不够

纠正方法:多做挂臂撑摆动练习;做挂臂撑一腿前摆、一腿蹬地、前摆成分腿坐的练习。

(9) 高杠挂臂摆动屈伸上常见错误动作与纠正方法

① 伸腿方向过于向上或向下

纠正方法:在杠上前上方置标志物进行练习;给予信号提示进行练习。

② 腿制动与臂压杠配合不好

纠正方法:在低杠帮助下做屈伸上,体会腿制动与臂的配合;反复练习屈伸上成分腿坐。

(10) 高杠前滚翻分腿坐常见错误动作与纠正方法

① 肩触杠时离握点远,或两肘不外展

纠正方法:在杠上练习分腿坐,收腹提臀,肩臂撑杠,再回落成分腿坐,注意提示两肘外展。

② 滚翻时展体挺身

纠正方法:在纵箱上练习前滚翻;保护带上练习有帮助的前滚翻。

三、足球

1. 踢球

(1) 脚背正面踢球常见错误动作与纠正方法

① 支撑脚的位置靠后,造成踢球时身体后仰而踢球的后下部,使踢出的球偏高

纠正方法:用线标出支撑脚的位置,要求支撑脚脚尖朝向出球方向反复练习,并结合固定实心球体会脚触球的部位,要求身体稍前倾,重心跟上。

② 摆动腿前摆时,小腿过早前摆,造成直腿踢球,出球无力

纠正方法:强调小腿摆动时机,要求摆动腿的膝盖接近球的垂直上方时,加速摆动小腿。

(2) 脚背内侧踢球常见错误动作与纠正方法

① 助跑方向不对,支撑脚位置偏后,易把球踢高

纠正方法:用线标出助跑方向和支撑脚的位置,要求支撑脚脚尖朝向出球方向进行练习。

② 踢球脚脚尖外转不够,接触球的部位不正确

纠正方法:踢定位球或实心球的模仿练习,强调脚触球的部位。

2. 停球

(1) 脚内侧停球常见错误动作与纠正方法

① 停地滚球时,踝关节过于紧张,后撤的时间掌握不好,使球反弹出去

纠正方法:讲清楚动作要领反复做后撤缓冲的模仿练习,强调踝关节放松脚弓停球。

② 停反弹球时,对球的落点判断不准,使球漏过或停不稳

纠正方法:互抛互停反复练习,强调抬脚不宜过高或过低。

(2) 脚背正面停球常见错误动作与纠正方法

① 踝关节过于紧张,不能缓冲来球力量

纠正方法:多做颠球或抛接实心球的练习,强调踝关节放松。

② 脚触球前下撤过早或过晚,使球反弹出去

纠正方法:自抛自停反复练习,体会和掌握脚触球前一刹那迅速下撤的时机。

3. 运球

(1) 脚内侧运球常见错误动作与纠正方法

① 只是低头看球,不能随时观察场上情况,以至不能及时完成传球或射门

纠正方法:学生直线运球,教师手拿数个号码牌迎面站立,不时变换举牌,要求学生及时报出牌上数字,反复练习,培养学生运球时抬头观察的习惯。

② 运球时不是推拨球而是击球,使球失去控制

纠正方法:反复体会推拨球的动作要领,掌握好用力的大小。

(2) 脚外侧运球常见错误动作与纠正方法

① 脚尖不内转,脚触球的部位不准确

纠正方法:反复运实心球体会动作,改进技术。

② 运球时动作紧张,不是推拨而是踢球

纠正方法:由走到慢跑中运球,体会推拨球的动作。

4. 头顶球常见错误动作与纠正方法

(1) 顶球过早或过晚

纠正方法:先做原地顶悬吊球练习,然后做一抛一顶练习,反复体会顶球用力时机。

(2) 顶球时闭眼,缩脖,不敢主动迎球

纠正方法:反复练习顶悬吊球,要求颈部紧张,目迎目送球。

四、篮球

1. 双手胸前传接球常见错误动作与纠正方法

① 传球时全手掌触球，手心没有空出，两拇指距离过大或过小，持球动作不正确

纠正方法：两人一组做双手胸前传接球动作的模仿练习，相互纠正。

② 传球时两肘外翻，手指手腕用力不当，形成挤球，出手后两手上下交叉

纠正方法：讲清动作要领，练习时语言提示；多做徒手模仿练习或持球做慢动作，如对墙做传接球练习，体会传球时手臂、手腕的用力及传接球手型。

③ 接球时，两手指朝前，两手没有形成半圆，伸臂迎球时臂、腕、指紧张，引球动作不及时

纠正方法：明确接球动作要领，两人一组做近距离、力量小的传接球练习，体会张手、伸臂、引球和及时屈臂缓冲来球力量的动作顺序。

2. 原地单手肩上投篮常见错误动作与纠正方法

(1) 投篮弧度过低

纠正方法：让学生向空中投球或两人对投，体会球出手后在空中的弧线；设标志物，让学生投篮时超过标志物的练习。

(2) 手臂用力方向不对

纠正方法：让学生持球做投篮模仿练习，体会蹬地、抬肘、伸臂、屈腕、食指中指拨球的用力顺序；要求学生投篮出手后，手指向球篮。

3. 运球常见错误动作与纠正方法

① 运球时低头，不能观察场上情况

纠正方法：看教师的手势运球，反复进行抬头运球的练习，逐渐掌握正确的运球动作。

② 运球时掌心触球或单靠手指拨球

纠正方法：原地进行运球练习，运用手指、手腕力量进行运球的练习，体会手指手腕动作。

4. 体前变向换手运球常见错误动作与纠正方法

运球变向时蹬跨、转体探肩慢

纠正方法：原地做运球变向和蹬跨、转体探肩动作；借助障碍架进行练习，并提醒转体探肩和降低重心，强调快速蹬地；两人一组做体前变向换手运球突破练习。

5. 运球接行进间单手肩上投篮常见错误动作与纠正方法

跨步拿球时容易跨错脚

纠正方法：徒手分解练习，接固定球的练习，做运一次球后跨步拿球上篮动作，逐渐加快运球和行进间单手肩上投篮的速度。

6. 原地跳起单手肩上投篮常见错误动作与纠正方法

① 投篮出手时间过早，上升阶段就出手

纠正方法：讲清原地跳起投篮技术要领，缩短投篮练习的距离，熟练后加大投篮距离，要求学生在身体到达高点时出手。

② 跳投投不到篮

纠正方法:改变出手时间过晚和起跳方向偏的错误,增强手指和手腕的力量。

7. 传接球接行进间低手投篮常见错误动作与纠正方法

投篮时单手托球点低,投篮动作过大,降低命中率

纠正方法:原地持球做单手托球向前上方的伸展练习;慢速运球中进行练习;逐渐加快运球速度的练习,同时逐渐提高出手角度,熟练后进行接传球的低手投篮练习。

五、排球

1. 准备姿势和移动常见错误动作与纠正方法

做准备姿势时只弯腰,不屈腿;身体重心偏高且靠后

纠正方法:做准备姿势时要求膝关节适当弯曲,肩、膝、踝三关节的投影点,从上而下依次超出,强调提踵,重心落于前脚掌;反复进行准备姿势的徒手练习。

2. 正面下手发球常见错误动作与纠正方法

(1) 击球手臂弯曲,影响击球力量,发球不过网

纠正方法:反复进行徒手练习体会动作要领;进行近距离的发球练习;逐渐加大发球距离的练习。

(2) 击球点不正确或不固定,影响发球成功率

纠正方法:多做原地徒手抛球练习,使球抛得又稳又直;身体侧对或半侧对发球方向进行发球练习。

3. 正面上手发球常见错误动作与纠正方法

击球动作不正确,击球点不准

纠正方法:多做向上抛球的练习;做一手抛球,一手击球的徒手练习;强调球抛于右肩前上方,逐步固定抛球、击球位置。

4. 正面双手垫球常见错误动作与纠正方法

(1) 两臂夹不紧、屈肘翘腕,造成漏球或连击

纠正方法:多做正面垫固定球的徒手动作练习,体会正确动作,强调在抬臂垫球的同时要压腕提肩。

(2) 垫击部位不合理,垫在手腕、拇指或肘关节部位

纠正方法:多练习由准备姿势到两臂组成垫击面插入球下对准球的徒手动作,强调两前臂伸直靠紧,养成用正确的垫击面去找球的习惯。

5. 接发球时常见错误动作与纠正方法

(1) 出现撩臂的现象

纠正方法:让学生多做原地徒手练习或移动的直臂垫击模仿练习。

(2) 两臂所组成垫击面不平,造成使球垫飞

纠正方法:多做徒手快速垫击球的练习,体会正确的垫球动作。

6. 传球中常见错误动作与纠正方法

(1) 手型不正确,掌心、拇指朝前,手指相对、两手高低不一

纠正方法:多做对墙传球的动作;做一人用手扶球一人做传球动作的练习;两人距1～2米只用中指、食指和拇指传球的练习,体会拇指的正确位置和击球动作。

(2) 击球点过高、过低或靠前、偏后

纠正方法:使学生明确合理击球点的位置,多做原地自抛自传的练习,体会传球动作和正确击球点。

(3) 两肘外展或两肘内夹

纠正方法:徒手练习抬臂、放下、抬臂的重复动作,体会正确动作要领;原地徒手做传球动作,要求两肘的动作要正确。

7. 正面屈体扣球常见错误动作与纠正方法

(1) 助跑起跳节奏不好,助跑过早过晚

纠正方法:多做徒手助跑起跳练习,或做助跑起跳扣吊球的练习,体会正确的扣球动作。

(2) 助跑起跳后身体前冲,身体和手臂易触网

纠正方法:让学生做一步、三步及多步助跑起跳的练习,要求助跑起跳时最后一步步幅稍大,两膝适当弯曲,稍内扣,控制身体不要过于前冲,避免触网。

(3) 扣球时手臂弯曲,击球点过低

纠正方法:击固定球或击树叶练习;原地抛球做扣球练习;两人相距6～7米对扣,要求击球点要高,体会挥臂甩腕动作和击球点高低对扣球质量的影响。

(4) 不能全手掌扣球,对球落点控制不好

纠正方法:原地对墙做扣球练习或做扣平球练习,体会用全手掌包住球的扣球用力动作和对扣球落点的控制感觉。

六、武术

1. 接受能力差和协调性差出现的错误

纠正方法:教师要耐心地进行示范分解动作或放慢动作的速度,运用领做或让学生互相帮助的方法进行纠正。

2. 肌肉本体感觉差,不能控制动作而出现的错误

纠正方法:教师应该强调动作的规范要求,用定位、互帮、两人一组等形式帮助学生纠正。

3. 身体某些素质差,做不好动作出现的错误

纠正方法:教师要采取一定的措施,首先提高学生相关的专项素质,使学生能够逐步完成动作。

4. 不理解动作的性质和作用出现的错误

纠正方法:教师应根据攻防动作的性质,用攻防相克的方法启发诱导学生,帮助

学生纠正。

七、蛙泳

1. 臂常见错误动作与纠正方法

(1) 划水时手掌平摸水

纠正方法:讲明动作要领,划水时,要求掌心向外、侧下,高肘屈臂,小幅度划水,加强手臂力量训练。

(2) 划水时路线太窄,超过肩的延长线

纠正方法:讲明动作要领,要求小划臂或在腋下放一限制杆进行练习。

2. 腿常见错误动作与纠正方法

(1) 蹬水时没有翻脚

纠正方法:陆上模仿或多在水中做翻脚的强制性练习,强调蹬水时勾脚状态。

(2) 平收脚,蹬得过宽

纠正方法:用绳子固定两膝距离,限制其外张,或用矫枉过正法,要求收腿时两膝内扣。

(3) 收腿过快或收腿过多

纠正方法:明确动作要领,强调收腿时要放松,慢收,而蹬腿时要快,加速进行。

八、健美操、韵律操、舞蹈

1. 健美操、韵律操常见错误动作与纠正方法

(1) 成套动作的顺序不清楚,无法连接

纠正方法:让学生了解整套操的结构和动作顺序,再进行逐节动作的教学。

(2) 单个动作不熟练,造成整套动作无法完成

纠正方法:教学中不宜过早地连接成套动作,先让学生熟练掌握单个动作,再进行完整动作连接的练习。

(3) 音乐不熟悉,节奏感比较差,造成配音乐练习时,手忙脚乱

纠正方法:让学生多听音乐,使学生能在熟悉音乐的基础上,用音乐来记忆动作或提示动作。

(4) 整套动作表现力度不够

纠正方法:让学生根据动作的要求,移动的方向和路线,多练习,将动作做到位,做规范,同时加强身体素质方面的练习,逐步使动作做起来能够有力度。

2. 舞蹈常见错误动作与纠正方法

(1) 上下肢动作不协调

纠正方法:让学生先练习脚下的动作或舞步,再练习上身或手的动作,最后将二者结合起来练习,以克服动作不协调的错误。

(2) 音乐节奏感差

纠正方法:让学生先了解音乐,再与动作配合。

(3) 肢体动作机械,面无表情

纠正方法:让学生多体验,多琢磨,相互多观察学习,注意身体的姿态,教师适时利用语言提示学生。

九、乒乓球

1. 握拍常见错误。握拍过紧、过松或太深、太浅

纠正方法:讲清正确握拍动作要领,要求手指腕、前臂要放松,手腕要灵活,避免手腕僵硬,以免影响手腕动作的击球力量和命中率。

2. 准备姿势常见错误。全脚掌着地,上体过直,重心偏高

纠正方法:提踵屈膝略内靠,上体前倾。

3. 基本步法常见错误。蹬地不及时,起动慢和不到位

纠正方法:用口令提示"快提脚",增强下肢力量和脚的灵巧性练习。

4. 发球常见错误动作与纠正方法

(1) 球向上抛起高度不够

纠正方法:讲明动作要领,做徒手抛球动作的练习。

(2) 击球点过高或过低,造成球出界或下网。

纠正方法:可采用多球连续的发球练习,体会正确动作要领,按合适的击球点击球,提高发球的成功率。

5. 接发球常见错误动作与纠正方法

(1) 判断来球性能不准确,造成接球失误

纠正方法:接各种性能发球的练习,提高对来球性能的判断及分析能力,合理运用回击方法。

(2) 移动不到位,影响接发球的质量

纠正方法:徒手做移动练习,或二人一组,一人发球不同落点的球,一人接发球的移动练习。

6. 推挡球常见错误动作与纠正方法

(1) 判断落点不准,拍面掌握不好

纠正方法:提高判断能力,加强手腕的灵活性和调整拍面的能力。

(2) 手臂没有向前伸出去,推挡力量不重

纠正方法:强调击球后上臂和肘关节前送,上体向左转动。

7. 攻球常见错误动作与纠正方法

(1) 正手攻球时不敢大胆挥拍,有停顿,弧线制造不好

纠正方法;用徒手模仿挥拍练习把拍挥够。

(2) 抬肘抬臂

纠正方法:二人对做近台快攻练习,强调击球时肘肩向后下方。

(3) 手腕下垂，球拍与前臂垂直

纠正方法：强调手腕内旋拍柄向左，徒手模仿练习。

8. 搓球常见错误动作与纠正方法

(1) 引拍不够致使击球的前臂由上向下动作不明显

纠正方法：持拍练习前臂和手腕向上再向下做切的动作模仿。

(2) 击球时拍面后仰不够，造成球出界或下网

纠正方法：在下降期搓对方发来的下旋球，体会拍面后仰前送动作。

(3) 前臂前送力量不够，击球后动作停止

纠正方法：两人对练慢搓，体会击球后小臂继续前送的动作。

十、羽毛球

1. 发球常见错误与纠正方法

(1) 挥拍路线不是自右后、经右前下方、再向左上方画弧，而是横扫，致使出球弧线太低，发力不充分

纠正方法：多做按正确挥拍路线的慢动作挥拍练习，逐渐过渡到正常速度；击打固定球练习。

(2) 挥拍手臂僵硬，动作不协调

纠正方法：要求身体各部分协调用力，多做放松协调的发球练习，开始时不强调用力击球，练习后逐步加大发球的力量。

(3) 放球与挥拍配合不好，造成击球不准

纠正方法：反复练习放球，使球的落点固定在身前。

2. 高手击球常见错误与纠正方法

(1) 击球点掌握不准，对球下降的速度判断不准，挥拍过早或太迟而打不到球

纠正方法：在适当的高度上用细绳吊一个羽毛球或找一个高度适当的树梢为目标，进行挥击练习，球应在右肩的前上方。

3. 网前击球常见错误与纠正方法

(1) 网前击球不过网，或过网弧度太高

纠正方法：握拍要灵活放松，以维持用手指灵活控制拍面角度和掌握用力大小的能力。击球点离网较远时，拍面后仰的程度要适当小一点。击球点较近网时，拍面后仰的程度要适当大一些。

(2) 球挑得不够高，不够后远

纠正方法：根据球离网的远近掌握好拍面角度，如果球很近网，挑球难度较大，拍面要多后仰一些。如果球较远，拍面后仰的程度可小一些，要用向上挑球的爆发力，如果因本身力量小，应加强爆发力训练。

4. 低手击球常见错误与纠正方法

(1) 半蹲快打击球，击球点在体后，造成出球无力

纠正方法:进一步明确击球点应在体前的动作要求。多练以肘为轴,以前臂带动手腕做小幅度快筐挥拍练习,这样有利于捕捉击球时机。

(2) 接杀球反应慢,接不到球

纠正方法:做好接杀球准备姿势,屈膝低重心的灵活站位姿势,陪练者多杀球,练习者做接杀球练习,以训练反应速度和判断能力。

第七章　生成事件应对

生成事件是指在体育教学过程中发生的，出乎教学预先设计的各种偶发和突发事件。体育教学是一个教师预先设计好的教与学的过程，不是一个孤立的事件。但体育教学同时又是一个具有生成性的动态过程，过程中充满了各种各样的偶发和突发事件。有些事件虽出乎意料，但与体育教学密切相关，反映了学生在学习过程中的主体性和主动性，也体现了体育教学过程的生成性。如引领得当，可有效促进学生主动建构知识、技能，更有利于教学目标的达成。有些偶发或突发事件与教学活动无关或者对教学活动会产生负面影响，需要教师及时解决和处理，以消除其不利影响和干扰。正确认识不同课堂事件的性质及影响，确定不同的应对策略和具体方法，及时引领和处理不同的课堂事件，应成为体育教师必备的教学技能。

第一节　生成事件的引领

新一轮课程改革把“课程”看作学习者通过与环境的交互作用，特别是通过与教师、教材、同伴的交往互动逐渐生成和建构知识与技能的过程，因此，这是一种开放的、灵活的和动态的课程观，新课程标准大力提倡的自主、探究、合作学习方式正是建立在这种理念基础之上的。由于体育教学天然具有的开放性、动态性和活动性特点，体育教学中存在很多生成性的问题和情景，把握和利用体育课程的这种生成性特点，掌握生成事件的引领策略，应成为新时期体育教师必备的教学技能。

一、体育教学的生成性

建构主义学习理论认为教学是一个具有开放性和生成性的过程。教师和学生在不同的教学情景中交往互动，相互补充，教学过程在实际操作中发展变化，并不断有新的主题出现，新的目标生成并获得新的发现。教师和学生在这种生成中不断加深体验和认知，建构新的经验、知识和技能，师生获得共同发展。在教学论研究领域，生成性思维已成为当代教学论研究的思维走向。在基础教育课程改革的实施和推进中，“生成”已成为广大基层教师耳熟能详的术语。

体育教学以身体练习为主要手段，以运动场所作为教学活动的主要空间，学生在开放的、互动的、活动的场景中从事身体练习，学习运动技能，促进身心发展，这些特征决定了体育教学具有强烈和明显的生成性。一般说来，体育教学中存在预设性和意外性两种生成情景。

1. 体育教学中的预设性生成

预设性生成是一种对可能生成事件或问题的事先预见，是教师在教学预设中策划好的生成。教师难以预料生成事件的具体内容，但可以预见生成性事件的发生时间以及发展的大致方向。实际上，当我们自觉运用自主、合作、探究等学习方式时，我们就是在预设和期望一种教学的生成。例如一位体育教师在教会学生一些基本的健美操动作和讲授了编排知识后，预设了让学生分组自由编排健美操组合的内容，此时，教师可以预料到学生将编排出不同的动作组合，但无法预料具体的组合内容。教师必须根据现场生成的具体情况，做出相应分析、指导和评价，使学生在与教师的互动中进一步建构起健美操编排的知识和方法。

又如教师根据学生的现有水平，预设了这样一个问题："怎样才能跑得更久?"教师很难预料具体的答案内容。但可以预料学生将产生不同的答案及答案的大致方向，教师必须对现场生成的具体问题给予分析、引导和帮助，于是，师生在这种共同参与、探讨和相互影响的活动中得到发展与提高。

预设性生成对于调动学生主动学习，建构知识，培养学生发现问题、解决问题的能力极有价值，教师在教学预设中应该有意识地加强对预设性生成的设计。

2. 体育教学中的意外性生成

意外性生成是出乎教师意料之外的生成，是没有预设的生成，这在体育课堂上是屡见不鲜的。体育教师不能把这些"节外生枝"看作教学异端，相反，如能抓住生成时机，运用教育机智因势利导，亦可产生良好的教育和教学效果。例如一位教师在一次技巧课上安排学生用废旧跳高竿跳"竹竿舞"作为准备活动，预设练习时间6～8分钟，出乎意料的是，学生对"竹竿舞"发生了浓厚兴趣，时间虽到却不肯停止练习。于是，教师调整了练习时间，把"竹竿舞"跳了20分钟，使学生人人会跳，个个尽兴。虽然跳"竹竿舞"冲击了主教材的练习时间，使这节课的预设教学目标受到一定影响，但从体育课程的整体目标看，这样的生成及处理所达到的效果却十分有利于课程整体目标的实现。因为一节课教学目标的完成与否并不影响学生的整体发展，重要的是培养学生对学习的主动性和积极性，这才是学生发展进而也是教学发展的根本动力。

又如在一次跳高测验课中，有两个在1.20米高度已失败三次的学生强烈要求再跳一次，因为他们认为自己有跳过这一高度的实力。根据规则他们已不能再跳，但学生要求再跳却反映出他们向失败挑战的决心与勇气。教师在思考后做出了这样的处理，他们的测验成绩仍是1.20米，但是他们可以继续跳下去。教师最后看到的情形是，两个学生在成功跳过这一高度后，竟欢呼雀跃，相互拥抱，完全进入一种心理的高峰体验。此时，测验成绩对他们已经无所谓，战胜自我才是真正的成功。我们从这里不难看出这一事件对那两个学生心理发展的巨大影响。

体育教学是动态的、开放的过程，意外性生成事件是常见和多发的，遵循课程基本理念，机智应对生成事件，应成为体育教师重要的教学本领。

二、预设与生成的关系

生成性是一种新的课程理念和思维方式，生成性思维对差异的关注重于对同一的关注，对变态的关注重于对常态的关注。生成性思维关注的过程不是一般的、抽象的过程，而是具体的、实在的过程。在事物的具体发展过程中，经常会有超出预设的差异和偶然事件出现。生成性思维不把这种差异和偶然视为危害，相反，还把其视为必然，并认为差异和偶然为事物的多元化发展留下了广阔的空间。生成性思维还认为事物的发展具有一定的随机性，这种随机性使事物的进化有了可能，也为人的创造性的发挥提供了前提。

教学的预设指的是教师课前的教学设计。教师在教学方案的预设中，确定教学内容、教学目标、教学步骤和教学方法，然后按照预先设计好的方案展开教学活动。"凡事预则立，不预则废"，从这一观点看，预设对于高效地开展教学活动是必需的，也是必要的。然而，预设性思维不允许事物在发展过程中出现意外，把教学活动看作是在教学之前业已规定好、计划好、编制好的现成的东西，教学以一种预定的"结果"或"产品"的形式而存在，因此，相对于生成性课程观来讲，这种教学存在封闭、固定和静态的弊端。

应该说，一切教学活动都是预设与生成的对立统一。课堂教学既需要预设，也需要生成，预设与生成是课堂教学的两翼，缺一不可。"预设"是传授知识、技能的行为准备，"生成"是建构知识、技能的活动过程，两者相互依存，相互补充，相辅相成，相得益彰。如果没有精心的预设，就难以有精彩的生成。相反，如果不重视教学的生成性，那么教学预设必然是被动、封闭的过程。因此，在体育教学实践中，教师要正确处理好预设与生成的关系，在预设中预见生成，在意外中应对生成，在生成中提升教学价值。

不少有价值的生成是对预设的背离甚至是否定，也有一些生成如随机的神来之笔，是对预设的升华和强化，还有一些生成则是对正常认识活动的干扰。所以，深刻认识体育教学的生成性，采取有效方法合理应对生成事件，是一个值得体育教师深思的问题。应该特别强调的是，无论是预设还是生成，都要以促进学生身心的全面、健康发展为价值取向。

三、体育教学生成性的引领策略

我们常把教学过程中出现的事前没有预料到的生成性事件称为教学偶发事件。这种教学事件虽得不到传统教学规律的支持，但它在教学过程中确实地存在着。传统教学理念不允许有超出教学设计中规定的行为出现，否则就有可能被认为是教学事故。在这种思维模式下，教师害怕课堂教学中出现自己没有预料到的事件。其实，偶发事件在教学现实中是必然存在的，没有偶发事件的教学才是偶然的。既然如此，与其将精力用在设法阻止意外事件上，还不如将精力用在如何利用此类事件上。生成性事件是教学过程中的偶发状态，但却是寓于必然中的事件，只不过它出现的规律不易被把握，并且又没有固定和成熟的处理模式，因此在传统教学中受到了忽视。新的课程理念将意外事件看作是教学过程中生成的一种有益的教学资源，要求教师正视和利用生成性事件，充分发挥它的教育教学价值。教师的任务之一就是不断地留意学生的变化与反应，并对这种变化与反应做出积极的回应，从中捕捉偶发的教育契机与智慧火花，

预设、利用和引领体育课程的生成性，可以有效激发学生的运动兴趣，满足学生的运动需求，获得使身心受益的体验与经验，使学生主动、积极的获取体育知识与技能。体育教师应自觉把握和引领体育课堂的生成性，使体育教学过程成为主动建构体育知识、技能的过程。

1. 开发生成资源

教师要具有生成意识，要思考和把握体育教学的大方向、大环节和关键性问题，把握体育教学的整体思路和目标指向，为学生的自主活动和生成预设必要的时空。这种预设不应是严密和封闭的，而应是灵活和开放的。预设要估计到可能出现的问题和应对策略，充分的预设可以避免教师在生成性事件面前手足无措。

作为鲜活的个体，学生带着自己原有的知识、经验和思考参与体育教学活动，因而使体育教学丰富、多变和生动。学生在复杂多变的活动情境中不可避免地产生新的问题、新的事件甚至新的生成性技能。教师应善于开发体育课堂的生成性资源，不能把学生的“奇谈怪论”、“奇思怪想”等视为“节外生枝”而加以排除。否则，生成性资源就会枯竭，体育教学就只能在教师预设的封闭场景中按部就班地进行。

意外问题、意外要求、多种可能的完成方法、不同形式的创编结果、对游戏规则的质疑反对、对教师讲解的不同意见等等，都可以成为体育教学的生成性资源。

2. 捕捉生成时机

动态生成的体育教学，问题和事件是富有挑战性的，答案和方向是不确定的，生成时机是稍纵即逝的，错过生成时机便错过了启发教育的大好机会，教师必须善于捕捉生成时机，抓住时机因势利导，使学生在新鲜的、探索的体验中发现问题和解决问题，在跃跃欲试的动机驱使下从事身体练习，以求体育教学促进学生身心发展的最佳效果。

当学生在比赛中有生成性技能出现时，当学生在练习中出现偏差时，当学生对问题有出乎意料的回答时，当学生提出了预设之外的要求时，当游戏中发生了意外情形时……都是教师应当捕捉的生成时机。

3. 加强生成引导

学生在练习中或在生成性问题中出现错误和偏差是不可避免的，错误和偏差也是教学的生成资源。教师应把这种情形看成是正确的先导，把出错的过程看成是一种尝试和探索的过程。这种对生成问题的引导极可能是即兴的，是在教师与学生的

碰撞中萌发的。如一位教师在双杠挂臂撑屈伸上的教学中，发现有学生用屈腿蹬伸的方法完成了动作，而且其他学生模仿这种方法很快也完成了动作。教师经过分析，认为这种方法虽然不合乎要求，但却有利于学生体会伸腿制动的技术要领。他当机立断，让学生用屈腿蹬伸的方法练习屈伸上，以此体会制动和压杠的配合，在完成动作后逐步改为直腿屈伸，结果发现这种方法的学习效果竟比原来的教法更加有效。可以看出，在这一生成性事件的应对过程中，引导是及时和有效的，学生得到了提高，教师也得到了发展。

4. 提升生成价值

苏霍姆林斯基说："只有当教师的知识视野比学校教学大纲宽广得无可比拟的时候，教师才能成为教育过程的真正的能手、艺术家和诗人。"体育教师只有具备深厚的文化底蕴，拥有丰富的教学和生活经验，拥有高超的课堂调控技巧，才能让我们的体育课堂焕发出生成的活力。

体育教学是师生共同实施推进的过程，它不可能完全按预设方案进行，新事物、新情况、新思维和新方法会不断生成，实际教学过程远比预设的过程更加生动和丰富。要提升体育教学生成性的价值，教师必须善于对课堂生成信息进行提炼，从中选取有价值的生成信息加以引导，及时把生成性资源转化成师生共同拥有的精神财富。例如对一个学生异想天开的问题加以引导，可以让全体学生获取更多的知识；对一个学生有创意的提议加以采纳利用，或许会产生一种有价值的游戏。但对两个学生的无谓纠纷进行长时间的批评，则只会影响教学活动的正常进行。

有价值的生成可以不顾及原先的预设，因为生成的价值远远高于预设。相反，有价值的预设也可以不顾及低层次的生成，因为无意义的生成远远不如有价值的预设。总之，我们一定要用发展的眼光来看待预设与生成的关系问题，让体育教学过程成为预设与生成的和谐统一。

四、生成事件引领技能的思考与练习

在基础教育课程改革的实施和推进过程中，"生成"已成为广大教师耳熟能详的术语，对教学生成性的研究和探索也在教学实践中不断发展深化，新的课程理念对教学生成性的高度重视，也对教师应对和引领生成事件的能力提出了较高的要求。体育教师具备良好的体育教学生成事件的应对和引领能力，可以有效捕捉生成时机和提升生成价值，让课堂生成事件成为教师和学生共同提高、共同受益的契机，使本来就生动、活泼、动态的体育教学更具有促进学生发展的活力和魅力。认真思考以下问题，对于提高你对教学生成性的认识和引领能力会有一定帮助。

1. 怎样认识体育教学预设和生成的关系？体育课堂中的生成性事件是对正常教学的干扰还是帮助？

2. 体育教学中存在哪些生成性资源？怎样利用这些生成性资源？列举两个体育教学中意外性生成事件的例子。

3. 怎样判断生成性事件的价值，如何使一个具有潜在价值的生成性事件的价值得到进一步提升？

4. 在以“前滚翻”为主要教学内容的体育课中，有几个学生轻而易举地完成了前滚翻，然后在垫子上做起了他们自己感兴趣的其他动作，引得其他同学纷纷观看，正常的教学秩序受到影响。请你思考怎样应对和引领这种生成事件。

5. 体育教师应该提高对课堂生成性的认识，在备课中增加对体育教学预设性生成事件的设计，并预先构思对生成事件的引领方案，不断提高体育教学的生成性，让生成事件成为体育教学的亮点，成为学生主动构建知识技能，获得进步提高的契机和媒介。

第二节　突发事件的解决

在体育教学过程中，偶尔会出现一些与教学活动无关的突发事件或者不利于教学活动的环境因素，这些突发事件和环境因素虽然也是一种“生成”，但却是一种与达成教学目标关系不大的“生成”事件，有些甚至是具有负面影响的不利于达成教学目标的干扰事件。作为课堂教学的组织者，必须学会如何妥善处理和解决这些突发事件，保证教学活动的有效和正常进行。

一、解决突发事件的一般要求

面对体育教学中的各种突发事件，体育教师应当保持清醒的头脑，遵循解决突发事件的一般要求，尽量弱化突发事件对正常教学的不利影响，力求化不利为有利，保证体育教学活动的顺利进行。

1. 因势利导，促进发展

体育教师在处理课堂突发事件时，要因势利导，顺水推舟，根据具体情况，采取不同方法，灵活应对突发事件。所谓“势”是事件发展的因由和趋向，因势利导一种顺势的引导，是一种四两拨千斤的应对策略，正面冲突往往事与愿违，因势利导才能势如破竹。

因势利导要把“势”引向促进学生健康发展的途径上来，使本来偏向或逆向的“势”转为正向，使学生在突发事件的解决过程中受到教育和启发，有所收益和感悟，这是解决突发事件必须遵循的原则。

2. 冷静处理，巧妙应对

由于突发事件来得突然，一般情况下，教师对于事件毫无准备，此时要切记冷静处理的原则，即教师要保持头脑冷静和高度清醒，不急不躁，以静制动，以柔克刚。冷静才会加以思考，思考才能拿出办法。

巧妙应对是一种教学机智的运用，当教师面对突发事件手足无措或大动肝火，则是一种笨拙的表现，巧妙则是笨拙的反意，是一种最容易被接受的处理方法。如借题发挥、顺水推舟、转移话题、循循善诱、幽默化解等都反映出应对的巧妙。巧妙应对往往能使情况发生有利的转变,能有效缓和不和谐局面或尴尬气氛。

3. 当机立断,及时解决

突发事件来得突然,事情不大但“影响力”不小。如不迅速解决,则会使教学活动受到不利影响,使教学效率下降。大部分情况下,拖延和回避并不能使事件得到解决,反而会使情况变得更糟和使教师的威信下降。教师应当当机立断,及时解决突发事件,化不利为有利,迅速消除或缓和不和谐局面。

二、外部干扰的应对

任何教学活动都是在一定的环境中进行的,教学环境是贯穿于教学过程中影响教师和学生的物质因素与人文因素的总和。体育教学活动的场所、各种器材设施、校风班风、师生人际关系、天气情况等等,都是构成体育教学环境的要件。体育教学由于在室外进行,处于一种比室内教学更为复杂的教学环境之中,常常会遇到各种意外的干扰因素。例如其他班级体育课上发出的掌声、加油声等各种声响,教师正在讲解时天上有飞机隆隆飞过,其他教师到本班通知学生事情,学生在练习中意外受伤或发生纠纷等等。这些事件都会对正在进行的体育教学产生负面影响,分散和干扰学生的注意力,甚至使教学活动无法正常进行。教师在遇到这些意外的外部干扰时,应保持冷静,巧妙应对,努力弱化不利影响,减少这些干扰因素对体育课堂的冲击。应对这些意外干扰的方法一般有以下几种:

1. 暂时中止。

有的突发事件直接影响到教师的讲解或示范,使其不能正常进行和产生预期效果,但事件持续的时间较短。在这种情况下,教师可暂时中止讲解或示范,待干扰因素消除后再继续进行正常教学。例如天上有飞机飞过或附近有汽车通过时便可采用此法。但如果学生对干扰因素产生了兴趣,注意力停留在干扰事件上不能很快转移到课堂中来,则教师应当采用其他办法加以处理。

2. 借题发挥

突发事件虽然产生暂时的不利影响,但如果利用得当,借题发挥,化不利为有利,也可对教学活动产生良好效果。如本班正在上课时,其他班级体育课发出了震耳欲聋的加油声或掌声,本班同学的注意力都被吸引过去,此时,体育教师不妨待声响平息后,对本班学生做出激励性的鼓动:“人家的热情真高,让我们和他们比一比,看谁更投入,更充满激情。”这种借题发挥比置之不理更能产生良好的效果。又如小学生对飞机飞过上空兴趣很浓,往往不能很快把注意力转移到课堂上来,有的体育教师因势利导,干脆带领学生张开两臂,模仿飞机“飞翔”起来,也可算是一种巧妙的借题发挥。

3. 设问引导

借题发挥对于小学生可能会产生较好的效果,但对于中学生尤其是高中生来说却可能适得其反。对年龄较大的学生，教师不妨可以采用设问的方式来吸引和转移学生的注意力。如正常的教学活动被干扰因素打断后，教师可以向同学们发问："刚才老师讲到哪里了?"或者"我们的练习进行到哪一步了?"这样，学生的注意力会很快被吸引到课堂上来。

4. 消除根源

气候、温度、光线、声音、气味等属于体育教学环境的物理性因素。这些因素会直接影响学生的身心活动，引起他们生理和心理上的不同反应，甚至成为体育教学的一种干扰因素。例如，在灰尘弥漫、空气污浊的操场上，很容易使人头晕目眩，降低教学效率。恶劣的天气会导致师生活动能力的下降，噪声会使人心烦意乱，附近工厂的异味会对师生的身体产生不利影响。教师应针对具体情况做出反应，或采取相应措施消除干扰因素，或调整教学活动适应环境变化，以保证教学活动的正常、顺利进行。如果教师对消除不良环境因素无能为力，则应通过有关职能部门反映问题，引起注意和重视，采取有效措施，努力创设良好和谐的体育教学环境。

三、违纪行为的处理

学生在体育课堂上发生违纪行为是常有的事情。比如学生在教师讲解或示范时讲话，不注意听讲；上课迟到、早退或离开运动场；不按照课堂常规穿运动服和运动鞋等等。这些违纪行为的发生会对体育教学的正常进行产生不利影响，有时甚至会产生恶劣的影响，但如果体育教师对这些事件处理不当，又有可能造成师生关系紧张，使学生产生抵触情绪。我们常常见到一些青年体育教师由于批评学生方法不当，而和学生发生对立、争吵甚至僵持很长时间。教师与学生之间的这种对立与冲突，可能会破坏正常、良好的教学氛围，也会对教师的情绪产生不良影响。教师在处理违纪行为时，应根据具体情况，及时从学生的情绪表现、动作表现等方面捕捉反馈信息，适时灵活地进行调控，保证教学过程的和谐与流畅。

对违纪行为应当进行批评是毫无疑问的，所谓"无批评教育"只是一种脱离实际的美好愿望。但是，批评也是一种评价，教师要发挥批评应有的引导作用，要使批评成为一种有效的激励方式，因此，批评要讲究方式、时机和场合，要注意态度、语气和用词，要考虑到学生的可接受性，绝不能把批评变成训斥和辱骂。那样只会产生适得其反的结果。要做到批评而不伤人感情，严厉而不失其善意。

1. 眼神制止

因为学生一点轻微的违纪行为而停止上课，公开训斥学生，甚至闹得不可开交，这只能显示出体育教师的无能和缺乏涵养。对于学生上课时不注意听讲，做小动作等轻微的违纪行为，教师可以用眼神的力量加以制止。当教师在讲解时发现个别学生思想开了小差时，用严厉而又带有不满的目光注视学生，此时学生一般都缺乏和教师目光对视的勇气，往往会自觉地终止错误行为，把注意力转移到课堂上来。

2. 个别提醒

当众公开训斥学生，会使学生的自尊心受到伤害，甚至会因此和教师产生隔阂与矛盾。对于个别学生体育课上的违纪行为，教师可以采取个别提醒的方法进行批评教育。“个别同学请把注意力集中到课堂上，好吗？”或者“×××！不要再讲话了！”能取得更好的效果。如违纪行为发生在练习中，教师可以走到学生跟前，对他轻声进行个别提醒，让他觉得教师给他留足了面子，他会体验到教师的善意和好心，因而可能就会自觉终止违纪行为，认真进行练习。

3. 幽默开导

幽默的力量往往出人意料，而又给人以睿智、诙谐的感觉。用幽默的语言批评教育违纪学生，能取得严厉批评达不到的效果。如一位女同学体育课上没有按要求穿运动鞋，而是穿了一双有较高鞋跟的皮鞋，教师没有直接批评她违反纪律，而是讲道：“我们今天上课的内容好像不是国际标准舞啊，你怎么穿双高跟鞋来了？”在同学们的笑声中，那位同学不好意思地低下了头，相信这位同学下次一定不会再穿高跟鞋来上体育课了。当然，幽默是一种智慧，是一种文化，需要体育教师不断提高个人的修养水平和教学智慧，从而增强幽默能力。

4. 集中讲评

对于体育课上较为严重的违纪行为，如打架、逃离课堂、故意损坏体育器材等，体育教师不能一味迁就，而必须严格纪律，制止违纪，并防止此类违纪行为再次发生。对这类违纪行为，体育教师除了当时制止违纪行为外，还应该在下课集中总结讲评时提出批评，让同学们明白这类违纪行为的危害性，以加强体育课堂的组织纪律性，保证体育教学活动的正常开展。但需注意的是，教师批评的语言应该严厉而和善，切记不能辱骂、嘲讽学生。

四、学生纠纷的调解

学生在体育课堂上处于一种动态之中，体育活动本身又具有很强的竞争性和互动性，因此，体育教学中学生个体与个体之间，小组与小组之间，班级与班级之间常会发生一些纠纷。例如两个学生为了一个篮球场上的犯规动作而争吵甚至打架；两个小组因为竞赛的胜负问题而互不服气，以至发展到争吵；两个班级为了争夺一个篮球场地而相持不下等等。这些纠纷大多发生在正常的体育活动中，一般多因为体育活动而引起，所以，体育教师对待这类纠纷事件，应该学会化干戈为玉帛，巧妙化解矛盾，促进同学之间的团结与和谐。而绝不能使矛盾激化，产生更大的隔阂。

1. 公平裁决

当学生为了体育场地器材的分配问题发生争执时，这在某种程度上正反映了学生对体育活动的积极性和运动兴趣，因此，这对于体育教师来讲是一件好事情。所以，体育教师在处理这种事件时，一定要保持头脑冷静，注意保护学生对体育活动的热情。要坚持公平、公正、合理的处理原则，让同学们都有场地器材可用，不能让一部分同学多占用场地器材，而另一部分同学无场地器材可用。在可能的情况下，可以为同学们多提供一些器材，或者采用打擂台的方法，组织同学们轮流上场比赛，这样既解决了场地问题，又增加了活动的竞争性和趣味性。

2. 以理服人

有时候同学们的纠纷来自于赛场上的犯规行为，或者是因为对比赛胜负结果不服气而引发的。这种情况下，体育教师要坚持以理服人的原则，让事实说话，用规则裁决，不能意气用事，偏袒一方。或者态度傲慢，盛气凌人。要把规则的有关条款和比赛的裁判方法向同学们讲清楚，让他们明白在赛场上规则就是法律，裁判就是法官，服从判决和通过正当渠道反映问题是运动员应当遵从的一般道德规范。同时要向同学们进行正确对待胜负的教育，做到胜不骄，败不馁，注重过程，重在参与。使同学们在比赛胜负结果引发的情感体验中逐渐学会适应，学会服从，学会遵纪。

3. 幽默化解

很多学生之间在体育课堂上的纠纷是一些鸡毛蒜皮的小事，只是由于个别同学性格的原因而发生冲突或闹别扭。例如因为一句话而伤了和气，因为被别人碰了一下而大发雷霆等等。体育教师不能因为这类事件而消耗时间，耽误课的进行。可采取幽默化解的方法处理此类事件。如一位同学因为被别人无意中踩了一脚而大动肝火，此时教师可以用开玩笑的口吻说："×××，请你把脚也伸出来，让这位同学踩一下，这下就扯平了。"一般情况下，两位同学的纠纷会在同学们的笑声中不了了之。

4. 当机立断

个别学生由于修养较差或脾气暴躁，同学间的冲突可能会火药味十足，甚至有可能发展到相互辱骂或者动手的地步。此时，体育教师必须当机立断，马上制止冲突。制止冲突的语言要有一定的权威性和命令性，要使冲突双方无论起因如何，都必须立即停止口角或殴斗，必要时应隔离冲突双方。待事件平息后，根据具体情况再做进一步处理。

五、突发事件应对技能的思考与练习

体育教师对突发事件的应对能力不是先天具有的，需要在体育教学实践中锻炼培养，才能逐步提高对突发事件的应对能力和解决技巧。体育教师应该在体育教学实践中有意识地加强应变能力的培养，不断反思教学过程，总结教学经验，扬长避短，增长才智，使自己成为真正意义上的体育教学的组织者、引导者和指导者。

1. 体育教师要勤于思考，对体育课堂上可能发生或经常发生的突发事件，要有预先思考好的应对措施，并根据实际运用的效果不断加以调整，逐渐形成自己独特而有效的突发事件应对方式。

2. 大部分课堂突发事件的应对处理都是通过教师的语言方式来实现的，因此，体育教师应加强学习和锻炼，不断提高课堂语言的表达能力和技巧，提高语言的幽默感和感染力，可以阅读一些关于演讲与口才方面的书籍资料，增长自己在语言表达方面的水平和能力。

3. 体育课堂上与教学无关的突发事件经常发生，怎样区分与教学有关的生成性事件和与教学无关甚至影响正常教学的突发事件？

4. 在一次横箱分腿腾跃的练习中，有几个同学没按要求穿运动服，而是穿的牛仔裤，因为裤子太瘦无法练习分腿腾跃，你怎样处理这种事件？

第三节 运动创伤的处理

运动创伤是指在运动中发生的各种身体伤害。体育教学以身体练习为主要手段，身体练习中容易发生各种运动创伤，体育教师如能了解运动创伤发生的原因及预防措施，在运动创伤发生时，能做出早期诊断并进行初步处理，对于减轻伤害，争取较快康复是非常重要的。因此，体育教师有必要了解运动创伤的发生原因及预防措施，掌握一些常见运动创伤的诊断和急救处理方法。

一、运动创伤的发生原因

了解运动创伤的发生原因，对于采取有效的预防措施是非常必要的。一般情况下，运动创伤的发生是由潜在原因和直接原因造成的。

1. 潜在原因

运动创伤的发生与运动项目之间有着密切的关系，一些运动创伤往往发生在某些特定的运动项目上。如投掷项目易发生肩部和肘部的创伤，短跑项目易发生大腿和小腿肌肉的拉伤，长跑项目易发生小腿的疲劳性骨膜炎，篮球、足球项目易发生膝关节和踝关节的损伤等等。

为什么会有以上规律呢？分析其原因，一是人体某些部位的解剖生理特点决定了这些部位容易受伤，二是与运动项目本身的技术特点有关。例如膝关节的特点是上下两端杠杆较长，在半蹲位置时关节周围几乎没有什么肌肉保护，只能靠内外侧韧带、十字韧带和髌骨的作用使关节稳定。这种力矩长，保护少的状况，自然会使膝关节在半蹲位时的受伤机会增加。运动项目本身的技术特点与创伤的关系也很密切，例如掷标枪要求肩关节灵活而有力，容易造成肩部的受伤；篮球项目中运动员常常处于半蹲位作滑步，时间长了，容易使膝关节受伤；长跑运动员经常大量的、长时间的在公路上跑步，容易发生胫骨和腓骨的疲劳性骨膜炎。

2. 直接原因

发生运动创伤的潜在原因只是说有了发生创伤的可能性，但不一定会发生运动创伤。有的人从事体育运动很长时间，却从未发生过运动创伤就说明了这一点。运动创伤一般是在直接原因的作用下发生的。引起运动创伤的直接原因一般有：

① 身体素质低下

学生的身体素质低下，缺乏从事体育运动某些项目的足够的力量、柔韧性和灵敏性，在进行那些力不从心的练习时，往往容易发生伤害事故。例如学生大腿后群肌肉的柔韧性较差，在短跑中大腿用力前摆时就容易发生后群肌肉的拉伤；学生上肢和手部抓握力量较差，在体操器械上练习时就容易脱手跌下器械，造成伤害事故。

② 准备活动不足

做好充分的准备活动是防止发生运动创伤的有效手段，准备活动可以使人体各器官系统预先动员起来，心跳、呼吸加快，各种运动性条件反射恢复，肌肉的弹性和力量增加，这对于防止发生运动创伤是极为有利的。如果不做准备活动就进行强度较大的练习，很容易发生各种运动创伤。尤其在天气寒冷时，肌肉弹性下降，粘滞性增加，如果不通过准备活动使身体发热，血液循环加快，提高身体的动员程度，就更容易发生各种伤害事故。

③ 缺乏帮助保护

帮助和保护是体操练习中常用的教学方法和安全措施，有效得当的帮助与保护，有助于学生体会动作要领，掌握动作技能，防止发生伤害事故。在体操练习时缺乏帮助与保护，会使学生受伤的机会增加。例如在支撑跳跃的落地时没有保护，学生跌倒的可能性就会大大增加；单、双杠上的练习缺乏帮助和保护，学生脱手的可能性也会大大增加。

④ 场地器材隐患

场地不平，器材固定不牢也是发生运动创伤的直接原因之一。学生在凸凹不平的场地上活动，很容易发生踝关节的扭伤；在固定不牢的单双杠上活动，容易出现跌下器械的现象。学生从断裂的肋木上摔下，被倒下的篮球架砸伤的情况也时有耳闻。所以，保证场地的平整和器材的稳固是防止发生运动创伤的必要措施。

⑤ 不良气候因素

不良的气候因素也是发生运动创伤的直接原因之一。如气温过高，湿度过大，容易发生中暑；雨后路滑，光线不足，容易发生跌倒损伤；气温过低，容易造成肌肉韧带的拉伤或者冻伤等等。

二、运动创伤的预防

了解了运动创伤的发生原因，就可以有针对性地采取预防措施，减少伤害事故的发生。从某种意义上说，预防运动创伤比处理运动创伤有着更积极的意义。预防运动创伤的措施主要有以下几种：

1. 遵循体育锻炼的规律和原则

组织学生从事体育锻炼，要遵循体育锻炼的基本规律和原则。循序渐进，因人而异，适宜负荷是预防运动创伤必须遵守的基本原则。体育教师要注意全面发展学生的身体素质，根据学生发展水平选择科学的学习内容和制定教学进度，根据学生的个体差异安排合理的运动负荷。不要让学生从事那些力不能及的活动或者完成超出他们能力范围的动作，也不要在学生疲劳时继续让他们从事负荷较重的练习。

2. 做好充分的准备活动

充分的准备活动可以使身体各系统器官预先动员起来，增强肌肉的弹性和力量，为将要从事的正式身体练习做好准备，从而有效减少运动创伤的发生几率。体育教师不但要带领学生做好准备活动，还有使学生明白准备活动的重要意义，学会准备活动的一般方法，培养学生做准备活动的习惯和能力。

3. 加强练习中的帮助与保护

在体操练习中必须采取帮助与保护的措施，这应该成为体育教学的一条常规。体育教师在体操课中应该把安排帮助与保护作为一项重要的内容，要让学生了解帮助与保护的重要意义，教会学生正确的帮助与保护的方法，包括帮助与保护的位置、时机、手法等等。必要时教师应该亲自帮助与保护，以确保学生在练习中的安全。

4. 经常检查加固体育器材设施

对于大型的体育器材设施，如篮球架、足球门、肋木、平梯、爬竿等，要经常检查，一旦发现有不安全因素，要立即维修加固，防止出现意外事故。在安装这些大型器材设施时，一定要有长期意识和安全意识，确实保证器材设施的稳固耐用。

5. 采取有效防护措施

在一些存在发生运动创伤可能性的练习中，如支撑跳跃、跳高、跳远、单杠、双杠等，体育教师要采取有效的防护措施，确保学生安全从事练习。例如支撑跳跃项目的落地区必须放垫子，垫子要有一定厚度，跳高、跳远的落地区必须有沙坑或者垫子。不要让学生在硬地上做大量的跳跃练习，也不要安排学生在公路上长时间的跑步。有条件的学校在上器械体操课时，可以使用护掌、海绵包或其他保护器具等等。

6. 不在恶劣的气候环境中从事锻炼

不要在恶劣的气候环境中从事体育锻炼，例如高温、低温天气，雨雪天气，大雾天气等。在这些恶劣的气候环境中很容易发生运动伤害事故。但目前我国对什么样的天气条件下不能从事体育活动并没有统一标准，建议在气温超过35摄氏度（无风情况下），低于零下15摄氏度时，最好不要在室外活动。夏天在无风情况下，气温超过33摄氏度时，不要在阳光直射下进行运动量较大的活动，可以在树阴下从事小运动量的活动。大雾天气最好不要在公路上跑步或从事其他锻炼。

三、运动创伤的诊断

体育教学中发生运动创伤时，体育教师大多都在现场，可以根据发生创伤时的情景做出初步判断。诊断时应注意询问受伤过程，了解受伤时完成的什么动作，注意观察伤者的呼吸和脉搏，是否有开放性伤口和出血，颈部活动是否受限，胸腹部是否有压疼感，四肢和脊柱部能否自由活动等。如体育教师不在发生创伤的现场，在诊断伤情时，应详细询问伤者受伤时的情况及感觉，注意观察伤者的表情和动作，并做出伤情轻重的初步判断。

一般情况下，学生在跳起落地后，出现踝关节疼痛和跛行，则多为踝关节韧带损伤。跌倒时用手不当撑地，肘部出现严重的疼痛，前臂不能自主活动，多为肘关节脱位或骨折。如肩部不能自主活动，肩关节处出现畸形，肩关节脱位的可能性较大。跑步后突然停止，学生出现昏厥，大多为由于暂时性脑贫血造成的重力性休克。快速跑时大腿后部突然发生疼痛，大腿不敢前抬，则多为大腿后群肌肉拉伤。在较硬的路上跑步后，出现小腿胫骨或腓骨疼痛，并伴有明显压痛，可能是疲劳性骨膜炎。学生在与其他同学或物体发生碰撞时，多易发生挫伤。在煤渣跑道上跌倒时，多易发生手部和面部的擦伤。

运动创伤发生后出现下列情况之一或体育教师无法做出正确判断和有效处理时，应迅速打电话通知急救中心。

1. 伤者头部落地后出现肢体活动障碍；（注意不要随意移动伤者，以免加重伤情）

2. 伤者出现昏迷，而又排除不是重力性休克时；

3. 伤者头部或腹部受到撞击，出现剧烈疼痛；

4. 伤者出血情况严重。（先用压迫法止血）

四、运动创伤的初步处理

1. 踝关节韧带损伤

踝关节韧带损伤在关节韧带损伤中占第一位。踝关节韧带损伤以外侧韧带损伤为最多，尤其是距腓前韧带损伤最为常见。其受伤原因主要是踝关节的过度内翻及内收动作，超出了踝关节活动的生理范围所致。踝关节韧带损伤在体育教学活动中的发生几率很高，体育教师应掌握这一常见运动损伤的诊断及处理方法。

踝关节韧带损伤多发生在跳起落地时地面不平，或踩在别人的脚上，或跑动中地面不平造成踝关节的过度内翻时。发生损伤时损伤部位突然发生疼痛，有时受伤时还伴有响声，伤后受伤部位迅速肿胀，伤者出现跛行，疼痛随肿胀程度逐渐加重，损伤部位明显有压痛，若重复受伤动作则疼痛加剧。

踝关节损伤的处理方法是，抬高患肢，用冰袋或冷水冷敷受伤部位，加压包扎，以减少出血和肿胀。加压包扎 24 小时后应打开绷带观察伤势，若伤势不重，24 小时后可采用热敷或在受伤部位周围进行轻手法的按摩，一般可在 3 天后对受伤部位直接进行按摩，以促进淤血的吸收。如伤势较轻，可在踝关节固定后鼓励伤者下地走路。一般情况下两周左右时间可以恢复。

2. 肌肉拉伤

当肌肉主动地猛烈收缩，或突然被动拉长，超出了它的伸展范围时，都可能发生肌肉拉伤。如短跑或跳远起跳时的大腿股四头肌拉伤，踢腿或拉韧带时大腿后群肌肉拉伤等。拉伤的征状是局部疼痛、肿胀、压痛，肌肉紧张或痉挛，触之发硬，功能障碍，收缩或被动拉长时，疼痛加重。肌肉拉伤后，应立即停止活动，使拉伤肌肉处于放松位置，可在伤部做局部冷敷。待 24 小时后可在伤部做轻推摩，在伤部周围做揉捏、搓等按摩。如伤势不重，2～3 天后可开始逐渐活动。

3. 擦伤

皮肤与外界物体发生摩擦会导致擦伤。例如被单、双杠擦伤，在跑道上跌倒时擦伤，轮滑时跌倒擦伤等等。擦伤是外伤中最轻但却是最常见的创伤。轻微的擦伤，可用2%的红汞或1%～2%的龙胆紫涂抹，不需包扎。但面部擦伤最好不用这类染色剂涂抹，否则可能会在数月内不退颜色而影响美观。一般的擦伤后最好能用生理盐水冲洗，然后敷以凡士林油纱布并包扎，在煤渣跑道上跌倒造成的擦伤，有可能会使煤、砂屑擦入皮肤中，这些小块有可能永久埋在皮肤内，形成"刺花"。若发生在面部，则会影响美观。遇到这种情况，要用硬毛刷子把那些颗粒刷出来，然后再用凡士林油纱布敷盖包扎。

4. 挫伤

身体与外部钝物发生碰撞，易发生挫伤。如身体与体操器械的撞击或与他人的撞击都可能造成挫伤。头部、腹部、睾丸、大腿等部位的挫伤都不少见。挫伤发生后的症状一般都出现疼痛(一般会持续24小时)，肿胀及出血(淤点)。挫伤的处理原则是，停止运动，抬高患肢，施行冷敷并加压包扎，以减少出血及肿胀。对于伴有休克的腹部及睾丸部挫伤的伤者，要首先用适当的方法消除休克，然后适当地安置受伤部位使之休息。疼痛较重的伤者可用适当药物止疼。如可待因、阿司匹林等。

对于严重的挫伤，如头部、腹部、睾丸部的挫伤，应在初步处理后立即送往医院做进一步检查处理。

5. 出血

运动创伤中的出血有内出血和外出血两种，遇到出血情况，尤其是动脉出血时，必须立即采取措施止血，防止危及生命。运动创伤中外出血的止血方法主要有止血带法和压迫法。

止血带法：急救时可用皮管或皮带做止血带用，如果没有皮管或皮带，也可用布带等代用品止血。用止血带止血首先应将患肢抬高，然后用止血带扎在出血部位的近心端，止血带的包扎要有一定压力，否则动脉血还可以继续通过，不仅不能止血，还会使出血增加。止血带扎住后，远心端肢体应呈蜡白色，如呈紫红色则为方法不当。止血带扎住后，上肢每隔半小时，下肢每隔一小时应松开一次，以免肢体坏死。止血带止血有一定弊端，所以，除大出血情况以外，最好不用止血带止血。

压迫法：这是止血方法中最重要、最有效，也是最简单的方法。如不是动脉破裂，可直接在出血点上加压，加压时用手指或包扎都可以。如遇较大血管出血，则应用手指按压出血部位附近的近心端动脉血管，以停止出血。重要的压迫止血点有：

颈总动脉压迫法：压迫甲状软骨外一时处，用于颈部、口部和咽喉处止血

肱动脉压迫法：用手指在肱二头肌内侧向肱骨压迫，用于前臂止血。

股动脉压迫法：用手掌按压腹股沟，用于下肢止血。

6. 骨折

发生骨折时一般会出现疼痛，患肢丧失功能，骨折处压疼，伤肢畸形、肿胀和骨

擦音等症状。当判断为骨折后，应迅速采取措施做急救处理。

为减轻疼痛，防止伤情加重和骨断处刺伤血管、神经，应将骨折处用夹板固定，固定前要将骨折远端加以牵引，等待夹板固定。如没有夹板，在紧急情况下可用木板、木棍、树枝、竹竿等物代替夹板。无这些东西时，应临时把伤肢固定在伤员的躯干或健肢上，如上肢骨折可把肢体固定在胸部，下肢骨折可把两下肢固定在一起。脊椎骨受伤时，要用平板固定，不能随便搬运伤员。如有出血现象发生，骨折固定要按照先止血，后包扎、再固定的顺序进行。固定处理后迅速送往医院做进一步诊断处理。

夹板固定时要注意选择长短宽窄适合的夹板，夹板时最好垫些棉花，固定时绷带要缠在骨折处的上下两端，固定要松紧适度。下肢骨折固定后应和健腿捆于一起后再转运。

7. 昏厥

学生在运动中或运动后出现暂时性知觉丧失，并伴有心肺活动降低现象者称为昏厥。一般多因暂时性脑贫血所致。如赛跑后突然终止运动，肌肉的收缩作用停止，下肢血液淤滞，循环血量减少，血压急剧下降，出现暂时性脑贫血状态，造成神志不清，意识丧失。较轻的昏厥状态，很短时间内就会恢复正常。

对于暂时性脑贫血引发的昏厥，一般的处理方法是，让患者平卧，头稍低，略抬高下肢，在腿部做向心性按摩。必要时可针刺人中穴或做人工呼吸。

五、运动创伤处理技能的思考与练习

我们应当把预防伤害事故的发生放在首位，但是，由于身体活动中各种复杂因素的存在，由于体育活动具有竞争性和风险性，一个体育教师在一生的教学生涯中可能会遇到多起运动创伤。如果体育教师能掌握一些常见运动创伤的处理方法，对于减轻运动创伤所造成的伤害和痛苦，促进学生伤后的恢复会产生良好影响。所以，体育教师应有意识地加强对运动创伤有关知识的学习和了解，掌握运动创伤处理的基本知识和技能。

1. 解剖学和生理学是体育专业的基础课程，体育教师应掌握运动解剖和运动生理的基础知识，熟悉人体主要关节的结构特点和主要肌肉的分布位置，了解主要动脉血管的分布及走向，明白常见运动创伤的发生机制及处理方法。

2. 在自己身体上练习各主要部位的压迫止血方法，找准主要动脉的压迫部位，熟悉压迫手法和感觉力度大小。

3. 用绷带和木板练习各部位的骨折固定方法，掌握骨折固定的一般原则和要领。

4. 熟悉踝关节结构特点和易受伤部位及其原因，熟练掌握韧带损伤的处理原则与步骤，在自己脚上练习踝关节的加压包扎方法。

第八章　现代教育技术

当我们还在讨论信息时代的概念时，它所带来的改变已经像大潮般迅急的扑面而来，信息技术的快速发展已经开始改变我们的生活和思想观念。在教育领域，信息技术被广泛应用，并在与现代教育理论的相互碰撞和激发下诞生了一门新的学科——现代教育技术。

据美国教育传播与技术协会1994年的定义：教育技术是关于学习过程与学习资源的设计、开发、利用、管理和评价的理论与实践。我国著名教育技术学者李克东教授提出了更为具体的定义：教育技术就是运用现代教育理论和现代信息技术，通过对教与学过程和教与学资源的设计、开发、利用、管理和评价，以实现教学优化的理论和实践。

我们知道，多媒体计算机和网络通讯技术是现代信息技术的核心，这些技术与教育理论相互作用共同发展，改变了传统的教育方式，它们的应用已成为教育现代化的重要标志。本章将以计算机多媒体技术和网络通讯技术为重点，为大家做一现代教育技术应用的基础介绍。

第一节　现代教学媒体

教学活动是一个信息传递的过程，而信息要到达接收者则必须要借助媒体的承载。从传播手段的角度来看，传统的媒体泛指语言、书籍、黑板粉笔、图画模型等等，现代媒体则泛指采用现代信息传播技术手段的媒体，如投影、录音机、CD机、广播、电视、电影、计算机多媒体等等。现代媒体被运用于教学后，其突出的表现力使教学过程变得更为形象、直观、生动且富有情趣，从而有效地激发了学生的兴趣和思维，加速了教学信息的传递，优化了学习过程也改善了学习的效果。

现代教育媒体按作用于人感官的不同可分为：听觉媒体、视觉媒体、视听觉媒体、综合媒体(计算机多媒体)。下面就常用的媒体为大家做一些介绍。

一、听觉媒体

语言是人际交往的基本途径，在人的所有感官中，除了视觉就数听觉接受信息最常用、最重要了，但仅凭人体器官来传递声音信息对现代教学来说就远不能满足要求了。现代电子技术的发展促生了各种电声媒体，如录音机、激光唱机、广播等，我们统称之为听觉媒体。人们利用现代媒体技术对声音信息进行记录、存储和传播，使得传播突破了时空的限制，这才使听觉媒体在教学中得到重新认识和多样化的应用。

1. 录音机

录音机主要用于声音的记录和重放，常用的盒式磁带录音机以其录音、放音操作简便，价格便宜，音频性能也可以满足基本教学需要等特点，在教育领域得到广泛的应用。

磁带录音机的使用方法大家应该较为熟悉了，这里就不再赘述，仅就几点技巧和要注意的地方再给大家提醒一下：

(1) 机内话筒属于全指向性的高灵敏度话筒，录制的声音包含很多环境以及机内噪音，所以外录时如需减少噪音则应外接单指向性或双指向性话筒。

(2) 为了保证录音机的录、放音音质要求，应经常清洗磁带的运动通道(包括磁头、张力轮、导柱、主导轴、压带轮等)。

(3) 长期存放的录音带应该隔半年左右正常走带一次，以防磁带粘连或形成信号转印串音。

2. 激光唱机

随着光学记录技术的发展，采用激光读写方式进行数字信号的录制与重放的技术已经成熟，1982 年激光唱机的发明就是这种技术的成功产品。激光唱机俗称 CD 机，是英文 Compact Disc digital Audio 的缩写，原意为"数字化精密型唱片及放唱系统"。它是一种音频播放设备，不具备录音的功能，使用的信号载体一般是直径 12cm 的光盘。

常见的 CD 唱盘最大容量为 74 分钟，信号采样频率为 44.1kHz，16 位量化位数，频率响应范围为 5Hz～20 000Hz，其音质水平要高于普通模拟信号，而且使用寿命很长。若方法得当，保管时间理论上可达 50 年左右。CD 唱机的操作功能与模拟音响设备相比也显得更为方便，有曲目检索、跳跃选曲、编程选曲等功能。正因为有着以上各种优点，CD 唱机近年来已基本替代了磁带录音媒体，但 CD 唱机的弱点是不能像录音带那样可以随时抹录，使用过程中也要特别注意避震。

3. 手提式无线扩音机

无线扩音机是体育教学中(尤其是公开课中)常用的电子设备。其体积不大便于携带，可使用交流电源也可使用机内配备的可充电电池独立供电。使用时教师佩戴一个无线话筒，在几十米的范围内可以将教师的讲解等语音信息发送到带无线接收装置的扩音音箱，清晰地播放出来而又不影响教师的各种运动。音频输入接口可外接磁带录音机、MP3、MD、CD 播放音乐，也可接笔记本电脑来扩大音频的播放音量。有的无线扩音机本身就带有录音机或 CD 播放机，使用起来更为方便。

4. 听觉媒体在体育教学中的应用

听觉媒体在体育教学中一般用在课的准备部分、结束部分以及广播操、健美操、太极拳等需要节奏及口令指挥的教学内容上。录音机是体育教学中较常使用的听觉媒体设备。

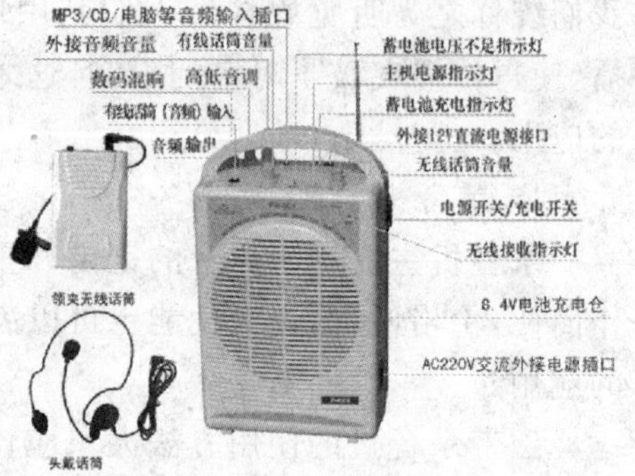

（1）设备使用

使用听觉媒体要注意设备摆放的位置，既要利于教师操作又要使全体学生听得清楚；还要避免音量过大造成噪音，对学生的健康产生不良的影响，同时也影响其他班级的教学。如果使用电池作为电源，尤其是使用无线话筒时，应注意保证电量充足，确保教学活动的正常进行。

（2）音乐选择

体育教学中选择的音乐速度、节奏要适合教学内容，要有感染力，能激发学生的情感，增加课堂的愉悦气氛。课的开始部分使用音乐可以集中学生注意力，有利于学生进入角色，可选择各类节奏明快的进行曲。基本部分运用音乐要慎重，要根据主教材性质选用音乐，音乐要吻合学生的情绪特点和练习内容特点，不能牵强附会。放松活动时要选用节奏舒缓，旋律优美的音乐，以起到放松身心，促进身体的恢复和减轻疲劳感的作用。

二、视觉媒体

视觉媒体是信息传递的重要媒介，可以形象、生动、直观地表现出大量的信息，在教育信息的传递方面历来占有重要地位。视觉型媒体的应用多需要采用光学原理将视觉材料展示在屏幕或墙壁上，常用的媒体设备包括幻灯机和投影器以及近年来才普遍使用的数码相机等。

1. 幻灯机和投影器

幻灯是现代教育技术中应用媒体的“老大哥”，它以光学技术来放大幻灯片上的图形，是教师经常选用的有效工具。幻灯机种类繁多，有单片式、卷片式、自动幻灯机等。

投影器是在幻灯机的基础上改进的可放映大型透明胶片、便于书写并能投影实物的光学放大器。由于投影器操作简单、使用方便、用途广泛，目前也成为教学中应用很普遍的现代教学媒体。

2. 视频展示台

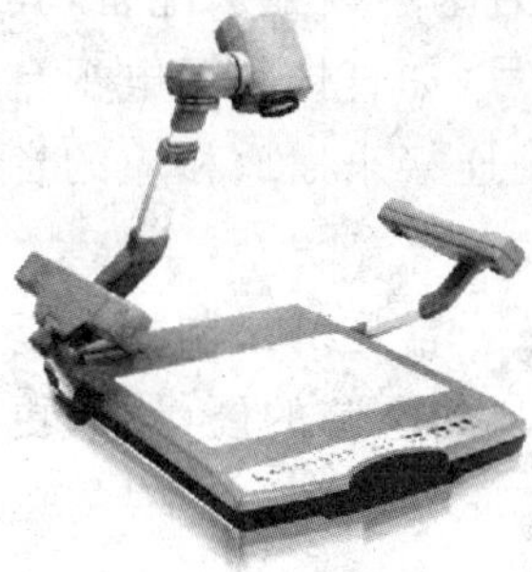

视频展示台是一种先进的投影演示设备，它把实物、模型、透明胶片、幻灯片、文稿等，通过CCD数字摄像头清晰地输出到显示设备上，并可将数字视频信息存储到计算机里。视频展示台具有多路信号输入输出端口，能够方便地与计算机、电视机、录像机、影碟机等设备连接，并具有多媒体教室“集中控制器”的功能，与投影机配套构成一套较为完善的电化教学演示系统。视频展示台寿命长、体积小、噪音低、使用方便，可代替传统的实物投影、幻灯机、胶片投影仪等，真正实现了一机多能、一机多用。基于视频展示台的投影教学操作方便、效果显著，受到了广大教师的欢迎。使用中应注意一定要保护好视频展示台的摄像头，因为它是视频展示台最为核心的部分。

3. 数码照相机

数码照相机也称数字相机，是随着数字化技术的发展而出现的一种新型照相机。它的图像拍摄和存储材料不是胶片，而是图像传感器(CCD芯片或CMOS芯片)和内部存储器。光信号到达图像传感器时会被转换成相应的电子模拟信号，再进一步转换成数字信号经压缩后输送到机内的存储器中保存起来。

随着数字化产品的普及，数码相机的应用领域已非常广泛。在现代教育技术中，经常利用数码相机摄取数字图像为教学提供图片素材，所以学会利用数码相机已成为现代教育技术中不可缺少的内容。

4. 视觉媒体在体育教学中的应用

传统视觉媒体在体育教学中使用较为普遍，如挂图、模型等，但现代教学视觉媒体主要指利用光学原理将视觉材料展示在屏幕或墙壁上的形式，所以，一般多应用在室内理论课的教学中，配合教师讲解播放有关影像。使用视觉媒体要注意采用图片的清晰度、教室的光线情况及投影的大小、位置、亮度等，还应注意引导学习者观察画面中传达的教学信息，防止注意力分散，并注意放映节奏，防止因信息量过大而引起学习者的疲劳。

三、视听觉媒体

视听觉媒体能使承载并传递的教学信息同时作用于人的视觉和听觉，它具有直观、鲜明的图像和生动的语言等声音信息，这两者的有机结合创造出一种新的教学情景，不仅是所需传递的教学信息得到充分表达，而且有利于学习者处于积极的学习状态，促进其对信息的接受、理解和记忆。尤其是视听觉媒体能准确的表现事物随时间变化的连续动态过程，这种动态过程恰好是体育技能的核心和关键内容，是教学关注的重点和难点。

1. 电视

电视是常见的视听觉媒体设备，很多学校的教室已经作为基本设施来配备，其使用方法也不再赘述。电视既可以接受电视台发送的射频信号（如直接收看电视台的体育比赛直播），也可以与录像机、摄像机、影碟机，甚至电脑连接来播放相应的音视频信息。

好的电视节目我们可以录制下来，合适的时候在课堂播放。常见的录制方法是使用录像机接收录制，现在还可以通过电视卡或电视盒来录制到电脑的硬盘中，更利于存储和编辑。

2. 摄像机

摄像机是一种把景物光像转变为电信号的装置，随着科技的发展，它已渐渐走入课堂。体育课上可以录制学生的技术及战术表现，再放给学生们观看以纠正不足之处，其效果非常明显。

老式的摄像机录制的是模拟信号，使用较大的模拟录像带记录信号，摄像机本身体积也较大。现在，新型的数字摄像机已经广泛普及并走进了很多家庭，其在性能上或录制信号的质量上都大大超过了模拟机，体积也较小。数字摄像机使用录音带大小的数字磁带，DVD 光盘或硬盘记录信号，更利于采集和编辑。数字化视频处理摄像技术在不远的将来将最终取代模拟视频处理摄像技术。

摄像机拍摄的内容需要采集到电脑中才能利于编辑（DVD 和硬盘摄像机直接拷贝即可），这就需要配备一块视频采集卡，插入电脑的 PCI 插槽中，正确连接后通过相应的采集软件进行采集。编辑（后期制作）图像经常使用的软件有会声会影、Premiere、Canopus_Edius 等。

3. 激光影碟机

激光影碟机是现代数字化多媒体处理技术飞速发展的产物，是视听播放设备大家族中的重要成员。由于它具有存储量大、影音质量高、操作方便、使用成本低等优点，现已成为教育信息传递的重要媒体。常见的激光影碟机有 VCD 和 DVD 两种。

VCD 采用 MPEG-1 数字压缩的国际标准，图像分辨率为 PAL352×288、水平清晰度为 250 线、双声道（音质同 CD），播放时间可达 74 分钟。

DVD 采用 MPEG-2 数字压缩的国际标准，并采用了较高的码率，图像分辨率为 PAL720×580、水平清晰度超过 500 线、音频为数字环绕高保真音响效果，播放时间单面单层即可达 133 分钟，而且 DVD 视盘机也可播放 CD 盘、VCD 盘、SVCD 盘等并具备先进的纠错编码方式，确保了数据读写的可靠性。

VCD 和 DVD 都有大量的片源，可直接在课堂上播放，也可通过软件截取其中有用的片断进行编辑组合后播放。

4. 投影机

投影机与电脑连接后可将电脑屏幕投影在幕布或墙壁上，再接上音响设备即可创造出声像俱佳的教学环境。目前的投影产品在教学中应用正在变得越来越实用，过去照本宣科的讲课已逐步被更为科技化、演示化的教学所代替。

投影机是一种精密电子产品，以液晶投影机为例，使用中要注意严防强烈的冲撞、挤压和震动。还要关注使用环境的防尘和通风散热，要经常或定期清洗进风口处的滤尘网 。特别注意停止使用后不能马上断开电源，要让机器散热完成后自动停机 ，在机器散热状态断电造成的损坏是投影机最常见的返修原因之一。另外，减少开关机次数对延长价格不菲的灯泡寿命是十分有益的。

投影机结合计算机和交互式电子白板(可代替投影幕布)，可以实现无纸化办公及教学，是当今最先进的电子教学组合。

5. 视听觉媒体在体育教学中的应用

(1) 利用视听觉媒体辅助室内体育教学活动是很受学生欢迎的形式，我们在使用时要尽量删去与教学内容无关的部分，既节约时间也可防止无用信息的干扰。

(2) 播放中教师要及时提示学生应注意的地方，防止画面一闪而过学生忽视重要细节，必要时可暂停、慢放或重复播放，以便教师补充说明或提供给学生思考练习的余地。

(3) 视听觉媒体在室外体育课中使用时，会受到环境及客观条件的影响，所以我们并不提倡在室外体育课教学中使用视听觉媒体。如果确实需要，则应注意要使用较大屏幕的电视机而不要使用投影机；屏幕要背着阳光摆放，还要注意设备自身的安全防护以及电源的安全性。

四、计算机多媒体

计算机多媒体技术是以计算机为中心，处理并综合文字、图形、图像、动画、声音及视频等多种信息传播的载体，形成的一种全新的更易于人接受的综合性媒体。计算机多媒体技术声画并茂、图文交互，包含了大量的信息，对同一个内容的处理或问题解决，可以采用语言、音乐、图片、动画等不同的方式呈现或有机地结合在一起，能够充分发挥多种感官的功能，同时计算机多媒体技术传递的信息不受时间、空间、微观、宏观的限制，善于表现事物的运动、变化，能够减少学习抽象概念的困难，这些都极大地提高学习效率和教学质量。教学中采用计算机多媒体技术可以有效扩充课堂教学容量，创造以学生为主体最佳的学习方式，提高学生学习兴趣，扩大学生的知识面。

教学中使用的基本计算机多媒体系统包括多媒体计算机、投影机、投影屏幕或电子白板及扩音设备。

目前，基本且重要的计算机多媒体应用形式是编制教学软件（多媒体课件），常用的编制软件有 PowerPoint、FrontPage 和 Author ware 等，它们各具特色，一般只要能熟练掌握其中一种的用法就很不错了。

运用多媒体进行教学效果好但却要受到许多因素的限制，我们在体育教学中运用时，必须注意以下几点：

1. 多媒体教学最好在教室里或体育馆里进行，因为户外的光线强，而且设备移动、组接也不太方便。

2. 体育课主要是在户外进行身体练习，多媒体教学只是一种辅助手段和方法。一般情况下，体育教师主要是在理论课上对学生集中进行体育知识和技能传授时运用多媒体教学。

3. 注意加强引导，防止学生只顾欣赏多媒体课件上的精彩内容，而忽略了对知识、技能的学习和对教师提出问题的思考。

五、现代教育技术应用技能的思考与练习

1. 了解您所在学校的现代教学媒体设备，看看哪些可以在体育课堂中加以利用。

2. 提出您对现代教学媒体在体育教学中应用的看法及个人努力目标。

3. 通过操作练习，掌握常用现代教育技术的使用方法。

第二节　媒体素材的获取与编辑处理

制作多媒体课件需要很多素材，一般而言，主要有文本素材、声音素材、视频素材、动画素材、图形素材等。下面就向大家介绍如何获取、编辑这些素材。

一、文本素材

文本（文字和数字符号），其常用文件格式有 TXT、DOC、WPS 等。一般课件中所需的文本内容不多，在 Author ware、FrontPage、Flash、PowerPoint 中直接输入即可。如果文本内容比较多，那么可以利用文本处理软件（Word、WPS）等先输入编辑后再复制粘贴过去，也可以利用扫描仪扫描印刷品，然后利用 OCR（文字识别软件）转换为文本。

二、声音素材

清晰悦耳的解说、流畅舒缓的背景音乐烘托对一个多媒体课件来说是不可或缺的，但无论何种声音，都需要经过数字化处理才能在计算机中使用。常用的数字化的声音文件有两类：一类是采集各种声音的机械振动而得到的数字文件，即波形文件，另一类是专门用于记录电子数字乐器声音的 MIDI（电子乐器数字化接口）文件。

1. 常见的声音格式：

(1) WAV 格式

WAV 格式是波形文件的一种存储格式，其文件扩展名为.wav。获得波形文件一般可由下列步骤完成：声音通过麦克风转换为模拟信号，模拟的声音信号经过计算机声卡的采样、量化、编码，得到数字化的结果并以文件形式保存在存储器上。采样的频率和量化的精度直接影响声音的质量和数据量。

波形声音文件的特点是可以很好地表达原始声源的效果，它常常用于音乐、歌曲等自然声的录制，但文件的存储空间比较大。

(2) MIDI 格式

MIDI 文件的扩展名为.mid。MIDI 文件中的数据并不是声音采样后的数字化数据，而是以数值形式存储的乐谱命令。它将乐器弹奏的每个音符表示为一串数字，用这组数字代表音符的声调、力度、长短等，在发声时，通过声卡上的合成器将这组数字进行合成并通过扬声器输出。与波形文件相比，MIDI 文件的容量要小得多。

MIDI 文件的主要缺点是表达能力有限，无法重现自然声音，而且 MIDI 文件的回放质量受到声卡性能的限制。此外，MIDI 文件只能记录有限的几种乐器的组合。

(3) MP3 格式

MP3 格式是目前比较流行的一种声音文件格式。其文件扩展名为.mp3。MP3 是采用 MPEG Layer3 标准对波形文件进行压缩而生成的文件形式，可将音乐文件缩小 10～12 倍。

2. 声音素材的获取

数字化声音素材的获取方式一般有录音、剪辑及网上下载几种。

(1) 录音

使用录音机机内或外接话筒可以将外界声音录制于磁带上 。

使用多媒体计算机可直接录制音频数据，如使用 Windows 附件程序的“录音机”程序来录制讲解教学内容时的解说词。该程序支持声卡进行声音的录制，可录制为 WAV、MP3、WMA 等格式，并可进行简单的编辑修饰。

教学中有很多的音频资料是以磁带形式存储的，我们可以用音频线连接录音机的 Line out 插孔和计算机声卡的 Line in 插孔，通过 Windows 的“录音机”程序或其他音频编辑软件来录制到计算机中形成数字化的音频。

(2) 剪辑

我们还可以通过录制或分离已有的音频或音视频文件中的声音来获得声音素材。例如使用某些播放软件的录音功能来采集所需的音频片段；使用超级解霸的“MP3 数字 CD 抓轨”功能将 CD 中的音乐转化为 MP3 文件；使用 Premiere 打开音视频文件，然后单独输出音频等等。

(3) 网络下载

通过网上共享资源的搜索，我们可以下载大量的、各种类型的声音素材。

3. 声音素材的编辑处理

音频处理软件很多,教学中我们比较常用的软件是Cool Edit,它是一个集录音、混音、编辑于一体的多音轨数字音频编辑软件,功能十分强大,而且操作起来也比较简便。另外,Windows 附件中的"录音机"也是个简便有效的选择。

具有录音功能的软件界面通常像一个现实中录音机的操纵面板,包括录音、播放、暂停、快倒等按钮,操作起来就像一台普通的录音机。在录音软件里还可以根据需求选择不同的采样频率与量化字长来设定录音质量。录音的结果通常以 WAV 文件方式存储。

三、图形素材

1. 目前我们常见的图片格式主要有:

(1) BMP 格式:BMP 格式是微软公司制定的图形标准,最大的优点就是在 PC 上兼容度一流,几乎能被所有的图形软件接受,可称为通用格式。其文件的扩展名为.bmp。这种格式的图形未经过压缩,所以质量高但占用磁盘空间也较大。

(2) JPG 格式:JPG 格式是目前网络上最流行的图形格式,支持不同程度的压缩比,可将图片压缩到很小,但图形品质也会相应下降。其图片文件扩展名为.jpg 或.jpeg。此格式可支持上百万种颜色,特别适合用于在网络中传输和磁盘交换的图片文件。

(3) PSD 格式:这是著名的 Adobe 公司的图像处理软件 Photoshop 的专用格式,文件扩展名为.psd,它的保真度和 BMP 格式相近,但 PSD 格式可记录图片中的图层、通道、遮罩、选取区等 Photoshop 可以处理的信息,故其占用磁盘空间要大于 BMP 格式。但由于图层等信息的存在使得图片易于修改,因此多为美工及图形编辑人员选用,作为其作品的保存格式。

(4)TIF

TIF 格式可说是做平面设计上最常使用到的一种图形格式,是由 Aldus 和 Microsoft 公司为扫描仪和桌上出版系统研制开发的一种较为通用的图像文件格式。TIF 属于跨平台的格式而且支持 CMYK 色,所以经常被用于印刷输出的场合,此外还有一个特色就是支持无损压缩。

2. 获取图形素材的方法有很多,一般来说有通过设备输入、通过绘图软件制作、屏幕捕捉和从 Internet 下载几种。

(1) 设备输入

设备输入是当前应用较为广泛的一种图形获取技术,输入常用的方法有:扫描仪扫描、数码照相机拍摄等。数码相机可用于获取现实景观素材,其图片的获取相对简单,在此仅对扫描仪作一介绍。

扫描仪是一种通过光电原理把平面图片数字化后输入到计算机的设备,大部分情况下是用来将印刷品或艺术作品转换为计算机可接受的数据格式。使用扫描仪需要注意选择扫描图形深度、分辨率(dpi)等参数。大多数扫描仪在扫描彩色图形时,都会将图形深度设置成 24 位真彩色 (RGB),分辨率设为 300 dpi 以上,使得获取的图片具有较高的质量。但是图形的深度及分辨率与图形文件所占的磁盘空间是成正比的。图形深度越大,分辨率越高,其所占用的磁盘空间就越大,扫描的时间就越长,图像的调用时间也就越长。事实上,扫描仪一般也支持黑白、灰度、8 位彩色等颜色深度及各种分辨率,在扫描时应根据具体情况具体分析的原则进行选择,以避免造成不必要的资源浪费。

另外,在扫描时可以调整的参数还有图形范围、对比度、去网纹等,在扫描时都应根据具体的情况对其进行调整,以确保扫描的质量。

目前,除了可以通过扫描仪及数码相机输入图片外,还可以使用视频展示台、电子白板等设备,相关设备的使用可参看相关书籍,在此不一一介绍。

(2) 通过绘图软件制作

要想获得一些简单的图形,可利用绘图工具软件(如 CorelDRAW、Photoshop、画图)自行绘制。这些工具软件都提供了相当丰富的绘画工具和编辑功能,能轻松完成基本的图形绘制操作(如图形描绘、着色),并具有对外部输入的图形进行编辑的能力。

(3) 屏幕捕捉

屏幕捕捉是指利用软件或硬件的手段,截取呈现在计算机屏幕上的图形,并以一定的格式存储下来,成为可以被计算机处理的图形资料。目前常用的屏幕捕捉软件有超级屏捕、超级解霸等。若没有此类软件,也可以使用 Windows 自带的屏幕捕捉功能。在 Windows 系统中,标准的键盘上都有一个叫做“Print Screen”的键,在一般情况下,直接敲击此键就可将系统整个屏幕上的内容以图形的方式捕捉到 Windows 的剪贴板中。若按下 Alt + Print Screen 组合键,则可将当前活动窗口的内容以位图格式捕捉到 Windows 的剪贴板中,然后可复制到画图、Photoshop 等软件中加以保存。

(4) 从 Internet 下载

通过 Internet 我们可以下载无尽的图形素材,但网上很多图形为了传输方便而被压缩的很小,放大后会变得模糊,下载前可简单的通过查看图形的像素大小来甄别所需的素材。

3. 图形素材的编辑处理

图形编辑软件有很多种,如 Windows 附带的“画图”软件,它可以胜任简单的图片处理工作。更专业的处理可采用专业图形处理软件 Photoshop、CorelDRAW 等来完成。图形处理软件一般具有以下功能:

(1) 图形内容的编辑:包括绘制及修改图片内容的各种操作。例如,画笔绘图,画面文字处理,图形的裁剪、拼接、复制、粘贴、旋转、缩放等。

(2) 图形显示效果处理:包括色彩效果、明暗效果、纹理效果及滤镜效果的处理。

四、视频素材

在多媒体课件的制作过程中，丰富的视频素材可以使课件更加生动和形象，但应注意不同多媒体课件编辑及播放软件所支持的视频类型。

1. 常见视频信息的格式

(1) AVI 格式

AVI 格式是较为流行的 Windows 标准视频文件，它将视频和音频信号交错存储在一起，其文件扩展名为. avi。AVI 格式采用了一种视频有损压缩技术，一般在计算机上可实现每秒播放 15 帧画面。一般常用的视频播放工具也都支持 AVI 格式的视频播放。

(2) MPG 格式

MPG 格式是 PC 机上全屏幕活动视频的标准文件，其文件扩展名为. mpg。使用 MPEG 方法进行压缩，可以 25～30 帧/秒的速率同步播放视频图像和 CD 音质的伴音，具有比较理想的视听效果。一般常用的视频播放工具也都支持 MPG 格式的视频播放。

(3) RM 格式

RM 是一种流媒体格式，是 Internet 上流行的多媒体应用标准之一，可以一边下载一边播放。其文件扩展名为. rm。它是由 Real Networks 公司开发的一种主要用于在低速率的网上实时传输音频和视频的信息压缩格式。网络连接速率不同，客户端所获得的声音、图像质量也不尽相同。其最佳的播放支持软件是 Real Player 或 Real One Player，但很多具备 real 解码器的播放软件也具有支持 RM 格式视频播放的功能。

(4) ASF 格式

ASF 格式是 Microsoft 为了和 Real Media 竞争而发展出来的一种可以直接在网上观看视频节目的视频压缩格式，其文件扩展名为. asf。它的视频部分采用了先进的 MPEG_4 压缩算法，音频部分采用了 Microsoft 发布的一种比 MP3 还要好的压缩格式 WMA。因此，ASF 格式的压缩率和图像质量都很不错。支持 ASF 格式播放的软件主要是 Windows 自带的媒体播放器。

2. 视频素材的获取

获得视频素材的方法，要根据视频信息的来源来确定。

(1) 在计算机上剪辑已经数字化的视频文件，一般可利用超级解霸或 Premiere 等软件来截取视频光盘上的视频片段(如截取成 MPG 文件或 BMP 图像序列文件等)，或把 DAT 或 VOB 转换成 AVI、MPG 文件等。

(2) 用屏幕抓取软件

使用 HyperSnap、ScreenHunter、屏幕录像专家等软件可以轻松地将屏幕上的软件操作过程等（包括鼠标的移动轨迹与音效）录制成 Flash、AVI 或者自播放的 EXE 文件，很适合用来制作教学课件演示。但此方法对计算机的硬件配置要求较高，当然，在抓取中可以用降低抓取帧速或缩小抓取范围等办法来弥补机器硬件配置的不足。

（3）通过摄像机录制

通过摄像机拍摄运动画面可以提供给我们最直接的视频素材。拍摄时应注意镜头的使用要平、稳、准、匀，最好使用三角架拍摄。如果是手持或肩扛拍摄则要时刻注意找好明显水平和垂直的参照物，如树木、房屋等。

如果是拍摄体育课录像，应注意课的各个环节的完整性，要突出教、学、练的过程。最好使用两台以上的摄像机，一台用三角架固定拍摄全景，另一台可手持或肩扛进入场地拍摄教师讲解、示范、纠错及学生练习等细节。室外教学外界噪音大，教师最好使用领夹式无线话筒扩音，教师和摄像机的话筒都要注意加防风套以避免呼吸和风声形成的噪音。

录制完成后可用采集卡（视频捕捉卡）配合相应的软件（如 Premiere、会声会影等）来将录像带上的内容采集到电脑中。

（4）网络下载

通过网上共享资源的搜索，我们可以下载大量的影视资料。

3. 视频素材的编辑处理

视频素材的处理我们多采用 Premiere、Canopus_Edius 等软件，可以支持多种数字视频音频（如 AVI、MPEG、WAV、MP3 等），还具有文件转换和压缩，视频捕获，视频的编辑、特效、转场等突出功能。但对制作课件而言，我们主要是利用它们来编辑现成的视频素材而已。其实，如果要求不高，Windows 自带的 Moviemaker 也是个不错的选择。

五、动画素材

动画图像一般简称动画，是指通过人工绘画或特技手法，用形象和动作连续变化的图形画面来形成视觉动态感的图像。动画能够生动形象地表现客观世界不存在的或无法人为实现的事物与景象。

1. 常见动画信息的格式

计算机中常用到的动画格式不多，常用的主要有 GIF、SWF 格式等。

（1）GIF 格式

GIF（Graphics Interchange Format，图形交换格式）是 Internet 上常见的一种动画格式，其文件扩展名为. gif。GIF 动画的特点是存储空间小，制作容易，缺点是只支持 256 色而且文件容量比 JPG 大得多。目前大多数网上浏览器直接支持 GIF 格式的动画。

（2）SWF 格式

SWF 是二维动画软件 Flash 中的矢量动画格式，这种格式的动画图像能够用比较小的体积来表现丰富的多媒体形式，而且不管放大多少倍，画面都不会有任何损害，其文件扩展名为.swf。在图像的传输方面，不必等到文件全部下载才能观看，而是可以边下载边看，因此特别适合网络传输，特别是在传输速率不佳的情况下，也能取得较好的效果。SWF 动画如今已被大量应用于 Web 网页进行多媒体演示与交互性设计。目前大多数网上浏览器安装 Flash 插件后都可播放 SWF 格式的动画。

2. 动画素材的获取

(1) 动画制作

动画的制作方法很多，但最为常用的方法是使用动画制作软件来生成动画。根据创作对象的不同，动画制作软件可分为二维和三维两类。

二维动画制作软件当前最为流行的是 Flash。它是当前应用最广泛的二维动画制作软件，是典型的基于时序型的动画制作工具，由它生成的 SWF 格式动画是一种流媒体格式的矢量动画，占用磁盘空间小，但保存的文件信息却很大。在几百到几千字节的动画文件中，可以包含几十秒钟的动画和声音，并且可以具有很强的交互性。

三维动画属于造型动画，可以模拟真实的三维空间事物。利用动画软件构造三维的几何造型，赋予其表面颜色、纹理，并设计三维形体的运动。设置变形，设计灯光强度、位置及移动等，最后生成一系列可供动态实时播放的连续图像。目前常用的软件是 3DS Max。

(2) 网络下载

网络中我们可以找到不少体育教学的动画软件，它们是一些教育工作者自己创作后发布到网上共享的，一般都提供下载。还有一些网页上的动画只能播放并不提供下载，但如果我们需要，则可以通过动画下载工具来下载。如使用 Flash Catcher 这个软件，只要能在浏览器上显示出来，都逃不过它的手掌心。只要在喜爱的 Flash 动画上按一下鼠标右键，便可发现到原本只具有单纯播放功能的选项多了储存的功能，非常实用。

(3) 在通常情况下，视频格式文件与动画格式文件是可以通过软件进行转换的。如：豪杰视频通、Video to SWF Converter 等。

六、素材获取与处理技能的练习

1. 使用 Windows 附件中的"录音机"程序来录制一段讲解并添加回音后保存下来。

2. 使用键盘上的"Print Screen"键，将计算机屏幕上的内容捕捉到 Windows 的剪贴板中，然后打开"画图"软件复制进去，再使用软件中的"工具箱"和菜单中"图像"所提供的几种功能编辑图片，并保存下来。

3. 使用 Photoshop 软件画一个简单的运动简笔画。

4. 使用豪杰解霸 3000 播放 VCD 上的视频文件并截取一段保存在硬盘中。

5. 使用 Windows 操作系统自带的 Moviemaker 软件对硬盘中的视频进行简单的编辑并输出。

第三节　利用网络获取信息

在当今信息爆炸的时代，困扰我们的已不是缺乏信息，而是如何从浩如烟海的信息中迅速找到自己所需要的内容。如何有效开发、科学组织、合理利用这些浩瀚的、飞速更新的网络信息是教师们必须充分意识和亟待解决的问题。

一、信息检索途径

1. 直接访问相关站点

在平时上网的过程中注意收集一些专业性或专题性网站的网址，通过 IE 窗口菜单命令"收藏夹"/"添加到收藏夹"保存在"收藏夹"中。需要时直接点取"收藏夹"下的网站名称即可进入网站查询。

2. 使用搜索引擎

这是常用的网络信息检索方法，可为用户提供关键词、词组或自然语言检索。根据用户提出的检索要求，搜索引擎代替用户在数据库中进行检索，并将检索结果提供给用户。利用搜索引擎检索的优点是：省时省力，简单方便，检索速度快，范围广，能及时获取相关信息。其缺点在于：搜索引擎检索出来的结果太多，检索的智能性和准确性不高。Internet 上常用的搜索引擎有 Google（http://www. google. com）、Yahoo（http://www. yahoo. com）和全球最大的中文搜索引擎百度（http://www. baidu. com）。

3. 使用非万维网检索工具

常用非万维网信息资源主要是 FTP 资源。FTP（File Transfer Protocol）是 Internet 使用的文件传输协议，主要用于传送程序软件和多媒体信息，以在网络上充分共享各类文件。它以大容量和高速度为特点，是获取免费软件和共享软件资源必不可少的工具。它有两种不同的工作方式，一种是在 Internet 任意两个账户之间传送文件，这要求知道两个账户的口令；另一种是匿名 FTP，匿名 FTP 网点允许任何人连入此系统并下载文件，在匿名 FTP 中可以找到很多有用信息，如研究论文、免费软件、音视频信息及其他信息。但信息定位比较困难，可以使用专门的检索工具帮助定位。对于中文 FTP 信息的搜索可使用北京大学"天网搜索"（http://e. pku. edu. cn）中的"FTP 搜索"。

二、检索技巧

无论使用万维网检索工具还是非万维网检索工具进行信息检索，运用一定的检索技巧是非常必要的。

1. 选择合适的检索词有利于提高检索的准确性

如选用学科词汇、专业术语、特定概念等。

2. 使用更特定的词汇

如不用“体育”，而用“学校体育”；不用“短跑”而用“百米赛跑”。要尽可能删去一些同义词或近义词。

3. 中文信息检索使用中文搜索引擎。

如天网搜索侧重于学术信息，百度提供新闻、网页、MP3、图片和网站等，这些都是较好用的中文信息检索工具。

4. 尽量使查询条件具体化

如根据需要选择搜索引擎中网页搜索，网站搜索、图片搜索、MP3 搜索等更具体的选项。

5. 使用双引号进行精确查找

如查找的是一个词组或多个汉字，最好的办法就是将它们用双引号括起来，这样得到的结果最少、最精确。例如在搜索引擎的 Search（查询）框中输入“‘search engine’”，这会比输入“search engine”得到更少、更好的结果。如果按上述方法查不到任何结果，可以去掉双引号试试。

6. 使用加减号限定查找

很多搜索引擎都支持在搜索词前冠以加号（＋）限定搜索结果中必须包含的词汇，用减号（－）限定搜索结果不能包含的词汇。

7. 细化查询

许多搜索引擎都提供了对搜索结果进行细化与再查询的功能，如有的搜索引擎在结果中有“查询类似网页”的按钮，还有一些则可以对得到的结果进行新一轮的查询。

8. 注意细节

在 Internet 上进行查询时如果能注意一些细节问题，常常能增加搜索结果的准确性，如许多搜索引擎都区分字母的大小写，因此，如果您正在搜索人名或地名等关键词，应该正确使用它们的大小写字母形式。

9. 使用多元搜索引擎

多元搜索引擎是一种只需输入一次关键词就可以对多个搜索引擎进行查询的搜索代理网站。

10. 构造恰当的检索形式

如使用布尔逻辑运算构造检索式，常用的有：AND（和）、OR（或）、NOT（否，有些是 AND NOT）及 NEAR（两个单词的靠近程度），恰当应用它们可以使结果非常精确。

三、信息资源下载

一旦用户检索到所需要的信息时，就可以把这些信息下载到自己的计算机上，长期保存，方便以后使用。所谓下载(Download)，就是将网上的文字、图片、声音、图像、软件等不同类型的文件保存在本机的磁盘上。由于网上的资源类型不同，因此下载的方法也不同。常用的下载资源类型有如下几种：

1. 文本下载

Internet 上的文本资源相当丰富。在进行 Web 浏览时，对于需要的文本，如一句话、一个段落、一篇文章，可用如下方式下载。

第一步：用鼠标选中所需的内容单击右键，在弹出的快捷菜单中选择“复制”命令。

第二步：在桌面或希望保存的硬盘位置单击右键，选择“新建文本文档”或“Microsoft Word 文档”，打开后选择“粘贴”命令。

第三步：保存相应的内容后，完成下载操作。

也可点选菜单栏“文件”/“另存为”再选择保存类型中的“文本文件”就可以把当前网页上的全部文字保存下来。

2. 图片下载

在浏览网页时，可用如下方式下载所需的图片。

第一步：右击所需的图片，在弹出的快捷菜单中选择“图片另存为(A)...”命令。

第二步：在出现的对话框中选择图片要保存的路径，输入文件名即完成下载操作。

3. HTTP 或 FTP 下载

右键单击下载资源所提供的链接，选择“目标另存为”命令，或通过下载软件如：迅雷、网际快车等下载。

四、常用教育资源网站

Internet 中教育资源十分众多，在各个大学、教育研究部门、中小学和教育行政部门的网站中提供了丰富的教育资源。比较常用的教育资源网站有：

1. 中国基础教育网(http://www.cbe21.com)

网站重点在于基础教育改革发展、教育观念、素质教育方面的导向性。设立有专门的体育学科频道及课程标准库、课程资源库、软件素材库、教研论文库等资源数据库。

2. K12 中国中小学教育教学网(http://www.k12.com.cn)

K－12 是国际上对基础教育的统称，K12 教育网是专门面向中小学教育的大型教育网站，主要对象是中小学生、教师和家长，目前提供教育新闻、教师频道、学生频道、家长频道、教育教学资源交流平台、教育论坛和各学科论坛、教师个人专辑、杂志网上空问、学校与教师免费主页空间、免费电子邮件等大量服务。目前已成为我国较大的基础教育网站之一。

3. 中国教育和科研计算机网(http://www.edu.cn)

中国绝大多数高等学校、中小学和教育行政部门都连在这个网上，是中国最大的教育类网站。

4. 中国国家图书馆(http://www.nlc.gov.cn)

5. 国家体育总局的中国体育信息网(http://www.sport.gov.cn)

6. 中华全国体育总会的体总网(http://www.sport.org.cn)

7. 中国奥委会官方网站(http://www.olympic.cn)

8. 中国体育教师网(http://www.ty121.cn)

五、学校体育工作常用软件

1. 学校体育卫生工作综合管理系统

该软件是北京全维智码公司(http://www.wise－code.com)开发的教育类软件，目前被很多学校采用。使用该软件可以方便的管理学生体质检测和体育测验的数据，迅速生成各种分析图表和数据，帮助学校和教师科学的分析掌握学生体育技能和身体健康情况。该软件需要在全维智码的网站上注册后并下载导入注册文件后才能使用。

2. 奥赛田径运动全管理系统(网络版)

该软件由成都电子高专与四川省田协联合开发，开2000年通过四川省科技厅鉴定达国内领先水平。该软件针对高校、中小学校田径运动会、体育局主办的基层田径运动会的特点，由经验丰富的田径运动会编排裁判和老师合作设计开发。软件界面简单明了、操作简单；支持全能项目(比赛期间自动查分，查分表采用国际田联最新全能查分表)，也可自行设置非标准全能项目；编排灵活快捷，可灵活设置赛次、安排调整比赛日程、自动赛前分组分道；自动生成秩序册(Word 格式)；自动打印输出比赛期间用的各种赛场用表等。该软件下载地址：http://www.osainfo.com/

3.《国家学生体质健康标准》数据上报工具软件(学生体质健康标准智能服务系统)

该软件由教育部体卫艺司组织研究开发。软件可对学生体质健康标准的测试数据进行得分转换和一般的统计处理，可对学生个体的测试数据进行分析诊断，并制定运动处方，指导学生进行体育锻炼，还可通过网络将本校的测试数据直接上报教育部“国家学生体质健康标准数据管理系统”，上报数据的时间为每年9月1日至12月3日。该工具软件可在中国学生体质健康网上免费下载使用。中国学生体质健康网英文域名：http://www.csh.edu.cn/

六、信息获取技能的练习

1. 打开一个网页并保存在“收藏夹”中，关闭后再从“收藏夹”中打开它。

2. 使用 Google 搜索引擎搜索一篇体育教学文章并复制到 WORD 文件中保存下来

3. 使用百度搜索引擎搜索一首 MP3 格式的“运动员进行曲”并下载到硬盘中。

4. 保存几张网页上的图片在硬盘中。

5. 尝试使用 FrontPage 建立自己的网页。

参考文献

[1]中华人民共和国教育部.体育(与健康)课程标准(实验稿)[M].北京:北京师范大学出版社,2001.7

[2]体育(与健康)课程标准研制组.体育(与健康)课程标准解读[M].武汉:湖北教育出版社,2002.5

[3]季浏,汪晓赞.小学体育新课程教学法[M].北京:高等教育出版社,2003.7

[4]王鲁克.体育教学技能[M].北京:人民体育出版社,2004.3

[5]课程教材研究室体育课程教材研究中心.《体育与健康》义务教育课程标准实验教科书[M].北京:人民教育出版社,2002.7

[6]课程教材研究室体育课程教材研究中心.《体育与健康》义务教育课程标准实验教科书教师教学用书[M].北京:人民教育出版社,2002.7

[7]人民教育出版社体育室.《体育与健康》全日制普通高级中学教科书[M].北京:人民教育出版社,2003.6

[8]季浏.《体育》九年义务教育六年制小学教科书教师用书[M].上海:华东师范大学出版社,2002.12

[9]北京教育学院.中学体育基本动作教学[M].北京:北京师范大学出版社,1985.8

[10]金其荣.体育与健康实践教程[M].上海:华东理工大学出版社,2003.8

[11]李祥.学校体育学[M].北京:高等教育出版社,2001.6

[12]赵光等.体育教程[M].北京:中国商业出版社,1998.9

[13]陶景飚,李晋裕.学校体育大词典[M].武汉:武汉工业大学出版社,1994.12

[14]李兆君.现代教育技术[M].北京:高等教育出版社,2004

[15]黄河明.现代教育技术[M].成都:四川教育出版社,2005

[16]黄荣怀,沙景荣,彭绍东.教育技术学导论[M].北京:高等教育出版社,2006

[17]候宝顺,刘黎明.现代教育技术概论[M].开封:河南大学出版社,1999

附：

教育部　国家体育总局关于实施《学生体质健康标准》的通知

各省、自治区、直辖市教育厅(教委)、体育局，新疆生产建设兵团教育局、体育局：

《学生体质健康标准》自2002年试行以来，各地认真组织推广试行，取得了很好的经验。教育部、国家体育总局在认真总结试行工作的基础上，根据新的形势对《学生体质健康标准》进行了修改和完善。现将《国家学生体质健康标准》(以下简称《标准》)及《国家学生体质健康标准》实施办法印发给你们，请认真贯彻执行。具体要求通知如下：

一、《标准》自发布之日起在全国各级各类学校全面实施，确有困难不能在2007年实施《标准》的学校，须请示上级教育行政部门，经省级教育行政部门核准同意后可以延期至2008年实行。各省级教育行政部门须将延期实施《标准》的学校名单报教育部(体育卫生与艺术教育司)备案。

二、各省级教育行政部门要根据实际情况，制定《标准》的具体实施计划，并于2007年9月1日前报教育部备案。

三、自2007年开始，国家体育总局、教育部每两年组织一次对各地实施《标准》情况的检查，并公布检查结果。

附件：1. 国家学生体质健康标准

2.《国家学生体质健康标准》实施办法

教育部办公厅　2007年4月11日印发

附件1

国家学生体质健康标准

一、说明

(一) 为贯彻落实健康第一的指导思想，切实加强学校体育工作，促进学生积极参加体育锻炼，养成良好的锻炼习惯，提高体质健康水平，特制定本标准。

(二) 本标准是《国家体育锻炼标准》的有机组成部分，是《国家体育锻炼标准》在学校的具体实施，是国家对学生体质健康方面的基本要求，适用于全日制小学、初中、普通高中、中等职业学校和普通高等学校的在校学生。

（三）本标准从身体形态、身体机能、身体素质和运动能力等方面综合评定学生的体质健康水平，是促进学生体质健康发展、激励学生积极进行身体锻炼的教育手段，是学生体质健康的个体评价标准。

（四）本标准将测试对象划分为以下组别：小学一、二年级为一组，三、四年级为一组，五、六年级为一组，初、高中每年级各为一组，大学为一组。

小学一、二年级组和三、四年级组测试项目分为三类，身高、体重为必测项目，其他二类测试项目各选测一项。小学五、六年级组，初、高中各组，大学组测试项目均为五类，身高、体重、肺活量为必测项目，其他三类测试项目各选测一项。

选测项目每年由地（市）级教育行政部门、高等学校在测试前两个月确定并公布。选测项目原则上每年不得重复。

（五）学校每学年对学生进行一次本标准的测试，本标准的测试方法按《国家学生体质健康标准解读》（人民教育出版社出版）中的有关要求进行。

（六）本标准各评价指标的得分之和为本标准的最后得分，满分为100分。根据最后得分评定等级：90分以上（含90分）为优秀，75～89分为良好，60～74分为及格，59分以下（含59分）为不及格。学生体质健康标准成绩每学年评定一次，按评定等级记入《国家学生体质健康标准登记卡》（见附表1—5）。学生毕业时体质健康标准的成绩和等级，按毕业当年得分和其他学年平均得分各占50％之和进行评定。因病或残疾免予执行本标准的学生，填写《免予执行＜国家学生体质健康标准＞申请表》（见附表6）。

（七）本标准由教育部负责解释。

二、《国家学生体质健康标准》评价指标与分值

组别	评价指标（测试项目）	分值	备注
小学一、二年级	身高标准体重	20	必测
	坐位体前屈、投沙包	40	选测一项
	50米跑（25米×2往返跑）、立定跳远、跳绳、踢毽子	40	选测一项
小学三、四年级	身高标准体重	20	必测
	坐位体前屈、掷实心球、仰卧起坐	40	选测一项
	50米跑（25米×2往返跑）、立定跳远、跳绳	40	选测一项
小学五、六年级	身高标准体重	10	必测
	肺活量体重指数	20	必测
	400米跑（50米×8往返跑）、台阶试验	30	选测一项
	坐位体前屈、掷实心球、仰卧起坐、握力体重指数	20	选测一项
	50米跑（25米×2往返跑）、立定跳远、跳绳、篮球运球、足球、排球垫球	20	选测一项

组别	评价指标(测试项目)	分值	备注
初中、高中、大学各年级	身高标准体重	10	必 测
	肺活量体重指数	20	必 测
	1000米跑(男)、800米跑(女)、台阶试验	30	选测一项
	坐位体前屈、掷实心球、仰卧起坐(女)、引体向上(男)、握力体重指数	20	选测一项
	50米跑、立定跳远、跳绳、篮球运球、足球运球、排球垫球	20	选测一项

注:身高标准体重测试项目为身高、体重,肺活量体重指数测试项目为肺活量,握力体重指数测试项目为握力。

附件2

《国家学生体质健康标准》实施办法

一、《国家学生体质健康标准》(以下简称《标准》)的实施工作在教育部、国家体育总局的领导下,由各级教育行政部门管理,体育行政部门指导,学校组织实施。

二、《标准》的组织实施工作在校长领导下,由学校体育教研部门、教务部门、校医院(医务室)、学工部门、辅导员(班主任)协同配合共同组织实施。《标准》的测试应与学生的健康体检有机结合,避免重复测试。学生的《标准》测试成绩按评定等级记入《国家学生体质健康标准登记卡》,小学列入学生成长记录或学生素质报告书,初中以上学校列入学生档案(含电子档案),作为学生毕业、升学的重要依据。对达到及格以上成绩的学生颁发证章。《标准》的实施工作记入教师的教学工作量。

三、学生《标准》测试成绩达到良好及以上者,方可参加三好学生、奖学金评选;成绩达到优秀者,方可获体育奖学分。《标准》成绩不及格者,在本学年度准予补测一次,补测仍不及格,则学年《标准》成绩为不及格。普通高中、中等职业学校和普通高等学校学生毕业时,《标准》测试的成绩达不到50分者按肄业处理。

四、因病或残疾学生,可向学校提交免予执行《标准》的申请,经医疗单位证明,体育教学部门核准后,可免予执行《标准》,并填写《免予执行＜国家学生体质健康标准＞申请表》,存入学生档案。对确实丧失运动能力、免予执行《标准》的残疾学生,仍可参加三好学生、奖学金、奖学分评选,毕业时《标准》成绩可记为满分,但不评定等级。

五、认真上好体育课、积极参加体育活动、每天锻炼时间达到一小时者,奖励5分,计入学年《标准》总成绩。

六、属下列情况之一者,其《标准》成绩记为不及格,该学年《标准》成绩最高记为 59 分：

1. 评价指标中 400 米(50 米×8 往返跑)、1000 米跑(男)、800 米跑(女)、台阶试验的得分达不到及格者；

2. 体育课无故缺勤，一学年累计超过应出勤次数 1/10 者。

七、各地、各学校在实施《标准》时要树立“安全第一”的指导思想，健全各项安全保障制度，落实安全责任制，加强对场地、器材、设备的安全检查。要认真做好学生的体检工作，对生病学生实行缓测或免测。

八、全国各级各类学校每年均直接将本校各年级《标准》测试数据，通过中国学生体质健康网(网址中文域名：中国学生体质健康网，英文域名：www. csh. edu. cn)，报送至教育部“国家学生体质健康标准数据管理系统”，上报数据的时间为每年 9 月 1 日至 12 月 31 日，上报测试数据的工具软件，由学校在中国学生体质健康网上免费下载使用。

九、高职、高专类学校参照有关要求执行。

十、教育部每年公布各省、自治区、直辖市实施《标准》的基本情况；每学年对教育部直属高校本科新生《标准》测试结果，按生源所在地进行统计，并以省、自治区、直辖市为单位进行公布。

十一、各地教育、体育行政部门对本地各级各类学校实施《标准》的情况，要认真检查监督。要将《标准》的实施情况纳入各级政府教育督导内容和评估指标体系，并作为对各级各类学校进行评优、表彰的基本依据。对弄虚作假、徇私舞弊者，给予通报批评，情节严重者，给予行政处分。

十二、为保证《标准》测试数据的科学性、准确性，各地、各学校招标、选用的《标准》测试器材必须是经国家认证认可监督管理委员会批准的相关认证机构认证合格的产品。

十三、本办法由教育部负责解释。

《国家学生体质健康标准》测试的操作方法

（摘自：《国家学生体质健康标准解读》）

在实施《标准》的过程中，掌握各项目正确的测试方法是所有体育教师和测评人员迫切需要了解的内容。测试工作必然和所使用的测试仪器有一定的关系，现在测试器材多种多样，有全手工操作的，也有电子仪器。手工操作与电子仪器的操作流程不完全相同。如使用带有 IC 卡 * 的测试仪器就可以减少测试人员的记录和计算工作。但无论使用何种仪器，对测试人员的基本的操作要求是一致的，本章对《标准》中各个项目基本的测试方法及其操作要求进行介绍。对于不同的测试器材，可参考相应测试器材的说明书。

一、身高

1. 测试目的

测试学生身高，与体重测试相配合，评定学生的身体匀称度，评价学生生长发育的水平及营养状况。

2. 场地器材

身高测量计。使用前应校对 0 点，以钢尺测量基准板平面至立柱前面红色刻线的高度是否为 10.0 厘米，误差不得大于 0.1 厘米。同时应检查立柱是否垂直，连接处是否紧密，有无晃动，零件有无松脱等情况并及时加以纠正。

3. 测试方法

受试者赤足，立正姿势站在身高计的底板上(上肢自然下垂，足跟并拢，足尖分开成 60 度角)。足跟、骶骨部及两肩胛区与立柱相接触，躯干自然挺直，头部正直，耳屏上缘与眼眶下缘呈水平位(图 3—1)。测试人员站在受试者右侧，将水平压板轻轻沿立柱下滑，轻压于受试者头顶。测试人员读数时双眼应与压板水平面等高进行读数，记录员复述后进行记录。以厘米为单位，精确到小数点后一位。测试误差不得超过 0.5 厘米。

4. 注意事项

(1) 身高计应选择平坦靠墙的地方放置，立柱的刻度尺应面向光源。

(2) 严格掌握“三点靠立柱”、“两点呈水平”的测量姿势要求，测试人员读数时两眼一定与压板等高，两眼高于压板时要下蹲，低于压板时应垫高。

(3) 水平压板与头部接触时，松紧要适度，头发蓬松者要压实，头顶的发辫、发结要放开，饰物要取下。

(4) 读数完毕，立即将水平压板轻轻推向安全高度，以防碰坏。

(5) 测量身高前，受试者应避免进行剧烈体育活动和体力劳动。

二、体重

1. 测试目的

测试学生的体重，与身高测试相配合，评定学生的身体匀称度，评价学生生长发育的水平及营养状况。

2. 场地器材

杠杆秤或电子体重计。使用前需检验其准确度和灵敏度。准确度要求误差不超过 0.1%，即每百千克误差小于 0.1 千克。检验方法是：以备用的 10 千克、20 千克、30 千克标准砝码(或用等重标定重物代替)分别进行称量，检查指标读数与标准砝码误差是否在允许范围。灵敏度的检验方法是：置 100 克重砝码，观察刻度尺变化，如果刻度抬高了 3 毫米或游标向远移动 0.1 千克而刻度尺维持水平位时，则达到要求。

3. 测试方法

测试时，杠杆秤应放在平坦地面上，调整 0 点至刻度尺水平位。受试者赤足，男性受试者身着短裤；女性受试者身着短裤、短袖衫，站在秤台中央(图 3—2)。测试人员放置适当砝码并移动游标至刻度尺平衡。读数以千克为单位，精确到小数点后一位。进行读数，测试误差不超过 0.1 千克。

4. 注意事项

(1) 测量体重前受试者不得进行剧烈体育活动或体力劳动。

(2) 受试者站在秤台中央，上下杠杆秤动作要轻。

(3) 每次使用杠杆秤时均需校正。测试人员每次读数前都应校对砝码标重以避免差错。

三、台阶试验

1. 测试目的

测试学生在定量负荷后心率变化情况，评价学生的心血管机能。

2. 场地器材

台阶或凳子、节拍器(或录音机及磁带)、秒表、台阶试验仪。

3. 测试方法

初中、高中和大学各年级男生用高 40 厘米台阶(或凳子)做踏台，初中、高中和大学各年级女生及小学五、六年级男女生用高 35 厘米的台阶(或凳子)做踏台，上、下运动。测试前测定安静时的脉搏，然后受试者做轻度的准备活动，主要是活动下肢关节。上、下台阶(或凳子)的频率是 30 次/分，因而节拍器的节律为 120 次/分(每上、下一次是四动)。受试者按节拍器的节律完成试验。

被测试者从预备姿势开始，(1)被测试者一只脚踏在台阶上；(2)踏台腿伸直成台上站立；(3)先踏台的脚先下地；(4)还原成预备姿势。用 2 秒上、下一次的速度(按节拍器的节律来做)连续做 3 分钟(图 3—3)。做完后，保持静止休息状态，测量运动结束后的 1 分钟至 1 分半钟、2 分钟至 2 分半钟、3 分钟至 3 分半钟的 3 次脉搏数，并用下列公式求得评定指数。计算结果包含有小数的，对小数点后的1位进行四舍五入取整数进行评分。评定指数＝踏台上、下运动的持续时间（秒）×100/ 2×（3次测定脉搏的和）

4. 注意事项

（1）心脏有病的学生不能参加测试。

（2）按2秒上、下一次的节律进行。当受试者跟不上节奏时应及时提醒，如果三次跟不上节奏应停止测试，以免发生伤害事故。

（3）上、下台阶时，膝、髋关节都应伸直。

（4）被测试者不可自己测量脉搏。

（5）如果受试者不能完成3分钟的负荷运动，以实际上下台阶的持续时间进行计算，计算公式同上。

四、肺活量

1. 测试目的

测试学生的肺通气功能。

2. 场地器材

电子肺活量计。

3. 测试方法

房间通风良好；使用干燥的一次性口嘴（非一次性口嘴，则每换测试对象需消毒一次，每测一人时将口嘴下倒出唾液并注意消毒后必须使其干燥）。肺活量计主机放置平稳桌面上，检查电源线及接口是否牢固，按工作键液晶屏显示“0”即表示机器进入工作状态，预热5分钟后测试为佳。

首先告知受试者不必紧张，并且要尽全力，以中等速度和力度吹气效果最好。令被测试者面对仪器站立、手持吹气口嘴，面对肺活量计站立试吹1至2次，首先看仪表有无反应，还要试口嘴或鼻处是否漏气，调整口嘴和用鼻夹（或自己捏鼻孔）；学会深吸气（避免耸肩提气，应该像闻花式的慢吸气）。受试者进行一两次较平日深一些的呼吸动作后，更深地吸一口气，屏住气向口嘴处慢慢呼出至不能再呼为止，防止此时从口嘴处吸气，测试中不得中途二次吸气。吹气完毕后，液晶屏上最终显示的数字即为肺活量毫升值。每位受试者测3次，每次间隔15秒，记录3次数值，选取最大值作为测试结果。以毫升为单位，不保留小数。

4. 注意事项

（1）电子肺活量计的计量部位的通畅和干燥是仪器准确的关键，吹气筒的导管必须在上方，以免口水或杂物堵住气道。

（2）每测试10人及测试完毕后用干棉球及时清理和擦干气筒内部。严禁用水、酒精等任何液体冲洗气筒内部。

（3）导气管存放时不能弯折。

（4）定期校对仪器。

五、50 米跑

1. 测试目的

测试学生速度、灵敏素质及神经系统灵活性的发展水平。

2. 场地器材

50 米直线跑道若干条，地面平坦，地质不限，跑道线要清楚。发令旗一面，口哨一个，秒表若干块(一道一表)。秒表使用前，应用标准秒表校正，每分钟误差不得超过 0.2 秒。标准秒表选定，以北京时间为准，每小时误差不超过 0.3 秒。

3. 测试方法

受试者至少两人一组测试。站立起跑，受试者听到“跑”的口令后开始起跑。发令员在发出口令同时要摆动发令旗。计时员视旗动开表计时，受试者躯干部到达终点线的垂直面停表。以秒为单位记录测试成绩，精确到小数点后一位，小数点后第二位数按非零进 1 原则进位，如 10.11 秒读成 10.2 秒记录之。

4. 注意事项

(1) 受试者测试最好穿运动鞋或平底布鞋，赤足亦可。但不得穿钉鞋、皮鞋、塑料凉鞋。

(2) 发现有抢跑者，要立即召回重跑。

(3) 如遇风时一律顺风跑。

六、25 米×2 往返跑

1. 测试目的

本项目是 50 米跑的替代项目，适合场地小的学校选测。

2. 场地器材

30 米左右跑道若干条，每道宽 2～2.5 米，地面要平坦，地质不限，跑道线要清楚。在跑道两端划两条距离 25 米的平行线，分别作为起(终)点线和折返线，并在折返线线内 1 米处插一根标杆(杆高 1.2 米以上)，作为折返标志。发令旗一面，口哨一个，秒表若干块(一道一表)。秒表使用前，应用标准秒表校正，要求同 50 米跑测试。

3. 测试方法

测试分组进行，每组至少两人。每条跑道由一人记录。受试者站在起跑线后准备，听到“跑”的口令后开始起跑。折返时，受试者按逆时针方向绕过标杆，不得碰扶标杆，不得串道。测试人员在发出口令的同时开表计时，当受试者胸部到达终点线的垂直面时停表。以秒为单位记录测试成绩，精确到小数点后一位，小数点后第二位数按非零进 1 原则进位，如 10.11 秒读成 10.2 秒记录之。

4. 注意事项

(1) 折返时，受试者应当统一按逆时针绕杆往返跑，以避免两名或多名受试者在测试过程中冲撞受伤。

(2) 其他的注意事项同 50 米跑。

七、400 米跑

1. 测试目的

测试学生速度耐力的发展水平，适用于小学五、六年级学生。

2. 场地器材

400 米、200 米、300 米田径场地跑道或其他不正规场地，但必须丈量准确。地面要平坦，地质不限，跑道线要清楚。发令旗一面，口哨一个，秒表若干块(一道一表)。秒表使用前，应用标准秒表校正，要求同 50 米跑测试。

3. 测试方法

测试分组进行，每组至少两人。受试者站在起跑线后准备，用站立式起跑，当听到口令或哨音后开始起跑。发令员发出“跑”口令的同时开表计时，当受试者的躯干部到达终点线垂直面时停表。以分、秒为单位记录成绩，不计小数。

4. 注意事项

(1) 如果在非 400 米标准场地上进行测试，测试人员应向受试者报告剩余圈数，以免跑错距离。

(2) 测试人员应告知受试者在跑完后应继续缓慢走动，不要立刻停下，以免发生意外。

(3) 受试者不得穿皮鞋、塑料凉鞋、钉鞋参加测试。

(4) 对分、秒进行换算时要细心，防止差错。

八、50 米×8 往返跑

1. 测试目的

该项目是 400 米跑的替代项目。主要测试学生速度、灵敏及耐久力的发展水平。

2. 场地器材

50 米跑道若干条，道宽 2～2.5 米，地面平坦，地质不限。在起(终)点线前 0.5 米和 49.5 米处各立一标杆，杆高 1.2 米以上，立于跑道正中(图 3－4)。秒表若干块，使用前校正，要求同 50 米跑测试。

3. 测试方法

受试者至少两人一组进行测试。用站立式起跑。当听到“跑”口令后开始起跑，往返四次，往返跑时按逆时针方向绕过标杆，不得碰扶标杆，不得串道。测试人员发出“跑”口令的同时开表计时，当受试者胸部到达终点线的垂直面时停表。以分、秒为单位记录测试成绩，不计小数。

4. 注意事项

(1) 测试人员应向受试者报告剩余往返圈数，以免跑错距离。

(2) 其他注意事项和成绩记录方法同 400 米跑。

九、800 米或 1000 米跑

1. 测试目的

测试学生耐力素质的发展水平，特别是心血管呼吸系统的机能及肌肉耐力。

2. 场地器材

400 米、300 米、200 米田径场跑道，地质不限。也可使用其他不规则场地，但必须丈量准确，地面平坦。秒表若干块，使用前需要校正，要求同 50 米跑测试。

3. 测试方法

受试者至少两人一组进行测试，站立式起跑。当听到"跑"的口令后开始起跑。计时员看到旗动开表计时，当受试者的躯干部到达终点线垂直面时停表。以分、秒为单位记录测试成绩，不计小数。

注意事项和成绩记录方法同 50 米×8 往返跑。

十、立定跳远

1. 测试目的

测试学生下肢爆发力及身体协调能力的发展水平。

2. 场地器材

沙坑、丈量尺。沙面应与地面平齐，如无沙坑，可在土质松软的平地上进行。起跳线至沙坑近端不得少于 30 厘米。起跳地面要平坦，不得有坑凹。

3. 测试方法

受试者两脚自然分开站立，站在起跳线后，脚尖不得踩线（最好用线绳做起跳线）。两脚原地同时起跳，不得有垫步或连跳动作。丈量起跳线后缘至最近着地点后垂直距离。每人试跳三次，记录其中成绩最好一次。以厘米为单位，不计小数。

4. 注意事项

(1) 发现犯规时，此次成绩无效。三次试跳均无成绩者，应允许再跳，直至取得成绩为止。

(2) 可以赤足，但不得穿钉鞋、皮鞋、塑料凉鞋参加测试。

十一、投沙包

1. 测试目的

测试学生的上肢爆发力，适用于小学一、二年级学生。

2. 场地器材

长度在 30 米以上的平整场地一块，地质不限。在场地一端划一条直线作为起掷线。0.25 千克重的立方形或圆形沙包若干个。

3. 测试方法

受试者站往起掷线后原地投掷，要求沙包必须从肩上方投出。丈量起掷线后缘至沙包着地点后缘之间的垂直距离。为了准确丈量成绩，应有专人负责观察沙包着地点。每人投掷三次，记录其中成绩最好一次。以米为单位，取一位小数。

4. 注意事项

(1) 受试者需原地投掷，不得助跑。

(2) 沙包必须从肩上方投出。

(3) 如受试者前后开立投掷，当沙包出手的同时后脚可向前迈出一步，但不得踩线。

(4) 发现踩线等犯规时，则此次成绩无效。三次均无成绩者，应允许再投，直至取得成绩为止。

十二、掷实心球

1. 测试目的

测试学生的上肢爆发力，适用于小学三年级以上学生。

2. 场地器材

长度在 30 米以上的平整场地一块，地质不限，在场地一端划一条直线作为起掷线。实心球若干，小学三～六年级测试球重为 1 千克，初中、高中、大学各年级测试球重为 2 千克。

3. 测试方法

测试时受试者站在起掷线后，两脚前后或左右开立，身体面对投掷方向，双手举球至头上方稍后仰，原地用力把球投向前方。如两脚前后开立投掷，当球出手的同时后脚可向前迈出一步，但不得踩线。每人投掷三次，记录其中成绩最好的一次。记录以米为单位，取一位小数。丈量起掷线后缘至球着地点后缘之间的垂直距离。为了准确丈量成绩，应有专人负责观察实心球的着地点。

成绩记录方法和注意事项同投沙包。

十三、握力

1. 测试目的

测试学生上肢肌肉力量的发展水平。

2. 场地器材

电子握力计或弹簧式握力计。

3. 测试方法

受试者两脚自然分开成直立姿势，两臂自然下垂。一手持握力计全力紧握(此时握力计不能接触受试者的衣服和身体)，记下握力计指针的刻度(或握力器所显示的数字)。用有力(利)手握两次。取最大值，以公斤为单位，保留 1 位小数。

4. 注意事项

保持手臂自然下垂姿势，手心向内，不能触及衣服和身体。

十四、引体向上

1. 测试目的

测试学生的上肢肌肉力量的发展水平。

2. 场地器材

高单杠或高横杠，杠粗以手能握住为准。

3. 测试方法

受试者跳起双手正握杠，两手与肩同宽成直臂悬垂。静止后，两臂同时用力引体(身体不能有附加动作)，上拉到下颌超过横杠上缘为完成一次。记录引体次数。

4. 注意事项

(1) 受试者应双手正握单杠，待身体静止后开始测试。

(2) 引体向上时，身体不得做大的摆动，也不得借助其他附加动作撑起。

(3) 两次引体向上的间隔时间超过 10 秒停止测试。

十五、坐位体前屈

1. 测试目的

测量学生在静止状态下的躯干、腰、髋等关节可能达到的活动幅度，主要反映这些部位的关节、韧带和肌肉的伸展性和弹性及学生身体柔韧素质的发展水平。

2. 场地器材

坐位体前屈测试计。

3. 测试方法

受试者两腿伸直，两脚平蹬测试纵板坐在平地上，两脚分开约 10～15 厘米，上体前屈，两臂伸直前，用两手中指尖逐渐向前推动游标，直到不能前推为止(图 3—5)。测试计的脚蹬纵板内沿平面为 0 点，向内为负值，向前为正值。记录以厘米为单位，保留一位小数。测试两次，取最好成绩。

4. 注意事项

(1) 身体前屈，两臂向前推游标时两腿不能弯曲。

(2) 受试者应匀速向前推动游标，不得突然发力。

十六、仰卧起坐

1. 测试目的

测试学生的腹肌耐力。

2. 场地器材

垫子若干块(或代用品)、铺放平坦。

3. 测试方法

受试者仰卧于垫上，两腿稍分开，屈膝呈 90 度角左右，两手指交叉贴于脑后。另一同伴压住其踝关节，以固定下肢。受试者坐起时两肘触及或超过双膝为完成一次(图 3—6)。仰卧时两肩胛必须触垫。测试人员发出"开始"口令的同时开表计时，记录 1 分钟内完成次数。1 分钟到时，受试者虽已坐起但肘关节未达到双膝者不计该次数，精确到个位。

4. 注意事项

(1) 如发现受试者借用肘部撑垫或臀部起落的力量起坐时，该次不计数。

(2) 测试过程中，观测人员应向受试者报数。

（3）受试者双脚必须放于垫上。

十七、跳绳

1. 测试目的

测试学生的下肢爆发力和身体协调能力。

2. 场地器材

地面平整、干净的场地一块，地质不限。主要测试器材包括秒表、发令哨、各种长度的跳绳若干条。

3. 测试方法

两人一组，一人测试，一人记数。受试者将绳的长短调至适宜长度，听到开始信号后开始跳绳，动作规格为正摇双脚跳绳，每跳跃一次且摇绳一回环（一周圈），计为一次。听到结束信号后停止，测试员报数并记录受试者在1分钟内的跳绳次数。测试单位为次。

4. 注意事项

（1）小学低年级学生参加跳绳测试时，应由教师计数。

（2）测试过程中跳绳拌脚，除该次不计数外，应继续进行。

十八、踢毽子

1. 测试目的

测试学生的身体协调能力。

2. 场地器材

地面平整、干净的场地，地质不限。主要测试器材包括秒表、发令哨、毽子若干个。

3. 测试方法

受试者听到开始信号后开始踢毽子，动作规格为单脚或双脚交换踢毽子。听到结束信号后停止，测试员报数并记录受试者在30秒钟内的踢毽子次数。测试单位为次。

4. 注意事项

（1）小学低年级学生参加踢毽子测试时，应由教师计数。

（2）测试时，仅记脚部踢毽子的次数，以膝、肩、头等身体其他部位接触毽子，只作为调整动作，不计次数。

（3）测试过程中如毽子落地，除该次不计数外，应继续进行。

十九、篮球运球

1. 测试目的

测试学生综合身体素质和篮球基本技能水平。测试年级为小学五、六年级及初中、高中、大学各年级。

2. 场地器材

测试场地长 20 米，宽 7 米，起点线后 5 米设置两列标志杆，标志杆距左右边线 3 米。各标志杆距杆 3 米，共 5 排杆，全长 20 米，并列的两杆间隔 1 米（图 3－7）。测试器材包括秒表（使用前应进行校正，要求同 50 米跑）、发令哨、30 米卷尺、标志杆 10 根（杆高 1.2 米以上），篮球若干个。小学五、六年级采用小篮球，球重为 450～500 克，球圆周为 68～70 厘米；初中、高中和大学为篮球。测试用球应符合国家标准。

3. 测试方法

受试者在起点线后持球站立，听到出发口令后，按图中所示箭头方向单手运球依次过杆，高中学生和大学生每次过杆时需换手运球。发令员发令后开表计时，受试者与球均返回起终点线时停表。每名受试者测两次，记录其中成绩最好一次。以秒为单位记录测试成绩，精确到小数点后 1 位，小数点后第 2 位数按非零进 1 原则进位。

4. 注意事项

(1) 测试中篮球脱手后，如球仍在测试场地内，受试者可自行捡回，并在脱手处继续运球，不停表。

(2) 测试过程中出现以下现象均属犯规行为，取消当次成绩：出发时抢跑、运球过程中双手同时触球、膝盖以下部位触球、漏绕标志杆、碰倒标志杆、人或球出测试区域、未按图示要求完成全程路线、通过终点时人球分离等。

(3) 受试者有两次测试机会，两次犯规无成绩者可再测直至取得成绩。

二十、足球颠球

1. 测试目的

测试学生足球基本技能水平。测试年级为小学五、六年级。

2. 场地器材

坚实、平整场地一块。测试器材包括小足球若干个，球重为 280～310 克，球圆周为 54～56 厘米。

3. 测试方法

受试者在原地将球抛起，用脚背正面连续颠球，球落地则测试结束，按次计数。其他部位触球可作为调整，不计次数。每名受试者测两次，记录其中成绩最好的一次。测试单位为次。

4. 注意事项

受试者可用双脚交替或单脚连续颠球。

二十一、足球运球

1. 测试目的

测试学生足球基本技能水平，测试年级为中学和大学各年级。

2. 场地器材

在坚实、平整场地或足球场上进行，测试区域长 30 米，宽 10 米，起点线至第一杆距离为 5 米，各杆间距 5 米，共设 5 根标志杆，标杆距两侧边线各 5 米。测试器材包括足球若干个（测试用球应符合国家标准），秒表（使用前应进行校正，要求同 50 米跑），30 米卷尺，5 根标志杆（杆高 1.2 米以上）。

3. 测试方法

受试者站在起点线后准备，听到出发口令后开始向前运球依次过杆，不得碰杆。受试者和球均越过终点线即为结束。发令员发令后开始计时，受试者与球均返回终点线时停表。每人跑两次，记录其中成绩最好的一次成绩。以秒为单位记录测试成绩，精确到小数点后一位。小数点后第二位数按非零进 1 原则进位。

4. 注意事项

(1) 测试过程中出现以下现象均属犯规行为，取消当次成绩：出发时抢跑、漏绕标志杆、碰倒标志杆、故意手球、未按要求完成全程路线等。

(2) 受试者有两次测试机会，两次犯规无成绩者可再测直至取得成绩。

二十二、排球垫球

1. 测试目的

测试学生排球基本技能水平。

2. 场地器材

在坚实、平坦的场地或排球场上进行，小学五、六年级的测试区域为 2.5 米×2.5 米，初中、高中和大学的测试区域为 3 米×3 米。小学五、六年级测试器材为软式排球，初中、高中、大学的测试器材为排球。测试用球应符合有关国家标准。

3. 测试方法

受试者在规定的测试区域内原地将球抛起，个人连续正面双手垫球，要求手型正确、击球部位准确、达到规定的高度，球落地即为测试结束，按次计数。受试者每次垫球应达到的高度，小学五、六年级为 2 米，初中男生为 2.24 米，初中女生为 2 米，高中和大学男生为 2.43 米，高中和大学女生为 2.24 米。每名受试者测试两次，记录其中成绩最好的一次。测试单位为次。

4. 注意事项

(1) 测试过程中如出现以下现象均只作为调整，不计次数：采用传球等其他方式触球、测试区域之外触球、垫球高度不足等。

(2) 为方便判定垫球高度，可将排球场的球网调整到相应的高度，或者在测试区域外相距 0.5 米处插两根标杆，标杆顶端用橡皮筋或标志线相连，将标杆调整到相应的高度进行判定，测试时通过比较垫球的高度和球网或标志线的高度进行判定。

《国家学生体质健康标准》评分表(小学)

(一)小学一、二年级男生身高标准体重(体重单位:公斤)

身高段(厘米)	营养不良	较低体重	正常体重	超 重	肥胖
	50分	60分	100分	60分	50分
106.0 ～ 106.9	<14.8	14.8 ～ 16.8	16.9 ～ 19.1	19.2 ～ 19.8	>=19.9
107.0 ～ 107.9	<15.1	15.1 ～ 17.1	17.2 ～ 19.5	19.6 ～ 20.3	>=20.4
108.0 ～ 108.9	<15.3	15.3 ～ 17.5	17.6 ～ 19.9	20.0 ～ 20.7	>=20.8
109.0 ～ 109.9	<15.6	15.6 ～ 17.9	18.0 ～ 20.3	20.4 ～ 21.1	>=21.2
110.0 ～ 110.9	<15.8	15.8 ～ 18.3	18.4 ～ 20.7	20.8 ～ 21.5	>=21.6
111.0 ～ 111.9	<16.1	16.1 ～ 18.6	18.7 ～ 21.1	21.2 ～ 21.9	>=22.0
112.0 ～ 112.9	<16.4	16.4 ～ 18.9	19.0 ～ 21.5	21.6 ～ 22.3	>=22.4
113.0 ～ 113.9	<16.7	16.7 ～ 19.2	19.3 ～ 22.0	22.1 ～ 22.8	>=22.9
114.0 ～ 114.9	<17.0	17.0 ～ 19.6	19.7 ～ 22.4	22.5 ～ 23.2	>=23.3
115.0 ～ 115.9	<17.3	17.3 ～ 19.9	20.0 ～ 22.8	22.9 ～ 23.6	>=23.7
116.0 ～ 116.9	<17.6	17.6 ～ 20.3	20.4 ～ 23.2	23.3 ～ 24.1	>=24.2
117.0 ～ 117.9	<18.0	18.0 ～ 20.6	20.7 ～ 23.6	23.7 ～ 24.6	>=24.7
118.0 ～ 118.9	<18.3	18.3 ～ 21.0	21.1 ～ 24.1	24.2 ～ 25.0	>=25.1
119.0 ～ 119.9	<18.6	18.6 ～ 21.4	21.5 ～ 24.6	24.7 ～ 25.5	>=25.6
120.0 ～ 120.9	<19.0	19.0 ～ 21.8	21.9 ～ 25.1	25.2 ～ 26.2	>=26.3
121.0 ～ 121.9	<19.4	19.4 ～ 22.2	22.3 ～ 25.6	25.7 ～ 26.8	>=26.9
122.0 ～ 122.9	<19.7	19.7 ～ 22.6	22.7 ～ 26.2	26.3 ～ 27.4	>=27.5
123.0 ～ 123.9	<20.1	20.1 ～ 23.0	23.1 ～ 26.8	26.9 ～ 28.0	>=28.1
124.0 ～ 124.9	<20.5	20.5 ～ 23.4	23.5 ～ 27.3	27.4 ～ 28.6	>=28.7
125.0 ～ 125.9	<20.9	20.9 ～ 23.8	23.9 ～ 27.8	27.9 ～ 29.2	>=29.3
126.0 ～ 126.9	<21.3	21.3 ～ 24.3	24.4 ～ 28.5	28.6 ～ 29.8	>=29.9
127.0 ～ 127.9	<21.7	21.7 ～ 24.7	24.8 ～ 29.0	29.1 ～ 30.4	>=30.5
128.0 ～ 128.9	<22.1	22.1 ～ 25.1	25.2 ～ 29.5	29.6 ～ 31.0	>=31.1
129.0 ～ 129.9	<22.6	22.6 ～ 25.6	25.7 ～ 30.1	30.2 ～ 31.6	>=31.7
130.0 ～ 130.9	<23.0	23.0 ～ 26.1	26.2 ～ 30.9	31.0 ～ 32.3	>=32.4
131.0 ～ 131.9	<23.5	23.5 ～ 26.6	26.7 ～ 31.6	31.7 ～ 33.2	>=33.3
132.0 ～ 132.9	<23.9	23.9 ～ 27.1	27.2 ～ 32.3	32.4 ～ 34.0	>=34.1
133.0 ～ 133.9	<24.4	24.4 ～ 27.7	27.8 ～ 32.9	33.0 ～ 34.7	>=34.8
134.0 ～ 134.9	<24.9	24.9 ～ 28.3	28.4 ～ 33.6	33.7 ～ 35.3	>=35.4
135.0 ～ 135.9	<25.3	25.3 ～ 28.9	29.0 ～ 34.2	34.3 ～ 36.0	>=36.1
136.0 ～ 136.9	<25.8	25.8 ～ 29.5	29.6 ～ 34.9	35.0 ～ 36.7	>=36.8
137.0 ～ 137.9	<26.4	26.4 ～ 30.1	30.2 ～ 35.6	35.7 ～ 37.4	>=37.5
138.0 ～ 138.9	<27.0	27.0 ～ 30.8	30.9 ～ 36.3	36.4 ～ 38.2	>=38.3
139.0 ～ 139.9	<27.6	27.6 ～ 31.5	31.6 ～ 37.1	37.2 ～ 39.1	>=39.2
140.0 ～ 140.9	<28.1	28.1 ～ 32.2	32.3 ～ 38.0	38.1 ～ 40.0	>=40.1
141.0 ～ 141.9	<28.6	28.6 ～ 32.9	33.0 ～ 38.9	39.0 ～ 40.9	>=41.0
142.0 ～ 142.9	<29.1	29.1 ～ 33.7	33.8 ～ 39.8	39.9 ～ 41.8	>=41.9
143.0 ～ 143.9	<29.7	29.7 ～ 34.5	34.6 ～ 40.7	40.8 ～ 42.7	>=42.8
144.0 ～ 144.9	<30.3	30.3 ～ 35.2	35.3 ～ 41.7	41.8 ～ 43.6	>=43.7
145.0 ～ 145.9	<30.9	30.9 ～ 35.9	36.0 ～ 42.3	42.4 ～ 44.5	>=44.6
146.0 ～ 146.9	<31.5	31.5 ～ 36.6	36.7 ～ 43.2	43.3 ～ 45.4	>=45.5
147.0 ～ 147.9	<32.1	32.1 ～ 37.4	37.5 ～ 44.2	44.3 ～ 46.4	>=46.5
148.0 ～ 148.9	<32.7	32.7 ～ 38.1	38.2 ～ 45.0	45.1 ～ 47.3	>=47.4
149.0 ～ 149.9	<33.3	33.3 ～ 38.8	38.9 ～ 45.9	46.0 ～ 48.2	>=48.3
150.0 ～ 150.9	<34.0	34.0 ～ 39.5	39.6 ～ 46.7	46.8 ～ 49.1	>=49.2
151.0 ～ 151.9	<34.6	34.6 ～ 40.1	40.2 ～ 47.5	47.6 ～ 49.9	>=50.0
152.0 ～ 152.9	<35.2	35.2 ～ 40.9	41.0 ～ 48.4	48.5 ～ 50.7	>=50.8
153.0 ～ 153.9	<35.9	35.9 ～ 41.6	41.7 ～ 49.1	49.2 ～ 51.5	>=51.6
154.0 ～ 154.9	<36.5	36.5 ～ 42.4	42.5 ～ 49.9	50.0 ～ 52.4	>=52.5
155.0 ～ 155.9	<37.1	37.1 ～ 43.3	43.4 ～ 51.1	51.2 ～ 53.4	>=53.5

注：身高低于表中所列出的最低身高段的下限值时，身高每低1厘米，实测体重需加上0.5公斤，实测身高需加上1厘米，再查表确定分值。身高高于表中所列出的最高身高段时，身高每高1厘米，其实测体重需减去0.9公斤，实测身高需减去1厘米，再查表确定分值。

（二）小学一、二年级女生身高标准体重（体重单位：公斤）

身高段（厘米）	营养不良 50分	较低体重 60分	正常体重 100分	超重 60分	肥胖 50分
106.0 ～ 106.9	<14.8	14.8 ～ 16.9	17.0 ～ 19.4	19.5 ～ 20.3	>=20.4
107.0 ～ 107.9	<14.9	14.9 ～ 17.0	17.1 ～ 19.6	19.7 ～ 20.4	>=20.5
108.0 ～ 108.9	<15.0	15.0 ～ 17.2	17.3 ～ 19.8	19.9 ～ 20.6	>=20.7
109.0 ～ 109.9	<15.2	15.2 ～ 17.5	17.6 ～ 20.0	20.1 ～ 20.8	>=20.9
110.0 ～ 110.9	<15.5	15.5 ～ 17.8	17.9 ～ 20.3	20.4 ～ 21.1	>=21.2
111.0 ～ 111.9	<15.7	15.7 ～ 18.1	18.2 ～ 20.6	20.7 ～ 21.5	>=21.6
112.0 ～ 112.9	<16.0	16.0 ～ 18.5	18.6 ～ 21.1	21.2 ～ 21.9	>=22.0
113.0 ～ 113.9	<16.2	16.2 ～ 18.8	18.9 ～ 21.5	21.6 ～ 22.3	>=22.4
114.0 ～ 114.9	<16.5	16.5 ～ 19.1	19.2 ～ 21.8	21.9 ～ 22.7	>=22.8
115.0 ～ 115.9	<16.8	16.8 ～ 19.4	19.5 ～ 22.3	22.4 ～ 23.2	>=23.3
116.0 ～ 116.9	<17.2	17.2 ～ 19.8	19.9 ～ 22.6	22.7 ～ 23.7	>=23.8
117.0 ～ 117.9	<17.5	17.5 ～ 20.2	20.3 ～ 23.0	23.1 ～ 24.2	>=24.3
118.0 ～ 118.9	<17.9	17.9 ～ 20.6	20.7 ～ 23.4	23.5 ～ 24.7	>=24.8
119.0 ～ 119.9	<18.2	18.2 ～ 20.9	21.0 ～ 24.0	24.1 ～ 25.2	>=25.3
120.0 ～ 120.9	<18.4	18.4 ～ 21.3	21.4 ～ 24.5	24.6 ～ 25.7	>=25.8
121.0 ～ 121.9	<18.8	18.8 ～ 21.7	21.8 ～ 25.0	25.1 ～ 26.1	>=26.2
122.0 ～ 122.9	<19.2	19.2 ～ 22.1	22.2 ～ 25.4	25.5 ～ 26.6	>=26.7
123.0 ～ 123.9	<19.6	19.6 ～ 22.6	22.7 ～ 25.9	26.0 ～ 27.1	>=27.2
124.0 ～ 124.9	<20.0	20.0 ～ 23.1	23.2 ～ 26.5	26.6 ～ 27.6	>=27.7
125.0 ～ 125.9	<20.4	20.4 ～ 23.6	23.7 ～ 27.0	27.1 ～ 28.2	>=28.3
126.0 ～ 126.9	<20.9	20.9 ～ 24.0	24.1 ～ 27.5	27.6 ～ 28.8	>=28.9
127.0 ～ 127.9	<21.4	21.4 ～ 24.6	24.7 ～ 28.1	28.2 ～ 29.4	>=29.5
128.0 ～ 128.9	<21.8	21.8 ～ 25.0	25.1 ～ 28.8	28.9 ～ 30.1	>=30.2
129.0 ～ 129.9	<22.3	22.3 ～ 25.6	25.7 ～ 29.6	29.7 ～ 31.0	>=31.1
130.0 ～ 130.9	<22.7	22.7 ～ 26.2	26.3 ～ 30.5	30.6 ～ 31.8	>=31.9
131.0 ～ 131.9	<23.2	23.2 ～ 26.7	26.8 ～ 31.1	31.2 ～ 32.5	>=32.6
132.0 ～ 132.9	<23.7	23.7 ～ 27.3	27.4 ～ 31.8	31.9 ～ 33.3	>=33.4
133.0 ～ 133.9	<24.1	24.1 ～ 27.7	27.8 ～ 32.6	32.7 ～ 34.1	>=34.2
134.0 ～ 134.9	<24.7	24.7 ～ 28.5	28.6 ～ 33.3	33.4 ～ 34.9	>=35.0
135.0 ～ 135.9	<25.1	25.1 ～ 29.2	29.3 ～ 34.3	34.4 ～ 36.0	>=36.1
136.0 ～ 136.9	<25.7	25.7 ～ 29.9	30.0 ～ 35.2	35.3 ～ 36.9	>=37.0
137.0 ～ 137.9	<26.3	26.3 ～ 30.7	30.8 ～ 36.0	36.1 ～ 37.7	>=37.8
138.0 ～ 138.9	<27.0	27.0 ～ 31.5	31.6 ～ 36.9	37.0 ～ 38.7	>=38.8
139.0 ～ 139.9	<27.4	27.4 ～ 32.1	32.2 ～ 37.8	37.9 ～ 39.7	>=39.8
140.0 ～ 140.9	<27.8	27.8 ～ 32.8	32.9 ～ 38.7	38.8 ～ 40.6	>=40.7
141.0 ～ 141.9	<28.5	28.5 ～ 33.5	33.6 ～ 39.7	39.8 ～ 41.7	>=41.8
142.0 ～ 142.9	<29.1	29.1 ～ 34.2	34.3 ～ 40.7	40.8 ～ 42.8	>=42.9
143.0 ～ 143.9	<29.7	29.7 ～ 35.0	35.1 ～ 41.6	41.7 ～ 43.8	>=43.9
144.0 ～ 144.9	<30.3	30.3 ～ 35.7	35.8 ～ 42.6	42.7 ～ 44.9	>=45.0
145.0 ～ 145.9	<30.8	30.8 ～ 36.4	36.5 ～ 43.6	43.7 ～ 46.0	>=46.1
146.0 ～ 146.9	<31.4	31.4 ～ 37.1	37.2 ～ 44.5	44.6 ～ 46.9	>=47.0
147.0 ～ 147.9	<32.1	32.1 ～ 37.8	37.9 ～ 45.3	45.4 ～ 47.8	>=47.9
148.0 ～ 148.9	<32.6	32.6 ～ 38.5	38.6 ～ 46.2	46.3 ～ 48.7	>=48.8
149.0 ～ 149.9	<33.2	33.2 ～ 39.1	39.2 ～ 46.9	47.0 ～ 49.5	>=49.6
150.0 ～ 150.9	<33.7	33.7 ～ 39.7	39.8 ～ 47.7	47.8 ～ 50.5	>=50.6
151.0 ～ 151.9	<34.4	34.4 ～ 40.4	40.5 ～ 48.7	48.8 ～ 51.4	>=51.5
152.0 ～ 152.9	<34.9	34.9 ～ 41.1	41.2 ～ 49.5	49.6 ～ 52.3	>=52.4
153.0 ～ 153.9	<35.6	35.6 ～ 41.8	41.9 ～ 50.4	50.5 ～ 53.2	>=53.3
154.0 ～ 154.9	<36.2	36.2 ～ 42.5	42.6 ～ 51.1	51.2 ～ 54.0	>=54.1
155.0 ～ 155.9	<36.9	36.9 ～ 43.2	43.3 ～ 52.0	52.1 ～ 54.8	>=54.9

注：身高低于表中所列出的最低身高段的下限值时，身高每低1厘米，实测体重需加上0.5公斤，实测身高需加上1厘米，再查表确定分值。身高高于表中所列出的最高身高段时，身高每高1厘米，其实测体重需减去0.9公斤，实测身高需减去1厘米，再查表确定分值。

(三)小学一、二年级男生评分标准

等级	单项得分	50米跑（秒）	25米×2往返跑（秒）	立定跳远（米）	投沙包（米）	坐位体前屈（厘米）	跳绳（次/1分钟）	踢毽子（次/30秒）
优秀	100	9.4	9.8	1.56	23.6	12.4	140	45
	98	9.5	10.0	1.55	22.3	12.1	134	43
	96	9.6	10.3	1.54	20.5	11.6	124	40
	94	9.7	10.6	1.53	18.6	11.2	115	38
	92	9.8	11.0	1.51	16.0	10.6	103	34
	90	9.9	11.4	1.49	13.5	10.0	90	30
良好	87	10.1	11.5	1.47	12.9	9.4	86	29
	84	10.5	11.8	1.43	11.9	8.5	81	28
	81	10.8	12.0	1.39	10.9	7.6	75	26
	78	11.3	12.3	1.35	9.6	6.4	68	24
	75	11.8	12.5	1.30	8.4	5.3	60	22
及格	72	11.9	12.8	1.27	7.9	4.6	56	21
	69	12.1	13.2	1.23	7.3	3.5	51	20
	66	12.2	13.6	1.19	6.7	2.5	45	19
	63	12.4	14.1	1.13	5.9	1.1	38	17
	60	12.6	14.6	1.07	5.0	-0.3	30	15
不及格	50	12.7	15.0	1.06	4.8	-0.9	28	14
	40	12.9	15.7	1.03	4.5	-1.7	24	12
	30	13.0	16.4	1.00	4.1	-2.5	20	10
	20	13.2	17.3	0.97	3.7	-3.7	15	8
	10	13.4	18.2	0.93	3.2	-4.8	10	5

(四)小学一、二年级女生评分标准

等级	单项得分	50米跑（秒）	25米×2往返跑（秒）	立定跳远（米）	投沙包（米）	坐位体前屈（厘米）	跳绳（次/1分钟）	踢毽子（次/30秒）
优秀	100	9.9	10.1	1.47	21.6	15.1	145	40
	98	10.0	10.3	1.46	20.1	14.9	138	38
	96	10.1	10.6	1.44	17.9	14.5	128	35
	94	10.2	11.0	1.43	15.7	14.1	118	33
	92	10.3	11.4	1.40	12.8	13.5	104	29
	90	10.5	11.9	1.38	9.9	13.0	90	25
良好	87	10.7	12.0	1.36	9.4	12.3	86	24
	84	11.1	12.3	1.32	8.6	11.3	81	22
	81	11.5	12.5	1.29	7.8	10.2	75	20
	78	12.0	12.7	1.25	6.8	8.9	68	18
	75	12.5	13.0	1.20	5.7	7.5	60	15
及格	72	12.6	13.3	1.18	5.4	6.7	56	14
	69	12.7	13.7	1.14	5.0	5.5	51	13
	66	12.9	14.1	1.10	4.6	4.4	45	12
	63	13.0	14.6	1.05	4.0	2.8	38	11
	60	13.2	15.1	0.99	3.5	1.2	30	9
不及格	50	13.3	15.3	0.98	3.3	0.8	28	8
	40	13.5	15.7	0.95	3.1	0.1	24	7
	30	13.7	16.0	0.92	2.9	-0.5	20	6
	20	13.9	16.5	0.89	2.6	-1.4	15	5
	10	14.1	17.0	0.86	2.4	-2.3	10	3

（五）小学三、四年级男生身高标准体重（体重单位：公斤）

身高段（厘米）	营养不良	较低体重	正常体重	超重	肥胖
	50分	60分	100分	60分	50分
106.0 ～ 106.9	<14.8	14.8 ～ 16.8	16.9 ～ 19.1	19.2 ～ 19.8	>=19.9
107.0 ～ 107.9	<15.1	15.1 ～ 17.1	17.2 ～ 19.5	19.6 ～ 20.3	>=20.4
108.0 ～ 108.9	<15.3	15.3 ～ 17.5	17.6 ～ 19.9	20.0 ～ 20.7	>=20.8
109.0 ～ 109.9	<15.6	15.6 ～ 17.9	18.0 ～ 20.3	20.4 ～ 21.1	>=21.2
110.0 ～ 110.9	<15.8	15.8 ～ 18.3	18.4 ～ 20.7	20.8 ～ 21.5	>=21.6
111.0 ～ 111.9	<16.1	16.1 ～ 18.6	18.7 ～ 21.1	21.2 ～ 21.9	>=22.0
112.0 ～ 112.9	<16.4	16.4 ～ 18.9	19.0 ～ 21.5	21.6 ～ 22.3	>=22.4
113.0 ～ 113.9	<16.7	16.7 ～ 19.2	19.3 ～ 22.0	22.1 ～ 22.8	>=22.9
114.0 ～ 114.9	<17.0	17.0 ～ 19.6	19.7 ～ 22.4	22.5 ～ 23.2	>=23.3
115.0 ～ 115.9	<17.3	17.3 ～ 19.9	20.0 ～ 22.8	22.9 ～ 23.6	>=23.7
116.0 ～ 116.9	<17.6	17.6 ～ 20.3	20.4 ～ 23.2	23.3 ～ 24.1	>=24.2
117.0 ～ 117.9	<18.0	18.0 ～ 20.6	20.7 ～ 23.6	23.7 ～ 24.6	>=24.7
118.0 ～ 118.9	<18.3	18.3 ～ 21.0	21.1 ～ 24.1	24.2 ～ 25.0	>=25.1
119.0 ～ 119.9	<18.6	18.6 ～ 21.4	21.5 ～ 24.6	24.7 ～ 25.5	>=25.6
120.0 ～ 120.9	<19.0	19.0 ～ 21.8	21.9 ～ 25.1	25.2 ～ 26.2	>=26.3
121.0 ～ 121.9	<19.4	19.4 ～ 22.2	22.3 ～ 25.6	25.7 ～ 26.8	>=26.9
122.0 ～ 122.9	<19.7	19.7 ～ 22.6	22.7 ～ 26.2	26.3 ～ 27.4	>=27.5
123.0 ～ 123.9	<20.1	20.1 ～ 23.0	23.1 ～ 26.8	26.9 ～ 28.0	>=28.1
124.0 ～ 124.9	<20.5	20.5 ～ 23.4	23.5 ～ 27.3	27.4 ～ 28.6	>=28.7
125.0 ～ 125.9	<20.9	20.9 ～ 23.8	23.9 ～ 27.8	27.9 ～ 29.2	>=29.3
126.0 ～ 126.9	<21.3	21.3 ～ 24.3	24.4 ～ 28.5	28.6 ～ 29.8	>=29.9
127.0 ～ 127.9	<21.7	21.7 ～ 24.7	24.8 ～ 29.0	29.1 ～ 30.4	>=30.5
128.0 ～ 128.9	<22.1	22.1 ～ 25.1	25.2 ～ 29.5	29.6 ～ 31.0	>=31.1
129.0 ～ 129.9	<22.6	22.6 ～ 25.6	25.7 ～ 30.1	30.2 ～ 31.6	>=31.7
130.0 ～ 130.9	<23.0	23.0 ～ 26.1	26.2 ～ 30.9	31.0 ～ 32.3	>=32.4
131.0 ～ 131.9	<23.5	23.5 ～ 26.6	26.7 ～ 31.6	31.7 ～ 33.2	>=33.3
132.0 ～ 132.9	<23.9	23.9 ～ 27.1	27.2 ～ 32.3	32.4 ～ 34.0	>=34.1
133.0 ～ 133.9	<24.4	24.4 ～ 27.7	27.8 ～ 32.9	33.0 ～ 34.7	>=34.8
134.0 ～ 134.9	<24.9	24.9 ～ 28.3	28.4 ～ 33.6	33.7 ～ 35.3	>=35.4
135.0 ～ 135.9	<25.3	25.3 ～ 28.9	29.0 ～ 34.2	34.3 ～ 36.0	>=36.1
136.0 ～ 136.9	<25.8	25.8 ～ 29.5	29.6 ～ 34.9	35.0 ～ 36.7	>=36.8
137.0 ～ 137.9	<26.4	26.4 ～ 30.1	30.2 ～ 35.6	35.7 ～ 37.4	>=37.5
138.0 ～ 138.9	<27.0	27.0 ～ 30.8	30.9 ～ 36.3	36.4 ～ 38.2	>=38.3
139.0 ～ 139.9	<27.6	27.6 ～ 31.5	31.6 ～ 37.1	37.2 ～ 39.1	>=39.2
140.0 ～ 140.9	<28.1	28.1 ～ 32.2	32.3 ～ 38.0	38.1 ～ 40.0	>=40.1
141.0 ～ 141.9	<28.6	28.6 ～ 32.9	33.0 ～ 38.9	39.0 ～ 40.9	>=41.0
142.0 ～ 142.9	<29.1	29.1 ～ 33.7	33.8 ～ 39.8	39.9 ～ 41.8	>=41.9
143.0 ～ 143.9	<29.7	29.7 ～ 34.5	34.6 ～ 40.7	40.8 ～ 42.7	>=42.8
144.0 ～ 144.9	<30.3	30.3 ～ 35.2	35.3 ～ 41.7	41.8 ～ 43.6	>=43.7
145.0 ～ 145.9	<30.9	30.9 ～ 35.9	36.0 ～ 42.3	42.4 ～ 44.5	>=44.6
146.0 ～ 146.9	<31.5	31.5 ～ 36.6	36.7 ～ 43.2	43.3 ～ 45.4	>=45.5
147.0 ～ 147.9	<32.1	32.1 ～ 37.4	37.5 ～ 44.2	44.3 ～ 46.4	>=46.5
148.0 ～ 148.9	<32.7	32.7 ～ 38.1	38.2 ～ 45.0	45.1 ～ 47.3	>=47.4
149.0 ～ 149.9	<33.3	33.3 ～ 38.8	38.9 ～ 45.9	46.0 ～ 48.2	>=48.3
150.0 ～ 150.9	<34.0	34.0 ～ 39.5	39.6 ～ 46.7	46.8 ～ 49.1	>=49.2
151.0 ～ 151.9	<34.6	34.6 ～ 40.1	40.2 ～ 47.5	47.6 ～ 49.9	>=50.0
152.0 ～ 152.9	<35.2	35.2 ～ 40.9	41.0 ～ 48.4	48.5 ～ 50.7	>=50.8
153.0 ～ 153.9	<35.9	35.9 ～ 41.6	41.7 ～ 49.1	49.2 ～ 51.5	>=51.6
154.0 ～ 154.9	<36.5	36.5 ～ 42.4	42.5 ～ 49.9	50.0 ～ 52.4	>=52.5
155.0 ～ 155.9	<37.1	37.1 ～ 43.3	43.4 ～ 51.1	51.2 ～ 53.4	>=53.5

注：身高低于表中所列出的最低身高段的下限值时，身高每低1厘米，实测体重需加上0.5公斤，实测身高需加上1厘米，再查表确定分值。身高高于表中所列出的最高身高段时，身高每高1厘米，其实测体重需减去0.9公斤，实测身高需减去1厘米，再查表确定分值。

（六）小学三、四年级女生身高标准体重（体重单位:公斤）

身高段（厘米）	营养不良	较低体重	正常体重	超 重	肥胖
	50分	60分	100分	60分	50分
106.0 ～ 106.9	<14.8	14.8 ～ 16.9	17.0 ～ 19.4	19.5 ～ 20.3	>=20.4
107.0 ～ 107.9	<14.9	14.9 ～ 17.0	17.1 ～ 19.6	19.7 ～ 20.4	>=20.5
108.0 ～ 108.9	<15.0	15.0 ～ 17.2	17.3 ～ 19.8	19.9 ～ 20.6	>=20.7
109.0 ～ 109.9	<15.2	15.2 ～ 17.5	17.6 ～ 20.0	20.1 ～ 20.8	>=20.9
110.0 ～ 110.9	<15.5	15.5 ～ 17.8	17.9 ～ 20.3	20.4 ～ 21.1	>=21.2
111.0 ～ 111.9	<15.7	15.7 ～ 18.1	18.2 ～ 20.6	20.7 ～ 21.5	>=21.6
112.0 ～ 112.9	<16.0	16.0 ～ 18.5	18.6 ～ 21.1	21.2 ～ 21.9	>=22.0
113.0 ～ 113.9	<16.2	16.2 ～ 18.8	18.9 ～ 21.5	21.6 ～ 22.3	>=22.4
114.0 ～ 114.9	<16.5	16.5 ～ 19.1	19.2 ～ 21.8	21.9 ～ 22.7	>=22.8
115.0 ～ 115.9	<16.8	16.8 ～ 19.4	19.5 ～ 22.3	22.4 ～ 23.2	>=23.3
116.0 ～ 116.9	<17.2	17.2 ～ 19.8	19.9 ～ 22.6	22.7 ～ 23.7	>=23.8
117.0 ～ 117.9	<17.5	17.5 ～ 20.2	20.3 ～ 23.0	23.1 ～ 24.2	>=24.3
118.0 ～ 118.9	<17.9	17.9 ～ 20.6	20.7 ～ 23.4	23.5 ～ 24.7	>=24.8
119.0 ～ 119.9	<18.2	18.2 ～ 20.9	21.0 ～ 24.0	24.1 ～ 25.2	>=25.3
120.0 ～ 120.9	<18.4	18.4 ～ 21.3	21.4 ～ 24.5	24.6 ～ 25.7	>=25.8
121.0 ～ 121.9	<18.8	18.8 ～ 21.7	21.8 ～ 25.0	25.1 ～ 26.1	>=26.2
122.0 ～ 122.9	<19.2	19.2 ～ 22.1	22.2 ～ 25.4	25.5 ～ 26.6	>=26.7
123.0 ～ 123.9	<19.6	19.6 ～ 22.6	22.7 ～ 25.9	26.0 ～ 27.1	>=27.2
124.0 ～ 124.9	<20.0	20.0 ～ 23.1	23.2 ～ 26.5	26.6 ～ 27.6	>=27.7
125.0 ～ 125.9	<20.4	20.4 ～ 23.6	23.7 ～ 27.0	27.1 ～ 28.2	>=28.3
126.0 ～ 126.9	<20.9	20.9 ～ 24.0	24.1 ～ 27.5	27.6 ～ 28.8	>=28.9
127.0 ～ 127.9	<21.4	21.4 ～ 24.6	24.7 ～ 28.1	28.2 ～ 29.4	>=29.5
128.0 ～ 128.9	<21.8	21.8 ～ 25.0	25.1 ～ 28.8	28.9 ～ 30.1	>=30.2
129.0 ～ 129.9	<22.3	22.3 ～ 25.6	25.7 ～ 29.6	29.7 ～ 31.0	>=31.1
130.0 ～ 130.9	<22.7	22.7 ～ 26.2	26.3 ～ 30.5	30.6 ～ 31.8	>=31.9
131.0 ～ 131.9	<23.2	23.2 ～ 26.7	26.8 ～ 31.1	31.2 ～ 32.5	>=32.6
132.0 ～ 132.9	<23.7	23.7 ～ 27.3	27.4 ～ 31.8	31.9 ～ 33.3	>=33.4
133.0 ～ 133.9	<24.1	24.1 ～ 27.7	27.8 ～ 32.6	32.7 ～ 34.1	>=34.2
134.0 ～ 134.9	<24.7	24.7 ～ 28.5	28.6 ～ 33.3	33.4 ～ 34.9	>=35.0
135.0 ～ 135.9	<25.1	25.1 ～ 29.2	29.3 ～ 34.3	34.4 ～ 36.0	>=36.1
136.0 ～ 136.9	<25.7	25.7 ～ 29.9	30.0 ～ 35.2	35.3 ～ 36.9	>=37.0
137.0 ～ 137.9	<26.3	26.3 ～ 30.7	30.8 ～ 36.0	36.1 ～ 37.7	>=37.8
138.0 ～ 138.9	<27.0	27.0 ～ 31.5	31.6 ～ 36.9	37.0 ～ 38.7	>=38.8
139.0 ～ 139.9	<27.4	27.4 ～ 32.1	32.2 ～ 37.8	37.9 ～ 39.7	>=39.8
140.0 ～ 140.9	<27.8	27.8 ～ 32.8	32.9 ～ 38.7	38.8 ～ 40.6	>=40.7
141.0 ～ 141.9	<28.5	28.5 ～ 33.5	33.6 ～ 39.7	39.8 ～ 41.7	>=41.8
142.0 ～ 142.9	<29.1	29.1 ～ 34.2	34.3 ～ 40.7	40.8 ～ 42.8	>=42.9
143.0 ～ 143.9	<29.7	29.7 ～ 35.0	35.1 ～ 41.6	41.7 ～ 43.8	>=43.9
144.0 ～ 144.9	<30.3	30.3 ～ 35.7	35.8 ～ 42.6	42.7 ～ 44.9	>=45.0
145.0 ～ 145.9	<30.8	30.8 ～ 36.4	36.5 ～ 43.6	43.7 ～ 46.0	>=46.1
146.0 ～ 146.9	<31.4	31.4 ～ 37.1	37.2 ～ 44.5	44.6 ～ 46.9	>=47.0
147.0 ～ 147.9	<32.1	32.1 ～ 37.8	37.9 ～ 45.3	45.4 ～ 47.8	>=47.9
148.0 ～ 148.9	<32.6	32.6 ～ 38.5	38.6 ～ 46.2	46.3 ～ 48.7	>=48.8
149.0 ～ 149.9	<33.2	33.2 ～ 39.1	39.2 ～ 46.9	47.0 ～ 49.5	>=49.6
150.0 ～ 150.9	<33.7	33.7 ～ 39.7	39.8 ～ 47.7	47.8 ～ 50.5	>=50.6
151.0 ～ 151.9	<34.4	34.4 ～ 40.4	40.5 ～ 48.7	48.8 ～ 51.4	>=51.5
152.0 ～ 152.9	<34.9	34.9 ～ 41.1	41.2 ～ 49.5	49.6 ～ 52.3	>=52.4
153.0 ～ 153.9	<35.6	35.6 ～ 41.8	41.9 ～ 50.4	50.5 ～ 53.2	>=53.3
154.0 ～ 154.9	<36.2	36.2 ～ 42.5	42.6 ～ 51.1	51.2 ～ 54.0	>=54.1
155.0 ～ 155.9	<36.9	36.9 ～ 43.2	43.3 ～ 52.0	52.1 ～ 54.8	>=54.9

注：身高低于表中所列出的最低身高段的下限值时，身高每低1厘米，实测体重需加上0.5公斤，实测身高需加上1厘米，再查表确定分值。身高高于表中所列出的最高身高段时，身高每高1厘米，其实测体重需减去0.9公斤，实测身高需减去1厘米，再查表确定分值。

(七)小学三、四年级男生评分标准

等级	单项得分	50米跑（秒）	25米×2往返跑（秒）	立定跳远（米）	掷实心球（米）	坐位体前屈（厘米）	跳绳（次/1分钟）	仰卧起坐（次/1分钟）
优秀	100	8.6	9.4	1.78	9.5	12.9	160	48
	98	8.7	9.5	1.77	9.2	12.6	154	47
	96	8.8	9.7	1.75	8.7	12.1	144	46
	94	8.9	9.8	1.74	8.3	11.7	135	44
	92	9.0	10.1	1.72	7.6	11.1	123	42
	90	9.1	10.3	1.70	7.0	10.5	110	40
良好	87	9.3	10.5	1.68	6.9	9.9	106	39
	84	9.6	10.9	1.65	6.7	8.9	101	38
	81	9.8	11.3	1.61	6.5	8.0	95	37
	78	10.2	11.7	1.57	6.3	6.7	88	35
	75	10.5	12.2	1.53	6.0	5.5	80	34
及格	72	10.6	12.3	1.50	5.9	4.7	75	32
	69	10.8	12.5	1.45	5.7	3.5	68	30
	66	10.9	12.6	1.41	5.5	2.4	60	27
	63	11.1	12.8	1.35	5.3	0.8	50	24
	60	11.2	13.0	1.29	5.0	-0.8	40	21
不及格	50	11.3	13.2	1.28	4.6	-1.4	37	20
	40	11.4	13.5	1.26	4.1	-2.2	32	18
	30	11.6	13.8	1.23	3.5	-3.1	28	17
	20	11.7	14.1	1.20	2.8	-4.2	21	15
	10	11.9	14.5	1.17	2.0	-5.3	15	13

(八)小学三、四年级女生评分标准

等级	单项得分	50米跑（秒）	25米×2往返跑（秒）	立定跳远（米）	掷实心球（米）	坐位体前屈（厘米）	跳绳（次/1分钟）	仰卧起坐（次/1分钟）
优秀	100	9.0	7.8	1.67	8.2	15.4	165	48
	98	9.1	8.1	1.66	7.8	15.1	159	47
	96	9.2	8.6	1.65	7.3	14.6	149	46
	94	9.3	9.0	1.64	6.7	14.2	140	44
	92	9.4	9.7	1.62	6.0	13.6	128	42
	90	9.5	10.3	1.60	5.2	13.0	115	40
良好	87	9.7	10.5	1.58	5.0	12.3	111	39
	84	10.0	10.9	1.54	4.8	11.3	106	38
	81	10.3	11.2	1.51	4.6	10.2	100	37
	78	10.7	11.7	1.46	4.2	8.8	93	35
	75	11.1	12.2	1.41	3.9	7.4	85	34
及格	72	11.2	12.3	1.38	3.8	6.6	80	32
	69	11.4	12.4	1.34	3.5	5.4	73	30
	66	11.5	12.6	1.30	3.2	4.1	65	27
	63	11.7	12.8	1.25	2.9	2.5	55	24
	60	11.8	13.0	1.19	2.5	0.9	45	21
不及格	50	11.9	13.1	1.18	2.4	0.4	42	20
	40	12.0	13.4	1.16	2.2	-0.2	37	18
	30	12.2	13.7	1.13	2.0	-0.9	32	17
	20	12.3	14.1	1.10	1.7	-1.7	25	15
	10	12.5	14.5	1.07	1.5	-2.6	18	13

（九）小学五、六年级男生身高标准体重（体重单位:公斤）

身高段（厘米）	营养不良	较低体重	正常体重	超重	肥胖
	50分	60分	100分	60分	50分
106.0 ～ 106.9	<14.8	14.8 ～ 16.8	16.9 ～ 19.1	19.2 ～ 19.8	>=19.9
107.0 ～ 107.9	<15.1	15.1 ～ 17.1	17.2 ～ 19.5	19.6 ～ 20.3	>=20.4
108.0 ～ 108.9	<15.3	15.3 ～ 17.5	17.6 ～ 19.9	20.0 ～ 20.7	>=20.8
109.0 ～ 109.9	<15.6	15.6 ～ 17.9	18.0 ～ 20.3	20.4 ～ 21.1	>=21.2
110.0 ～ 110.9	<15.8	15.8 ～ 18.3	18.4 ～ 20.7	20.8 ～ 21.5	>=21.6
111.0 ～ 111.9	<16.1	16.1 ～ 18.6	18.7 ～ 21.1	21.2 ～ 21.9	>=22.0
112.0 ～ 112.9	<16.4	16.4 ～ 18.9	19.0 ～ 21.5	21.6 ～ 22.3	>=22.4
113.0 ～ 113.9	<16.7	16.7 ～ 19.2	19.3 ～ 22.0	22.1 ～ 22.8	>=22.9
114.0 ～ 114.9	<17.0	17.0 ～ 19.6	19.7 ～ 22.4	22.5 ～ 23.2	>=23.3
115.0 ～ 115.9	<17.3	17.3 ～ 19.9	20.0 ～ 22.8	22.9 ～ 23.6	>=23.7
116.0 ～ 116.9	<17.6	17.6 ～ 20.3	20.4 ～ 23.2	23.3 ～ 24.1	>=24.2
117.0 ～ 117.9	<18.0	18.0 ～ 20.6	20.7 ～ 23.6	23.7 ～ 24.6	>=24.7
118.0 ～ 118.9	<18.3	18.3 ～ 21.0	21.1 ～ 24.1	24.2 ～ 25.0	>=25.1
119.0 ～ 119.9	<18.6	18.6 ～ 21.4	21.5 ～ 24.6	24.7 ～ 25.5	>=25.6
120.0 ～ 120.9	<19.0	19.0 ～ 21.8	21.9 ～ 25.1	25.2 ～ 26.2	>=26.3
121.0 ～ 121.9	<19.4	19.4 ～ 22.2	22.3 ～ 25.6	25.7 ～ 26.8	>=26.9
122.0 ～ 122.9	<19.7	19.7 ～ 22.6	22.7 ～ 26.2	26.3 ～ 27.4	>=27.5
123.0 ～ 123.9	<20.1	20.1 ～ 23.0	23.1 ～ 26.8	26.9 ～ 28.0	>=28.1
124.0 ～ 124.9	<20.5	20.5 ～ 23.4	23.5 ～ 27.3	27.4 ～ 28.6	>=28.7
125.0 ～ 125.9	<20.9	20.9 ～ 23.8	23.9 ～ 27.8	27.9 ～ 29.2	>=29.3
126.0 ～ 126.9	<21.3	21.3 ～ 24.3	24.4 ～ 28.5	28.6 ～ 29.8	>=29.9
127.0 ～ 127.9	<21.7	21.7 ～ 24.7	24.8 ～ 29.0	29.1 ～ 30.4	>=30.5
128.0 ～ 128.9	<22.1	22.1 ～ 25.1	25.2 ～ 29.5	29.6 ～ 31.0	>=31.1
129.0 ～ 129.9	<22.6	22.6 ～ 25.6	25.7 ～ 30.1	30.2 ～ 31.6	>=31.7
130.0 ～ 130.9	<23.0	23.0 ～ 26.1	26.2 ～ 30.9	31.0 ～ 32.3	>=32.4
131.0 ～ 131.9	<23.5	23.5 ～ 26.6	26.7 ～ 31.6	31.7 ～ 33.2	>=33.3
132.0 ～ 132.9	<23.9	23.9 ～ 27.1	27.2 ～ 32.3	32.4 ～ 34.0	>=34.1
133.0 ～ 133.9	<24.4	24.4 ～ 27.7	27.8 ～ 32.9	33.0 ～ 34.7	>=34.8
134.0 ～ 134.9	<24.9	24.9 ～ 28.3	28.4 ～ 33.6	33.7 ～ 35.3	>=35.4
135.0 ～ 135.9	<25.3	25.3 ～ 28.9	29.0 ～ 34.2	34.3 ～ 36.0	>=36.1
136.0 ～ 136.9	<25.8	25.8 ～ 29.5	29.6 ～ 34.9	35.0 ～ 36.7	>=36.8
137.0 ～ 137.9	<26.4	26.4 ～ 30.1	30.2 ～ 35.6	35.7 ～ 37.4	>=37.5
138.0 ～ 138.9	<27.0	27.0 ～ 30.8	30.9 ～ 36.3	36.4 ～ 38.2	>=38.3
139.0 ～ 139.9	<27.6	27.6 ～ 31.5	31.6 ～ 37.1	37.2 ～ 39.1	>=39.2
140.0 ～ 140.9	<28.1	28.1 ～ 32.2	32.3 ～ 38.0	38.1 ～ 40.0	>=40.1
141.0 ～ 141.9	<28.6	28.6 ～ 32.9	33.0 ～ 38.9	39.0 ～ 40.9	>=41.0
142.0 ～ 142.9	<29.1	29.1 ～ 33.7	33.8 ～ 39.8	39.9 ～ 41.8	>=41.9
143.0 ～ 143.9	<29.7	29.7 ～ 34.5	34.6 ～ 40.7	40.8 ～ 42.7	>=42.8
144.0 ～ 144.9	<30.3	30.3 ～ 35.2	35.3 ～ 41.7	41.8 ～ 43.6	>=43.7
145.0 ～ 145.9	<30.9	30.9 ～ 35.9	36.0 ～ 42.3	42.4 ～ 44.5	>=44.6
146.0 ～ 146.9	<31.5	31.5 ～ 36.6	36.7 ～ 43.2	43.3 ～ 45.4	>=45.5
147.0 ～ 147.9	<32.1	32.1 ～ 37.4	37.5 ～ 44.2	44.3 ～ 46.4	>=46.5
148.0 ～ 148.9	<32.7	32.7 ～ 38.1	38.2 ～ 45.0	45.1 ～ 47.3	>=47.4
149.0 ～ 149.9	<33.3	33.3 ～ 38.8	38.9 ～ 45.9	46.0 ～ 48.2	>=48.3
150.0 ～ 150.9	<34.0	34.0 ～ 39.5	39.6 ～ 46.7	46.8 ～ 49.1	>=49.2
151.0 ～ 151.9	<34.6	34.6 ～ 40.1	40.2 ～ 47.5	47.6 ～ 49.9	>=50.0
152.0 ～ 152.9	<35.2	35.2 ～ 40.9	41.0 ～ 48.4	48.5 ～ 50.7	>=50.8
153.0 ～ 153.9	<35.9	35.9 ～ 41.6	41.7 ～ 49.1	49.2 ～ 51.5	>=51.6
154.0 ～ 154.9	<36.5	36.5 ～ 42.4	42.5 ～ 49.9	50.0 ～ 52.4	>=52.5
155.0 ～ 155.9	<37.1	37.1 ～ 43.3	43.4 ～ 51.1	51.2 ～ 53.4	>=53.5

注：身高低于表中所列出的最低身高段的下限值时，身高+A51每低1厘米，实测体重需加上0.5公斤，实测身高需加上1厘米，再查表确定分值。身高高于表中所列出的最高身高段时，身高每高1厘米，其实测体重需减去0.9公斤，实测身高需减去1厘米，再查表确定分值。

（十）小学五、六年级女生身高标准体重（体重单位:公斤）

身高段（厘米）	营养不良	较低体重	正常体重	超重	肥胖
	50分	60分	100分	60分	50分
115.0 ～ 115.9	<17.1	17.1 ～ 19.4	19.5 ～ 24.1	24.2 ～ 25.6	>=25.7
116.0 ～ 116.9	<17.4	17.4 ～ 19.7	19.8 ～ 24.5	24.6 ～ 26.1	>=26.2
117.0 ～ 117.9	<17.7	17.7 ～ 20.3	20.4 ～ 25.1	25.2 ～ 26.7	>=26.8
118.0 ～ 118.9	<18.1	18.1 ～ 20.7	20.8 ～ 25.7	25.8 ～ 27.3	>=27.4
119.0 ～ 119.9	<18.3	18.3 ～ 21.1	21.2 ～ 26.2	26.3 ～ 27.9	>=28.0
120.0 ～ 120.9	<18.4	18.4 ～ 21.3	21.4 ～ 26.6	26.7 ～ 28.3	>=28.4
121.0 ～ 121.9	<18.9	18.9 ～ 21.8	21.9 ～ 27.2	27.3 ～ 29.0	>=29.1
122.0 ～ 122.9	<19.2	19.2 ～ 22.1	22.2 ～ 27.8	27.9 ～ 29.7	>=29.8
123.0 ～ 123.9	<19.6	19.6 ～ 22.5	22.6 ～ 28.1	28.2 ～ 30.5	>=30.6
124.0 ～ 124.9	<19.8	19.8 ～ 22.7	22.8 ～ 28.7	28.8 ～ 30.7	>=30.8
125.0 ～ 125.9	<20.3	20.3 ～ 23.3	23.4 ～ 29.3	29.4 ～ 31.3	>=31.4
126.0 ～ 126.9	<20.7	20.7 ～ 23.7	23.8 ～ 29.7	29.8 ～ 31.7	>=31.8
127.0 ～ 127.9	<21.1	21.1 ～ 24.2	24.3 ～ 30.4	30.5 ～ 32.4	>=32.5
128.0 ～ 128.9	<21.4	21.4 ～ 24.6	24.7 ～ 30.8	30.9 ～ 32.8	>=32.9
129.0 ～ 129.9	<21.9	21.9 ～ 25.1	25.2 ～ 31.4	31.5 ～ 33.5	>=33.6
130.0 ～ 130.9	<22.4	22.4 ～ 25.6	25.7 ～ 31.9	32.0 ～ 34.0	>=34.1
131.0 ～ 131.9	<22.8	22.8 ～ 26.1	26.2 ～ 32.6	32.7 ～ 34.7	>=34.8
132.0 ～ 132.9	<23.3	23.3 ～ 26.6	26.7 ～ 33.2	33.3 ～ 35.4	>=35.5
133.0 ～ 133.9	<23.8	23.8 ～ 27.1	27.2 ～ 33.9	34.0 ～ 36.1	>=36.2
134.0 ～ 134.9	<24.2	24.2 ～ 27.6	27.7 ～ 34.5	34.6 ～ 36.8	>=36.9
135.0 ～ 135.9	<24.7	24.7 ～ 28.2	28.3 ～ 35.3	35.4 ～ 37.6	>=37.7
136.0 ～ 136.9	<25.2	25.2 ～ 28.7	28.8 ～ 35.8	35.9 ～ 38.1	>=38.2
137.0 ～ 137.9	<25.7	25.7 ～ 29.3	29.4 ～ 36.7	36.8 ～ 38.9	>=39.0
138.0 ～ 138.9	<26.3	26.3 ～ 30.0	30.1 ～ 37.2	37.3 ～ 39.6	>=39.7
139.0 ～ 139.9	<26.9	26.9 ～ 30.6	30.7 ～ 38.0	38.1 ～ 40.4	>=40.5
140.0 ～ 140.9	<27.3	27.3 ～ 31.1	31.2 ～ 38.5	38.6 ～ 40.9	>=41.0
141.0 ～ 141.9	<27.8	27.8 ～ 31.6	31.7 ～ 39.0	39.1 ～ 41.4	>=41.5
142.0 ～ 142.9	<28.3	28.3 ～ 32.2	32.3 ～ 39.7	39.8 ～ 42.2	>=42.3
143.0 ～ 143.9	<28.9	28.9 ～ 32.7	32.8 ～ 40.2	40.3 ～ 42.7	>=42.8
144.0 ～ 144.9	<29.2	29.2 ～ 33.3	33.4 ～ 41.0	41.1 ～ 43.5	>=43.6
145.0 ～ 145.9	<29.8	29.8 ～ 33.9	34.0 ～ 41.7	41.8 ～ 44.1	>=44.2
146.0 ～ 146.9	<30.4	30.4 ～ 34.6	34.7 ～ 42.6	42.7 ～ 45.2	>=45.3
147.0 ～ 147.9	<30.8	30.8 ～ 35.2	35.3 ～ 43.3	43.4 ～ 46.0	>=46.1
148.0 ～ 148.9	<31.5	31.5 ～ 35.9	36.0 ～ 44.0	44.1 ～ 46.7	>=46.8
149.0 ～ 149.9	<32.3	32.3 ～ 36.6	36.7 ～ 44.9	45.0 ～ 47.6	>=47.7
150.0 ～ 150.9	<32.8	32.8 ～ 37.3	37.4 ～ 45.6	45.7 ～ 48.3	>=48.4
151.0 ～ 151.9	<33.2	33.2 ～ 37.9	38.0 ～ 46.2	46.3 ～ 48.9	>=49.0
152.0 ～ 152.9	<33.8	33.8 ～ 38.5	38.6 ～ 46.8	46.9 ～ 49.5	>=49.6
153.0 ～ 153.9	<34.5	34.5 ～ 39.2	39.3 ～ 47.6	47.7 ～ 50.4	>=50.5
154.0 ～ 154.9	<35.0	35.0 ～ 39.9	40.0 ～ 48.3	48.4 ～ 51.1	>=51.2
155.0 ～ 155.9	<35.6	35.6 ～ 40.6	40.7 ～ 49.0	49.1 ～ 51.8	>=51.9
156.0 ～ 156.9	<36.2	36.2 ～ 41.2	41.3 ～ 49.8	49.9 ～ 52.6	>=52.7
157.0 ～ 157.9	<36.8	36.8 ～ 41.9	42.0 ～ 50.6	50.7 ～ 53.5	>=53.6
158.0 ～ 158.9	<37.2	37.2 ～ 42.5	42.6 ～ 51.4	51.5 ～ 54.3	>=54.4
159.0 ～ 159.9	<37.8	37.8 ～ 43.2	43.3 ～ 52.1	52.2 ～ 55.1	>=55.2
160.0 ～ 160.9	<38.3	38.3 ～ 43.9	44.0 ～ 52.9	53.0 ～ 55.9	>=56.0
161.0 ～ 161.9	<38.9	38.9 ～ 44.5	44.6 ～ 53.5	53.6 ～ 56.5	>=56.6
162.0 ～ 162.9	<39.4	39.4 ～ 45.1	45.2 ～ 54.1	54.2 ～ 57.1	>=57.2
163.0 ～ 163.9	<40.1	40.1 ～ 45.8	45.9 ～ 54.8	54.9 ～ 57.8	>=57.9
164.0 ～ 164.9	<40.6	40.6 ～ 46.5	46.6 ～ 55.7	55.8 ～ 58.7	>=58.8
165.0 ～ 165.9	<41.2	41.2 ～ 47.1	47.2 ～ 56.4	56.5 ～ 59.5	>=59.6
166.0 ～ 166.9	<41.8	41.8 ～ 47.7	47.8 ～ 57.0	57.1 ～ 60.1	>=60.2
167.0 ～ 167.9	<42.4	42.4 ～ 48.4	48.5 ～ 58.0	58.1 ～ 61.2	>=61.3
168.0 ～ 168.9	<42.8	42.8 ～ 49.1	49.2 ～ 58.9	59.0 ～ 62.1	>=62.2

注：身高低于表中所列出的最低身高段的下限值时，身高每低1厘米，实测体重需加上0.5公斤，实测身高需加上1厘米，再查表确定分值。身高高于表中所列出的最高身高段时，身高每高1厘米，其实测体重需减去0.9公斤，实测身高需减去1厘米，再查表确定分值。

(十一)小学五、六年级男生评分标准

等级	单项得分	肺活量体重指数	400米跑(分.秒)	50米×8往返跑(分.秒)	台阶试验	50米跑(秒)	25米×2往返跑(秒)	立定跳远(米)	掷实心球(米)	握力体重指数	坐位体前屈(厘米)	仰卧起坐(次/1分钟)	跳绳(次/1分钟)	篮球运球(秒)	足球颠球(次)	排球垫球(次)
优秀	100	80	1'12"	1'24"	67	8.0	8.8	1.98	12.0	70	13.3	50	160	11.8	40	30
	98	79	1'14"	1'26"	66	8.1	8.9	1.97	11.6	69	13.0	49	155	12.3	38	29
	96	78	1'18"	1'28"	65	8.2	9.1	1.95	11.1	68	12.5	48	148	13.0	35	28
	94	76	1'20"	1'30"	64	8.3	9.3	1.93	10.5	67	12.1	47	140	13.6	33	26
	92	74	1'24"	1'33"	63	8.4	9.5	1.91	9.8	65	11.4	45	130	14.5	29	24
	90	73	1' 28"	1'36"	62	8.5	9.8	1.89	9.0	64	10.8	43	120	15.4	25	22
良好	87	71	1' 31"	1'39"	60	8.7	9.9	1.87	8.9	62	10.1	42	116	15.8	24	21
	84	69	1' 33"	1'43"	59	8.9	10.1	1.83	8.7	60	9.1	40	111	16.5	22	20
	81	66	1'37"	1'47"	57	9.2	10.4	1.79	8.5	57	8.1	39	105	17.2	21	19
	78	63	1'41"	1'51"	55	9.6	10.6	1.74	8.3	54	6.8	37	98	18.1	18	18
	75	60	1' 45"	1' 55"	53	9.9	10.9	1.70	8.0	51	5.4	35	90	19.0	16	16
及格	72	58	1'47"	1'58"	52	10.0	11.1	1.67	7.8	49	4.6	33	84	19.9	15	15
	69	55	1'49"	2'02"	50	10.1	11.4	1.62	7.4	47	3.3	31	76	21.2	14	14
	66	53	1'51"	2'06"	49	10.2	11.7	1.58	7.0	44	2.1	28	68	22.5	13	13
	63	49	1'53"	2'10"	47	10.4	12.1	1.52	6.5	40	0.4	25	56	24.2	12	11
	60	45	1'55"	2'15"	45	10.5	12.4	1.46	6.0	37	-1.3	22	45	26.0	10	9
不及格	50	44	2'05"	2'25"	44	10.6	12.6	1.45	5.7	36	-1.9	21	41	27.1	9	8
	40	42	2'15"	2'35"	43	10.7	12.9	1.42	5.2	35	-2.8	19	36	28.8	8	7
	30	40	2'25"	2'45"	42	10.8	13.2	1.39	4.7	34	-3.8	18	30	30.5	7	6
	20	37	2'35"	2'55"	41	11.0	13.6	1.36	4.1	32	-5.0	16	22	32.7	5	5
	10	35	2'45"	3'05"	40	11.1	14.0	1.32	3.4	30	-6.2	14	15	35.0	3	3

(十二)小学五、六年级女生评分标准

等级	单项得分	肺活量体重指数	400米跑(分.秒)	50米×8往返跑(分.秒)	台阶试验	50米跑(秒)	25米×2往返跑(秒)	立定跳远(米)	掷实心球(米)	握力体重指数	坐位体前屈(厘米)	仰卧起坐(次/1分钟)	跳绳(次/1分钟)	篮球运球(秒)	足球颠球(次)	排球垫球(次)
优秀	100	73	1'12"	1'24"	64	8.4	8.4	1.86	12.4	64	15.9	50	165	12.9	40	27
	98	72	1'14"	1'26"	63	8.5	8.6	1.85	11.7	63	15.6	49	160	13.5	38	26
	96	71	1'18"	1'28"	62	8.6	8.9	1.83	10.7	62	15.1	48	153	14.5	35	25
	94	70	1'20"	1'30"	61	8.7	9.3	1.81	9.7	61	14.6	47	145	15.4	33	24
	92	68	1'24"	1'33"	60	8.8	9.7	1.79	8.3	60	13.9	45	135	16.7	29	23
	90	67	1' 28"	1'36"	59	8.9	10.2	1.77	6.9	59	13.3	43	125	18.0	25	21
良好	87	65	1' 31"	1'39"	58	9.1	10.3	1.74	6.7	57	12.6	42	121	18.8	24	20
	84	63	1' 33"	1'43"	56	9.4	10.5	1.71	6.4	55	11.5	40	116	19.9	22	19
	81	61	1'37"	1'47"	54	9.6	10.7	1.67	6.2	53	10.4	39	110	21.0	21	18
	78	58	1'41"	1'51"	52	10.0	11.0	1.62	5.8	50	8.9	37	103	22.5	18	17
	75	55	1' 45"	1' 55"	49	10.3	11.2	1.57	5.4	48	7.4	35	95	24.0	16	15
及格	72	53	1'47"	1'58"	48	10.4	11.4	1.54	5.2	46	6.6	33	89	24.9	15	14
	69	50	1'49"	2'02"	47	10.6	11.8	1.50	4.9	44	5.3	31	81	26.2	14	13
	66	47	1'51"	2'06"	45	10.7	12.1	1.46	4.6	42	4.1	28	73	27.5	13	12
	63	44	1'53"	2'10"	43	10.9	12.5	1.40	4.2	38	2.4	25	61	29.3	12	11
	60	40	1'55"	2'15"	41	11.0	13.0	1.34	3.8	35	0.7	22	50	31.0	10	9
不及格	50	39	2'05"	2'25"	40	11.1	13.5	1.33	3.7	34	0.2	21	46	32.1	9	8
	40	37	2'15"	2'35"	39	11.2	14.4	1.31	3.4	33	-0.6	19	41	33.8	8	7
	30	36	2'25"	2'45"	38	11.3	15.2	1.28	3.2	32	-1.4	18	35	35.5	7	6
	20	34	2'35"	2'55"	37	11.5	16.3	1.25	2.9	30	-2.4	16	28	37.8	5	5
	10	32	2'45"	3'05"	35	11.6	17.5	1.22	2.6	28	-3.4	14	20	40.0	3	3

《国家学生体质健康标准》评分表(初中)

(十三) 初中一年级～三年级男生身高标准体重(体重单位:公斤)

身高段(厘米)	营养不良	较低体重	正常体重	超重	肥胖
	50分	60分	100分	60分	50分
123.0 ～ 123.9	<21.4	21.4 ～ 28.5	28.6 ～ 34.2	34.3 ～ 36.2	>=36.3
124.0 ～ 124.9	<21.6	21.6 ～ 29.0	29.1 ～ 34.8	34.9 ～ 36.9	>=37.0
125.0 ～ 125.9	<22.2	22.2 ～ 29.6	29.7 ～ 35.4	35.5 ～ 37.5	>=37.6
126.0 ～ 126.9	<22.6	22.6 ～ 30.4	30.5 ～ 36.2	36.3 ～ 38.4	>=38.5
127.0 ～ 127.9	<22.8	22.8 ～ 30.9	31.0 ～ 36.9	37.0 ～ 39.1	>=39.2
128.0 ～ 128.9	<23.4	23.4 ～ 31.5	31.6 ～ 37.6	37.7 ～ 39.8	>=39.9
129.0 ～ 129.9	<24.1	24.1 ～ 32.2	32.3 ～ 38.2	38.3 ～ 40.4	>=40.5
130.0 ～ 130.9	<24.6	24.6 ～ 32.8	32.9 ～ 39.1	39.2 ～ 41.3	>=41.4
131.0 ～ 131.9	<25.1	25.1 ～ 33.4	33.5 ～ 39.7	39.8 ～ 41.9	>=42.0
132.0 ～ 132.9	<25.7	25.7 ～ 34.0	34.1 ～ 40.3	40.4 ～ 42.5	>=42.6
133.0 ～ 133.9	<26.3	26.3 ～ 34.6	34.7 ～ 41.3	41.4 ～ 43.2	>=43.3
134.0 ～ 134.9	<26.8	26.8 ～ 35.2	35.3 ～ 41.6	41.7 ～ 43.9	>=44.0
135.0 ～ 135.9	<27.2	27.2 ～ 35.8	35.9 ～ 42.2	42.3 ～ 44.5	>=44.6
136.0 ～ 136.9	<27.8	27.8 ～ 36.4	36.5 ～ 42.8	42.9 ～ 45.1	>=45.2
137.0 ～ 137.9	<28.2	28.2 ～ 37.0	37.1 ～ 43.4	43.5 ～ 45.7	>=45.8
138.0 ～ 138.9	<28.7	28.7 ～ 37.6	37.7 ～ 44.1	44.2 ～ 46.4	>=46.5
139.0 ～ 139.9	<29.4	29.4 ～ 38.3	38.4 ～ 44.7	44.8 ～ 47.0	>=47.1
140.0 ～ 140.9	<30.1	30.1 ～ 39.0	39.1 ～ 45.6	45.7 ～ 47.9	>=48.0
141.0 ～ 141.9	<30.8	30.8 ～ 39.7	39.8 ～ 46.3	46.4 ～ 48.6	>=48.7
142.0 ～ 142.9	<31.5	31.5 ～ 40.4	40.5 ～ 47.0	47.1 ～ 49.3	>=49.4
143.0 ～ 143.9	<32.2	32.2 ～ 41.1	41.2 ～ 47.7	47.8 ～ 50.0	>=50.1
144.0 ～ 144.9	<32.8	32.8 ～ 41.8	41.9 ～ 48.4	48.5 ～ 50.7	>=50.8
145.0 ～ 145.9	<33.5	33.5 ～ 42.5	42.6 ～ 49.2	49.3 ～ 51.6	>=51.7
146.0 ～ 146.9	<34.1	34.1 ～ 43.1	43.2 ～ 49.8	49.9 ～ 52.2	>=52.3
147.0 ～ 147.9	<34.6	34.6 ～ 43.8	43.9 ～ 50.5	50.6 ～ 52.9	>=53.0
148.0 ～ 148.9	<35.3	35.3 ～ 44.5	44.6 ～ 51.4	51.5 ～ 53.8	>=53.9
149.0 ～ 149.9	<35.8	35.8 ～ 45.1	45.2 ～ 52.0	52.1 ～ 54.4	>=54.5
150.0 ～ 150.9	<36.5	36.5 ～ 45.8	45.9 ～ 52.7	52.8 ～ 55.1	>=55.2
151.0 ～ 151.9	<37.0	37.0 ～ 46.5	46.6 ～ 53.5	53.6 ～ 56.0	>=56.1
152.0 ～ 152.9	<37.6	37.6 ～ 47.1	47.2 ～ 54.1	54.2 ～ 56.6	>=56.7
153.0 ～ 153.9	<38.3	38.3 ～ 47.8	47.9 ～ 54.8	54.9 ～ 57.3	>=57.4
154.0 ～ 154.9	<39.0	39.0 ～ 48.5	48.6 ～ 55.5	55.6 ～ 58.0	>=58.1
155.0 ～ 155.9	<39.6	39.6 ～ 49.1	49.2 ～ 56.1	56.2 ～ 58.6	>=58.7
156.0 ～ 156.9	<40.3	40.3 ～ 49.8	49.9 ～ 56.8	56.9 ～ 59.3	>=59.4
157.0 ～ 157.9	<40.9	40.9 ～ 50.5	50.6 ～ 57.7	57.8 ～ 60.2	>=60.3
158.0 ～ 158.9	<41.4	41.4 ～ 51.2	51.3 ～ 58.4	58.5 ～ 60.9	>=61.0
159.0 ～ 159.9	<42.2	42.2 ～ 51.9	52.0 ～ 59.1	59.2 ～ 61.6	>=61.7
160.0 ～ 160.9	<42.9	42.9 ～ 52.7	52.8 ～ 59.9	60.0 ～ 62.4	>=62.5
161.0 ～ 161.9	<43.6	43.6 ～ 53.4	53.5 ～ 60.6	60.7 ～ 63.1	>=63.2
162.0 ～ 162.9	<44.3	44.3 ～ 54.1	54.2 ～ 61.4	61.5 ～ 64.0	>=64.1
163.0 ～ 163.9	<44.8	44.8 ～ 54.7	54.8 ～ 62.0	62.1 ～ 64.6	>=64.7
164.0 ～ 164.9	<45.4	45.4 ～ 55.4	55.5 ～ 62.7	62.8 ～ 65.1	>=65.2
165.0 ～ 165.9	<46.2	46.2 ～ 56.1	56.2 ～ 63.4	63.5 ～ 66.0	>=66.1
166.0 ～ 166.9	<46.8	46.8 ～ 56.7	56.8 ～ 64.0	64.1 ～ 66.6	>=66.7
167.0 ～ 167.9	<47.4	47.4 ～ 57.4	57.5 ～ 64.9	65.0 ～ 67.5	>=67.6
168.0 ～ 168.9	<48.0	48.0 ～ 58.1	58.2 ～ 65.6	65.7 ～ 68.2	>=68.3
169.0 ～ 169.9	<48.7	48.7 ～ 58.8	58.9 ～ 66.4	66.5 ～ 69.1	>=69.2
170.0 ～ 170.9	<49.4	49.4 ～ 59.5	59.6 ～ 67.1	67.2 ～ 69.8	>=69.9
171.0 ～ 171.9	<50.0	50.0 ～ 60.2	60.3 ～ 68.0	68.1 ～ 70.7	>=70.8
172.0 ～ 172.9	<50.6	50.6 ～ 60.8	60.9 ～ 69.0	69.1 ～ 71.8	>=71.9
173.0 ～ 173.9	<51.2	51.2 ～ 61.5	61.6 ～ 69.9	70.0 ～ 72.8	>=72.9
174.0 ～ 174.9	<51.9	51.9 ～ 62.3	62.4 ～ 70.9	71.0 ～ 73.9	>=74.0
175.0 ～ 175.9	<52.7	52.7 ～ 63.1	63.2 ～ 71.8	71.9 ～ 74.8	>=74.9
176.0 ～ 176.9	<53.3	53.3 ～ 63.8	63.9 ～ 72.8	72.9 ～ 75.9	>=76.0
177.0 ～ 177.9	<54.0	54.0 ～ 64.6	64.7 ～ 73.9	74.0 ～ 77.1	>=77.2
178.0 ～ 178.9	<54.7	54.7 ～ 65.4	65.5 ～ 74.8	74.9 ～ 78.1	>=78.2
179.0 ～ 179.9	<55.8	55.8 ～ 66.2	66.3 ～ 75.8	75.9 ～ 79.1	>=79.2
180.0 ～ 180.9	<56.3	56.3 ～ 66.9	67.0 ～ 76.7	76.8 ～ 80.1	>=80.2
181.0 ～ 181.9	<56.9	56.9 ～ 67.7	67.8 ～ 77.7	77.8 ～ 81.2	>=81.3
182.0 ～ 182.9	<57.5	57.5 ～ 68.4	68.5 ～ 78.6	78.7 ～ 82.1	>=82.2
183.0 ～ 183.9	<58.1	58.1 ～ 69.1	69.2 ～ 79.4	79.5 ～ 83.0	>=83.1
184.0 ～ 184.9	<58.7	58.7 ～ 69.8	69.9 ～ 80.4	80.5 ～ 84.1	>=84.2
185.0 ～ 185.9	<59.5	59.5 ～ 70.5	70.6 ～ 81.3	81.4 ～ 85.0	>=85.1
186.0 ～ 186.9	<60.3	60.3 ～ 71.3	71.4 ～ 82.3	82.4 ～ 86.1	>=86.2

注：身高低于表中所列出的最低身高段的下限值时，身高每低1厘米，实测体重需加上0.5公斤、实测身高需加上1厘米，再查表确定分值。身高高于表中所列出的最高身高段时，身高每高1厘米，其实测体重需减去0.9公斤，实测身高需减去1厘米，再查表确定分值。

(十四)初中一年级～三年级女生身高标准体重(体重单位:公斤)

身高段(厘米)	营养不良	较低体重	正常体重	超 重	肥胖
	50分	60分	100分	60分	50分
121.0 ～ 121.9	<19.8	19.8 ～ 25.4	25.5 ～ 30.9	31.0 ～ 32.6	>=32.7
122.0 ～ 122.9	<20.3	20.3 ～ 25.9	26.0 ～ 31.7	31.8 ～ 33.7	>=33.8
123.0 ～ 123.9	<20.6	20.6 ～ 26.5	26.6 ～ 32.5	32.6 ～ 34.5	>=34.6
124.0 ～ 124.9	<21.1	21.1 ～ 27.0	27.1 ～ 33.1	33.2 ～ 35.2	>=35.3
125.0 ～ 125.9	<21.6	21.6 ～ 27.5	27.6 ～ 33.6	33.7 ～ 35.7	>=35.8
126.0 ～ 126.9	<22.1	22.1 ～ 28.0	28.1 ～ 34.4	34.5 ～ 36.4	>=36.5
127.0 ～ 127.9	<22.6	22.6 ～ 28.5	28.6 ～ 35.0	35.1 ～ 37.1	>=37.2
128.0 ～ 128.9	<23.0	23.0 ～ 29.0	29.1 ～ 35.4	35.5 ～ 37.6	>=37.7
129.0 ～ 129.9	<23.5	23.5 ～ 29.6	29.7 ～ 36.2	36.3 ～ 38.4	>=38.5
130.0 ～ 130.9	<23.9	23.9 ～ 30.1	30.2 ～ 36.8	36.9 ～ 39.1	>=39.2
131.0 ～ 131.9	<24.4	24.4 ～ 30.6	30.7 ～ 37.5	37.6 ～ 39.8	>=39.9
132.0 ～ 132.9	<24.9	24.9 ～ 31.1	31.2 ～ 38.1	38.2 ～ 40.3	>=40.4
133.0 ～ 133.9	<25.3	25.3 ～ 31.6	31.7 ～ 38.7	38.8 ～ 41.0	>=41.1
134.0 ～ 134.9	<25.6	25.6 ～ 32.1	32.2 ～ 39.2	39.3 ～ 41.5	>=41.6
135.0 ～ 135.9	<26.2	26.2 ～ 32.7	32.8 ～ 39.7	39.8 ～ 42.1	>=42.2
136.0 ～ 136.9	<27.3	27.3 ～ 33.2	33.3 ～ 40.4	40.5 ～ 42.8	>=42.9
137.0 ～ 137.9	<27.4	27.4 ～ 33.6	33.7 ～ 40.7	40.8 ～ 43.2	>=43.3
138.0 ～ 138.9	<27.7	27.7 ～ 34.1	34.2 ～ 41.5	41.6 ～ 43.7	>=43.8
139.0 ～ 139.9	<28.1	28.1 ～ 34.6	34.7 ～ 41.9	42.0 ～ 44.4	>=44.5
140.0 ～ 140.9	<28.6	28.6 ～ 35.2	35.3 ～ 42.5	42.6 ～ 45.0	>=45.1
141.0 ～ 141.9	<29.1	29.1 ～ 35.8	35.9 ～ 43.1	43.2 ～ 45.6	>=45.7
142.0 ～ 142.9	<29.6	29.6 ～ 36.4	36.5 ～ 43.9	44.0 ～ 46.4	>=46.5
143.0 ～ 143.9	<30.2	30.2 ～ 37.0	37.1 ～ 44.4	44.5 ～ 46.8	>=46.9
144.0 ～ 144.9	<30.8	30.8 ～ 37.7	37.8 ～ 45.0	45.1 ～ 47.5	>=47.6
145.0 ～ 145.9	<31.5	31.5 ～ 38.3	38.4 ～ 45.7	45.8 ～ 48.1	>=48.2
146.0 ～ 146.9	<32.1	32.1 ～ 38.9	39.0 ～ 46.2	46.3 ～ 48.7	>=48.8
147.0 ～ 147.9	<32.7	32.7 ～ 39.6	39.7 ～ 47.1	47.2 ～ 49.6	>=49.7
148.0 ～ 148.9	<33.3	33.3 ～ 40.3	40.4 ～ 47.9	48.0 ～ 50.3	>=50.4
149.0 ～ 149.9	<33.8	33.8 ～ 40.9	41.0 ～ 48.5	48.6 ～ 50.9	>=51.0
150.0 ～ 150.9	<34.3	34.3 ～ 41.4	41.5 ～ 49.0	49.1 ～ 51.6	>=51.7
151.0 ～ 151.9	<34.9	34.9 ～ 42.0	42.1 ～ 49.6	49.7 ～ 52.2	>=52.3
152.0 ～ 152.9	<35.5	35.5 ～ 42.6	42.7 ～ 50.3	50.4 ～ 52.8	>=52.9
153.0 ～ 153.9	<36.1	36.1 ～ 43.2	43.3 ～ 51.0	51.1 ～ 53.6	>=53.7
154.0 ～ 154.9	<36.6	36.6 ～ 43.7	43.8 ～ 51.6	51.7 ～ 54.1	>=54.2
155.0 ～ 155.9	<37.3	37.3 ～ 44.5	44.6 ～ 52.3	52.4 ～ 54.9	>=55.0
156.0 ～ 156.9	<37.8	37.8 ～ 45.0	45.1 ～ 52.9	53.0 ～ 55.4	>=55.5
157.0 ～ 157.9	<38.3	38.3 ～ 45.5	45.6 ～ 53.5	53.6 ～ 56.1	>=56.2
158.0 ～ 158.9	<38.7	38.7 ～ 46.1	46.2 ～ 54.2	54.3 ～ 56.9	>=57.0
159.0 ～ 159.9	<39.3	39.3 ～ 46.7	46.8 ～ 54.9	55.0 ～ 57.5	>=57.6
160.0 ～ 160.9	<39.8	39.8 ～ 47.2	47.3 ～ 55.7	55.8 ～ 58.2	>=58.3
161.0 ～ 161.9	<40.4	40.4 ～ 47.9	48.0 ～ 56.2	56.3 ～ 58.9	>=59.0
162.0 ～ 162.9	<41.0	41.0 ～ 48.5	48.6 ～ 56.9	57.0 ～ 59.7	>=59.8
163.0 ～ 163.9	<41.7	41.7 ～ 49.2	49.3 ～ 57.7	57.8 ～ 60.6	>=60.7
164.0 ～ 164.9	<42.2	42.2 ～ 49.8	49.9 ～ 58.6	58.7 ～ 61.6	>=61.7
165.0 ～ 165.9	<42.7	42.7 ～ 50.4	50.5 ～ 59.2	59.3 ～ 62.2	>=62.3
166.0 ～ 166.9	<43.3	43.3 ～ 51.0	51.1 ～ 59.8	59.9 ～ 62.8	>=62.9
167.0 ～ 167.9	<43.8	43.8 ～ 51.5	51.6 ～ 60.4	60.5 ～ 63.3	>=63.4
168.0 ～ 168.9	<44.5	44.5 ～ 52.2	52.3 ～ 61.1	61.2 ～ 64.0	>=64.1
169.0 ～ 169.9	<45.1	45.1 ～ 52.9	53.0 ～ 61.7	61.8 ～ 64.7	>=64.8
170.0 ～ 170.9	<45.6	45.6 ～ 53.5	53.6 ～ 62.3	62.4 ～ 65.3	>=65.4
171.0 ～ 171.9	<46.1	46.1 ～ 54.0	54.1 ～ 63.0	63.1 ～ 66.0	>=66.1
172.0 ～ 172.9	<46.5	46.5 ～ 54.5	54.6 ～ 63.6	63.7 ～ 66.5	>=66.6
173.0 ～ 173.9	<47.0	47.0 ～ 55.0	55.1 ～ 64.2	64.3 ～ 67.2	>=67.3
174.0 ～ 174.9	<47.6	47.6 ～ 55.6	55.7 ～ 64.8	64.9 ～ 67.8	>=67.9
175.0 ～ 175.9	<48.2	48.2 ～ 56.3	56.4 ～ 65.7	65.8 ～ 68.7	>=68.8
176.0 ～ 176.9	<48.7	48.7 ～ 57.0	57.1 ～ 66.5	66.6 ～ 69.6	>=69.7
177.0 ～ 177.9	<49.2	49.2 ～ 57.8	57.9 ～ 67.4	67.5 ～ 70.6	>=70.7

注：身高低于表中所列出的最低身高段的下限值时，身高每低1厘米，实测体重需加上0.5公斤，实测身高需加上1厘米，再查表确定分值。身高高于表中所列出的最高身高段时，身高每高1厘米，其实测体重需减去0.9公斤，实测身高需减去1厘米，再查表确定分值。

(十五)初中一年级男生评分标准

等级	单项得分	肺活量体重指数	1000米跑(分.秒)	台阶试验	50米跑(秒)	立定跳远(米)	掷实心球(米)	握力体重指数	引体向上(次)	坐位体前屈(厘米)	跳绳(次/1分钟)	篮球运球(秒)	足球运球(秒)	排球垫球(次)
优秀	100	80	3′48″	67	7.2	2.29	10.8	80	20	15.2	170	9.8	8.1	35
	98	79	3'50"	66	7.3	2.28	10.3	79	19	14.9	165	10.2	8.3	34
	96	78	3'52"	65	7.4	2.26	9.6	78	18	14.4	158	10.8	8.7	33
	94	76	3'54"	64	7.5	2.25	8.9	77	17	13.9	150	11.5	9.1	32
	92	75	3'57"	63	7.6	2.22	8.0	75	16	13.2	140	12.3	9.5	30
	90	73	4′00″	62	7.7	2.20	7.1	73	15	12.5	130	13.2	10.0	28
良好	87	71	4′06″	61	7.9	2.17	6.9	72	14	11.8	126	13.6	10.3	27
	84	69	4′12″	59	8.1	2.12	6.5	69	13	10.7	121	14.1	10.7	25
	81	67	4′18″	58	8.4	2.08	6.2	67	12	9.6	115	14.7	11.1	24
	78	64	4′24″	55	8.8	2.02	5.8	63	11	8.1	108	15.5	11.7	21
	75	61	4'30″	53	9.1	1.95	5.3	60	10	6.6	100	16.2	12.2	19
及格	72	59	4′34″	52	9.2	1.92	5.1	58	9	5.7	94	16.8	12.5	18
	69	57	4′38″	51	9.3	1.87	4.8	55	8	4.4	86	17.8	13.0	16
	66	54	4′42″	50	9.4	1.81	4.5	52	7	3.1	78	18.7	13.5	14
	63	50	4′46″	48	9.5	1.74	4.1	48	6	1.3	66	20.0	14.1	12
	60	47	4'50″	46	9.6	1.67	3.7	44	5	-0.5	55	21.2	14.7	9
不及格	50	46	5′00″	45	9.7	1.65	3.6	43	3	-1.1	51	22.0	15.0	8
	40	44	5′10″	44	9.8	1.63	3.4	41	2	-2.1	44	23.3	15.5	7
	30	43	5′20″	43	9.9	1.60	3.2	40	1	-3.1	38	24.5	16.0	6
	20	41	5′30″	42	10.0	1.56	3.0	38		-4.4	29	26.2	16.7	5
	10	38	5'40″	40	10.1	1.52	2.8	36		-5.7	20	27.8	17.3	3

(十六)初中一年级女生评分标准

等级	单项得分	肺活量体重指数	800米跑(分.秒)	台阶试验	50米跑(秒)	立定跳远(米)	掷实心球(米)	握力体重指数	仰卧起坐(次/分钟)	坐位体前屈(厘米)	跳绳(次/1分钟)	篮球运球(秒)	足球运球(秒)	排球垫球(次)
优秀	100	71	3′25″	66	8.1	1.95	7.0	67	50	17.5	168	12.4	8.5	30
	98	70	3′28″	65	8.2	1.94	6.9	66	49	17.2	163	12.7	9.0	29
	96	69	3′31″	64	8.3	1.92	6.7	65	48	16.7	156	13.2	9.8	28
	94	68	3′34″	63	8.4	1.91	6.5	64	47	16.3	148	13.8	10.6	27
	92	66	3′37″	62	8.5	1.88	6.3	62	45	15.6	138	14.5	11.7	25
	90	65	3′40″	60	8.6	1.86	6.0	61	43	15.0	128	15.2	12.7	23
良好	87	64	3′43″	59	8.7	1.84	5.9	60	42	14.2	124	15.9	13.1	22
	84	61	3′46″	57	8.8	1.80	5.8	58	41	13.0	117	17.0	13.7	21
	81	59	3′49″	55	8.9	1.77	5.6	55	39	11.9	111	18.1	14.4	19
	78	56	3′52″	52	9.1	1.72	5.4	53	37	10.3	103	19.6	15.2	17
	75	54	3′55″	49	9.2	1.67	5.2	50	35	8.7	94	21.0	16.1	15
及格	72	52	4′00″	48	9.3	1.64	5.1	48	34	7.8	89	21.8	16.8	14
	69	49	4′05″	47	9.4	1.59	4.9	46	32	6.4	81	23.0	17.9	13
	66	47	4′10″	46	9.5	1.55	4.7	44	29	5.0	74	24.3	19.0	12
	63	43	4′15″	44	9.7	1.48	4.5	41	27	3.1	63	25.9	20.5	11
	60	40	4′20″	42	9.8	1.42	4.2	37	24	1.2	53	27.5	22.0	9
不及格	50	39	4′30″	41	9.9	1.40	4.0	36	23	0.6	49	28.2	22.4	8
	40	37	4′45″	40	10.1	1.38	3.6	35	21	-0.2	43	29.2	23.1	7
	30	36	5′00″	38	10.3	1.35	3.3	34	20	-1.0	38	30.3	23.7	6
	20	34	5′15″	37	10.6	1.32	2.9	32	18	-2.2	30	31.6	24.6	5
	10	32	5′30″	35	10.8	1.28	2.4	30	16	-3.3	22	33.0	25.5	3

(十七)初中二年级男生评分标准

等级	单项得分	肺活量体重指数	1000米跑(分.秒)	台阶试验	50米跑(秒)	立定跳远(米)	掷实心球(米)	握力体重指数	引体向上(次)	坐位体前屈(厘米)	跳绳(次/1分钟)	篮球运球(秒)	足球运球(秒)	排球垫球(次)
优秀	100	80	3′ 48″	68	7.0	2.41	11.3	86	21	17.3	175	9.6	7.8	40
	98	79	3′50″	67	7.1	2.40	10.9	85	20	16.9	170	10.0	8.0	39
	96	78	3′52″	66	7.2	2.38	10.4	84	19	16.4	163	10.6	8.4	37
	94	77	3′54″	65	7.3	2.36	9.8	83	18	15.9	155	11.3	8.8	35
	92	75	3′57″	64	7.4	2.34	9.0	81	17	15.1	145	12.1	9.2	33
	90	74	4′ 00″	62	7.5	2.31	8.3	79	16	14.4	135	13.0	9.7	30
良好	87	72	4′ 06″	61	7.6	2.28	8.0	77	15	13.6	131	13.4	10.0	29
	84	70	4′ 12″	59	7.9	2.24	7.7	75	14	12.4	126	13.9	10.4	27
	81	68	4′ 18″	57	8.1	2.20	7.3	72	13	11.3	120	14.5	10.8	25
	78	65	4′ 24″	54	8.3	2.14	6.8	68	12	9.7	113	15.3	11.4	23
	75	63	4′30″	52	8.6	2.08	6.4	65	11	8.1	105	16.0	11.9	20
及格	72	61	4′ 34″	51	8.7	2.05	6.1	63	10	7.1	99	16.6	12.2	19
	69	58	4′ 38″	50	8.8	1.99	5.7	60	9	5.6	91	17.6	12.7	17
	66	55	4′ 42″	49	8.9	1.94	5.3	56	8	4.1	83	18.5	13.2	15
	63	52	4′ 46″	47	9.1	1.86	4.8	52	7	2.1	71	19.8	13.8	12
	60	48	4′50″	46	9.2	1.79	4.2	48	6	0.1	60	21.0	14.4	9
不及格	50	47	5′ 0″	45	9.3	1.77	4.1	47	4	-0.6	56	21.8	14.7	8
	40	45	5′ 10″	44	9.4	1.74	3.8	45	3	-1.7	49	23.1	15.2	7
	30	44	5′ 20″	43	9.5	1.71	3.6	44	2	-2.8	43	24.3	15.7	6
	20	42	5′ 30″	42	9.6	1.66	3.2	42	1	-4.3	34	26.0	16.4	5
	10	40	5′40″	40	9.7	1.62	2.9	39		-5.8	25	27.6	17.0	3

（十八）初中二年级女生评分标准

等级	单项得分	肺活量体重指数	800米跑（分.秒）	台阶试验	50米跑（秒）	立定跳远（米）	掷实心球（米）	握力体重指数	仰卧起坐（次/分钟）	坐位体前屈（厘米）	跳绳（次/1分钟）	篮球运球（秒）	足球运球（秒）	排球垫球（次）
优秀	100	69	3′25″	66	8.0	1.98	7.6	70	50	18.6	170	12.2	8.3	35
	98	68	3′29″	65	8.1	1.97	7.5	69	49	18.2	165	12.5	8.8	34
	96	67	3′31″	64	8.2	1.95	7.4	68	48	17.7	158	13.0	9.6	32
	94	66	3′34″	63	8.3	1.93	7.3	66	47	17.2	150	13.6	10.4	30
	92	65	3′37″	62	8.4	1.91	7.2	64	45	16.6	140	14.3	11.5	28
	90	63	3′40″	60	8.5	1.89	7.0	62	43	15.9	130	15.0	12.5	25
良好	87	62	3′44″	59	8.6	1.87	6.9	61	42	15.1	126	15.7	12.9	24
	84	60	3′48″	57	8.7	1.83	6.6	59	41	13.9	120	16.8	13.5	22
	81	59	3′52″	54	8.8	1.79	6.4	57	40	12.7	115	17.9	14.2	21
	78	56	3′56″	52	8.9	1.74	6.1	54	38	11.1	107	19.4	15.0	18
	75	54	4′00″	49	9.0	1.70	5.8	51	36	9.4	99	20.8	15.9	16
及格	72	52	4′08″	48	9.1	1.67	5.7	49	35	8.5	94	21.6	16.6	15
	69	50	4′16″	47	9.2	1.62	5.4	47	33	7.0	85	22.8	17.7	14
	66	47	4′22″	45	9.3	1.58	5.2	44	30	5.5	77	24.1	18.8	13
	63	43	4′28″	44	9.5	1.52	4.9	41	28	3.6	66	25.7	20.3	11
	60	40	4′34″	42	9.6	1.46	4.6	38	25	1.6	55	27.3	21.8	9
不及格	50	39	4′40″	41	9.7	1.45	4.4	37	24	1.0	51	28.0	22.2	8
	40	37	4′46″	40	9.9	1.42	4.2	36	22	0.1	45	29.0	22.9	7
	30	36	4′52″	39	10.1	1.39	3.9	35	21	-0.8	39	30.1	23.5	6
	20	34	4′58″	37	10.4	1.36	3.6	33	19	-2.0	31	31.4	24.4	5
	10	32	5′04″	36	10.6	1.32	3.2	31	17	-3.2	23	32.8	25.3	3

(十九)初中三年级男生评分标准

等级	单项得分	肺活量体重指数	1000米跑(分.秒)	台阶试验	50米跑(秒)	立定跳远(米)	掷实心球(米)	握力体重指数	引体向上(次)	坐位体前屈(厘米)	跳绳(次/1分钟)	篮球运球(秒)	足球运球(秒)	排球垫球(次)
优秀	100	81	3′ 30″	68	6.8	2.50	12.4	90	22	19.2	180	9.4	7.5	40
	98	80	3'36"	67	6.9	2.49	12.1	89	21	18.8	175	9.8	7.7	39
	96	79	3'38"	66	7.0	2.47	11.5	87	20	18.2	168	10.4	8.1	37
	94	78	3'42"	65	7.1	2.46	11.0	86	19	17.6	160	11.1	8.5	35
	92	77	3'46"	64	7.2	2.43	10.3	84	18	16.9	150	11.9	8.9	33
	90	76	3′ 50″	62	7.3	2.41	9.6	83	17	16.1	140	12.8	9.4	30
良好	87	74	3′ 54″	61	7.4	2.38	9.4	81	16	15.3	136	13.2	9.7	29
	84	72	3′ 58″	59	7.6	2.35	9.0	78	15	14.1	130	13.7	10.1	27
	81	70	4′ 02″	58	7.8	2.31	8.6	76	14	12.8	124	14.3	10.5	25
	78	67	4′ 06″	55	8.0	2.26	8.2	72	13	11.2	116	15.1	11.1	23
	75	65	4'10"	53	8.2	2.21	7.7	69	12	9.5	108	15.8	11.6	20
及格	72	63	4′ 15″	52	8.3	2.17	7.4	66	11	8.5	103	16.4	11.9	19
	69	60	4′ 20″	51	8.4	2.12	6.9	63	10	6.9	94	17.4	12.4	17
	66	57	4′ 25″	50	8.5	2.07	6.5	60	9	5.4	86	18.3	12.9	15
	63	54	4′ 30″	48	8.7	2.00	5.9	56	8	3.3	75	19.6	13.5	12
	60	50	4'35"	46	8.8	1.93	5.3	52	7	1.2	64	20.8	14.1	9
不及格	50	49	4′ 45″	45	8.9	1.91	5.0	51	5	0.5	60	21.6	14.5	8
	40	48	4′ 55″	44	9.0	1.87	4.6	49	4	-0.5	53	22.9	15.0	7
	30	46	5′ 05″	43	9.1	1.83	4.2	48	3	-1.5	46	24.1	15.5	6
	20	44	5′ 15″	42	9.2	1.78	3.6	46	2	-2.8	37	25.8	16.2	5
	10	42	5'25"	40	9.3	1.73	3.0	43	1	-4.1	28	27.4	16.9	3

(二十)初中三年级女生评分标准

等级	单项得分	肺活量体重指数	800米跑(分.秒)	台阶试验	50米跑(秒)	立定跳远(米)	掷实心球(米)	握力体重指数	仰卧起坐(次/分钟)	坐位体前屈(厘米)	跳绳(次/1分钟)	篮球运球(秒)	足球运球(秒)	排球垫球(次)
优秀	100	68	3′24″	66	7.9	1.99	7.8	69	50	19.3	172	12.0	8.1	35
	98	67	3′27″	65	8.0	1.98	7.7	68	49	19.0	167	12.3	8.6	34
	96	66	3′29″	64	8.1	1.96	7.6	67	48	18.5	160	12.8	9.4	32
	94	65	3′32″	63	8.2	1.95	7.5	66	47	18.0	153	13.4	10.2	30
	92	64	3′35″	62	8.3	1.93	7.4	65	46	17.3	143	14.1	11.3	28
	90	63	3′38″	60	8.4	1.91	7.2	63	44	16.7	133	14.8	12.3	25
良好	87	62	3′42″	59	8.5	1.89	7.1	62	43	15.9	129	15.5	12.7	24
	84	60	3′46″	57	8.6	1.85	7.0	59	42	14.7	123	16.6	13.3	22
	81	58	3′50″	54	8.7	1.82	6.9	57	40	13.5	117	17.7	14.0	21
	78	56	3′54″	52	8.8	1.77	6.8	54	38	11.8	109	19.2	14.8	18
	75	54	3′58″	49	8.9	1.73	6.6	52	36	10.2	101	20.6	15.7	16
及格	72	52	4′03″	48	9.0	1.70	6.5	50	35	9.2	96	21.4	16.4	15
	69	50	4′08″	47	9.1	1.65	6.4	48	33	7.7	88	22.6	17.5	14
	66	47	4′13″	45	9.2	1.61	6.3	45	30	6.2	80	23.9	18.6	13
	63	43	4′18″	44	9.4	1.55	6.2	42	28	4.2	69	25.5	20.1	11
	60	40	4′23″	42	9.5	1.49	6.0	39	25	2.2	58	27.1	21.6	9
不及格	50	39	4′30″	41	9.6	1.47	5.8	38	24	1.6	54	27.8	22.0	8
	40	38	4′37″	40	9.8	1.44	5.4	37	23	0.8	48	28.8	22.7	7
	30	36	4′44″	39	10.0	1.41	5.0	36	21	-0.1	42	29.9	23.3	6
	20	34	4′51″	38	10.3	1.37	4.5	34	20	-1.3	33	31.2	24.2	5
	10	33	5′00″	37	10.5	1.33	4.0	33	18	-2.4	25	32.6	25.1	3

《国家学生体质健康标准》评分表(高中)

(二十一)高中一年级~三年级男生身高标准体重(体重单位:公斤)

身高段(厘米)	营养不良	较低体重	正常体重	超重	肥胖
	50分	60分	100分	60分	50分
140.0 ~ 140.9	<32.1	32.1 ~ 40.3	40.4 ~ 46.3	46.4 ~ 48.3	>=48.4
141.0 ~ 141.9	<32.4	32.4 ~ 40.7	40.8 ~ 47.0	47.1 ~ 49.1	>=49.2
142.0 ~ 142.9	<32.8	32.8 ~ 41.2	41.3 ~ 47.7	47.8 ~ 49.8	>=49.9
143.0 ~ 143.9	<33.3	33.3 ~ 41.7	41.8 ~ 48.2	48.3 ~ 50.3	>=50.4
144.0 ~ 144.9	<33.6	33.6 ~ 42.2	42.3 ~ 48.8	48.9 ~ 51.0	>=51.1
145.0 ~ 145.9	<34.0	34.0 ~ 42.7	42.8 ~ 49.5	49.6 ~ 51.7	>=51.8
146.0 ~ 146.9	<34.4	34.4 ~ 43.3	43.4 ~ 50.1	50.2 ~ 52.3	>=52.4
147.0 ~ 147.9	<35.0	35.0 ~ 43.9	44.0 ~ 50.8	50.9 ~ 53.1	>=53.2
148.0 ~ 148.9	<35.6	35.6 ~ 44.5	44.6 ~ 51.4	51.5 ~ 53.7	>=53.8
149.0 ~ 149.9	<36.2	36.2 ~ 45.1	45.2 ~ 52.2	52.3 ~ 54.5	>=54.6
150.0 ~ 150.9	<36.7	36.7 ~ 45.7	45.8 ~ 52.8	52.9 ~ 55.1	>=55.2
151.0 ~ 151.9	<37.3	37.3 ~ 46.2	46.3 ~ 53.4	53.5 ~ 55.8	>=55.9
152.0 ~ 152.9	<37.7	37.7 ~ 46.8	46.9 ~ 54.0	54.1 ~ 56.4	>=56.5
153.0 ~ 153.9	<38.2	38.2 ~ 47.4	47.5 ~ 54.6	54.7 ~ 57.0	>=57.1
154.0 ~ 154.9	<38.9	38.9 ~ 48.1	48.2 ~ 55.3	55.4 ~ 57.7	>=57.8
155.0 ~ 155.9	<39.6	39.6 ~ 48.8	48.9 ~ 56.0	56.1 ~ 58.4	>=58.5
156.0 ~ 156.9	<40.4	40.4 ~ 49.6	49.7 ~ 57.0	57.1 ~ 59.4	>=59.5
157.0 ~ 157.9	<41.0	41.0 ~ 50.3	50.4 ~ 57.7	57.8 ~ 60.1	>=60.2
158.0 ~ 158.9	<41.7	41.7 ~ 51.0	51.1 ~ 58.5	58.6 ~ 61.0	>=61.1
159.0 ~ 159.9	<42.4	42.4 ~ 51.7	51.8 ~ 59.2	59.3 ~ 61.7	>=61.8
160.0 ~ 160.9	<43.1	43.1 ~ 52.5	52.6 ~ 60.0	60.1 ~ 62.5	>=62.6
161.0 ~ 161.9	<43.8	43.8 ~ 53.3	53.4 ~ 60.8	60.9 ~ 63.3	>=63.4
162.0 ~ 162.9	<44.5	44.5 ~ 54.0	54.1 ~ 61.5	61.6 ~ 64.0	>=64.1
163.0 ~ 163.9	<45.3	45.3 ~ 54.8	54.9 ~ 62.5	62.6 ~ 65.0	>=65.1
164.0 ~ 164.9	<45.9	45.9 ~ 55.5	55.6 ~ 63.2	63.3 ~ 65.7	>=65.8
165.0 ~ 165.9	<46.5	46.5 ~ 56.3	56.4 ~ 64.0	64.1 ~ 66.5	>=66.6
166.0 ~ 166.9	<47.1	47.1 ~ 57.0	57.1 ~ 64.7	64.8 ~ 67.2	>=67.3
167.0 ~ 167.9	<48.0	48.0 ~ 57.8	57.9 ~ 65.6	65.7 ~ 68.2	>=68.3
168.0 ~ 168.9	<48.7	48.7 ~ 58.5	58.6 ~ 66.3	66.4 ~ 68.9	>=69.0
169.0 ~ 169.9	<49.3	49.3 ~ 59.2	59.3 ~ 67.0	67.1 ~ 69.6	>=69.7
170.0 ~ 170.9	<50.1	50.1 ~ 60.0	60.1 ~ 67.8	67.9 ~ 70.4	>=70.5
171.0 ~ 171.9	<50.7	50.7 ~ 60.6	60.7 ~ 68.8	68.9 ~ 71.2	>=71.3
172.0 ~ 172.9	<51.4	51.4 ~ 61.5	61.6 ~ 69.5	69.6 ~ 72.1	>=72.2
173.0 ~ 173.9	<52.1	52.1 ~ 62.2	62.3 ~ 70.3	70.4 ~ 73.0	>=73.1
174.0 ~ 174.9	<52.9	52.9 ~ 63.0	63.1 ~ 71.3	71.4 ~ 74.0	>=74.1
175.0 ~ 175.9	<53.7	53.7 ~ 63.8	63.9 ~ 72.2	72.3 ~ 75.0	>=75.1
176.0 ~ 176.9	<54.4	54.4 ~ 64.5	64.6 ~ 73.1	73.2 ~ 75.9	>=76.0
177.0 ~ 177.9	<55.2	55.2 ~ 65.2	65.3 ~ 73.9	74.0 ~ 76.8	>=76.9
178.0 ~ 178.9	<55.7	55.7 ~ 66.0	66.1 ~ 74.9	75.0 ~ 77.8	>=77.9
179.0 ~ 179.9	<56.4	56.4 ~ 66.7	66.8 ~ 75.7	75.8 ~ 78.7	>=78.8
180.0 ~ 180.9	<57.1	57.1 ~ 67.4	67.5 ~ 76.4	76.5 ~ 79.4	>=79.5
181.0 ~ 181.9	<57.7	57.7 ~ 68.1	68.2 ~ 77.4	77.5 ~ 80.6	>=80.7
182.0 ~ 182.9	<58.5	58.5 ~ 68.9	69.0 ~ 78.5	78.6 ~ 81.7	>=81.8
183.0 ~ 183.9	<59.2	59.2 ~ 69.6	69.7 ~ 79.4	79.5 ~ 82.6	>=82.7
184.0 ~ 184.9	<60.0	60.0 ~ 70.4	70.5 ~ 80.3	80.4 ~ 83.6	>=83.7
185.0 ~ 185.9	<60.8	60.8 ~ 71.2	71.3 ~ 81.3	81.4 ~ 84.6	>=84.7
186.0 ~ 186.9	<61.5	61.5 ~ 72.0	72.1 ~ 82.2	82.3 ~ 85.6	>=85.7
187.0 ~ 187.9	<62.3	62.3 ~ 72.9	73.0 ~ 83.3	83.4 ~ 86.7	>=86.8
188.0 ~ 188.9	<63.0	63.0 ~ 73.7	73.8 ~ 84.2	84.3 ~ 87.7	>=87.8
189.0 ~ 189.9	<63.9	63.9 ~ 74.5	74.6 ~ 85.0	85.1 ~ 88.5	>=88.6
190.0 ~ 190.9	<64.6	64.6 ~ 75.4	75.5 ~ 86.2	86.3 ~ 89.8	>=89.9

注：身高低于表中所列出的最低身高段的下限值时，身高每低1厘米，实测体重需加上0.5公斤，实测身高需加上1厘米，再查表确定分值。身高高于表中所列出的最高身高段时，身高每高1厘米，其实测体重需减去0.9公斤，实测身高需减去1厘米，再查表确定分值。

（二十二）高中一年级～三年级女生身高标准体重（体重单位:公斤）

身高段（厘米）	营养不良	较低体重	正常体重	超 重	肥胖
	50分	60分	100分	60分	50分
140.0 ～ 140.9	<33.8	33.8 ～ 40.3	40.4 ～ 48.0	48.1 ～ 50.5	>=50.6
141.0 ～ 141.9	<34.3	34.3 ～ 40.9	41.0 ～ 48.7	48.8 ～ 51.3	>=51.4
142.0 ～ 142.9	<34.6	34.6 ～ 41.4	41.5 ～ 49.2	49.3 ～ 51.8	>=51.9
143.0 ～ 143.9	<35.0	35.0 ～ 41.8	41.9 ～ 49.9	50.0 ～ 52.6	>=52.7
144.0 ～ 144.9	<35.3	35.3 ～ 42.2	42.3 ～ 50.3	50.4 ～ 53.0	>=53.1
145.0 ～ 145.9	<35.6	35.6 ～ 42.7	42.8 ～ 51.0	51.1 ～ 53.7	>=53.8
146.0 ～ 146.9	<36.1	36.1 ～ 43.2	43.3 ～ 51.6	51.7 ～ 54.4	>=54.5
147.0 ～ 147.9	<36.7	36.7 ～ 43.8	43.9 ～ 52.4	52.5 ～ 55.2	>=55.3
148.0 ～ 148.9	<37.0	37.0 ～ 44.3	44.4 ～ 52.9	53.0 ～ 55.7	>=55.8
149.0 ～ 149.9	<37.4	37.4 ～ 44.8	44.9 ～ 53.4	53.5 ～ 56.2	>=56.3
150.0 ～ 150.9	<37.9	37.9 ～ 45.3	45.4 ～ 54.0	54.1 ～ 56.9	>=57.0
151.0 ～ 151.9	<38.4	38.4 ～ 45.8	45.9 ～ 54.5	54.6 ～ 57.4	>=57.5
152.0 ～ 152.9	<38.9	38.9 ～ 46.3	46.4 ～ 55.2	55.3 ～ 57.9	>=58.0
153.0 ～ 153.9	<39.4	39.4 ～ 46.8	46.9 ～ 55.7	55.8 ～ 58.6	>=58.7
154.0 ～ 154.9	<40.0	40.0 ～ 47.4	47.5 ～ 56.4	56.5 ～ 59.4	>=59.5
155.0 ～ 155.9	<40.5	40.5 ～ 47.9	48.0 ～ 56.9	57.0 ～ 59.9	>=60.0
156.0 ～ 156.9	<41.1	41.1 ～ 48.5	48.6 ～ 57.5	57.6 ～ 60.5	>=60.6
157.0 ～ 157.9	<41.6	41.6 ～ 49.1	49.2 ～ 58.1	58.2 ～ 61.1	>=61.2
158.0 ～ 158.9	<42.0	42.0 ～ 49.6	49.7 ～ 58.8	58.9 ～ 61.8	>=61.9
159.0 ～ 159.9	<42.5	42.5 ～ 50.2	50.3 ～ 59.5	59.6 ～ 62.6	>=62.7
160.0 ～ 160.9	<43.0	43.0 ～ 50.7	50.8 ～ 60.0	60.1 ～ 63.1	>=63.2
161.0 ～ 161.9	<43.5	43.5 ～ 51.2	51.3 ～ 60.7	60.8 ～ 63.8	>=63.9
162.0 ～ 162.9	<44.0	44.0 ～ 51.7	51.8 ～ 61.2	61.3 ～ 64.3	>=64.4
163.0 ～ 163.9	<44.4	44.4 ～ 52.2	52.3 ～ 61.8	61.9 ～ 65.0	>=65.1
164.0 ～ 164.9	<44.8	44.8 ～ 52.7	52.8 ～ 62.3	62.4 ～ 65.5	>=65.6
165.0 ～ 165.9	<45.2	45.2 ～ 53.1	53.2 ～ 62.7	62.8 ～ 65.9	>=66.0
166.0 ～ 166.9	<45.6	45.6 ～ 53.6	53.7 ～ 63.4	63.5 ～ 66.6	>=66.7
167.0 ～ 167.9	<46.1	46.1 ～ 54.1	54.2 ～ 64.1	64.2 ～ 67.1	>=67.2
168.0 ～ 168.9	<46.6	46.6 ～ 54.6	54.7 ～ 64.9	65.0 ～ 67.6	>=67.7
169.0 ～ 169.9	<47.1	47.1 ～ 55.2	55.3 ～ 65.3	65.4 ～ 68.4	>=68.5
170.0 ～ 170.9	<47.6	47.6 ～ 55.7	55.8 ～ 65.8	65.9 ～ 68.9	>=69.0
171.0 ～ 171.9	<48.1	48.1 ～ 56.4	56.5 ～ 66.3	66.4 ～ 69.6	>=69.7
172.0 ～ 172.9	<48.7	48.7 ～ 57.0	57.1 ～ 67.1	67.2 ～ 70.4	>=70.5
173.0 ～ 173.9	<49.3	49.3 ～ 57.6	57.7 ～ 67.7	67.8 ～ 71.0	>=71.1
174.0 ～ 174.9	<49.9	49.9 ～ 58.2	58.3 ～ 68.3	68.4 ～ 71.6	>=71.7
175.0 ～ 175.9	<50.5	50.5 ～ 58.9	59.0 ～ 69.1	69.2 ～ 72.5	>=72.6
176.0 ～ 176.9	<50.9	50.9 ～ 59.5	59.6 ～ 69.9	70.0 ～ 73.3	>=73.4
177.0 ～ 177.9	<51.6	51.6 ～ 60.2	60.3 ～ 70.6	70.7 ～ 74.0	>=74.1
178.0 ～ 178.9	<52.1	52.1 ～ 60.9	61.0 ～ 71.4	71.5 ～ 74.9	>=75.0
179.0 ～ 179.9	<52.6	52.6 ～ 61.5	61.6 ～ 72.0	72.1 ～ 75.5	>=75.6
180.0 ～ 180.9	<53.3	53.3 ～ 62.2	62.3 ～ 72.7	72.8 ～ 76.2	>=76.3
181.0 ～ 181.9	<53.8	53.8 ～ 62.8	62.9 ～ 73.3	73.4 ～ 76.8	>=76.9
182.0 ～ 182.9	<54.4	54.4 ～ 63.4	63.5 ～ 73.9	74.0 ～ 77.4	>=77.5
183.0 ～ 183.9	<55.0	55.0 ～ 64.0	64.1 ～ 74.7	74.8 ～ 78.2	>=78.3
184.0 ～ 184.9	<55.4	55.4 ～ 64.6	64.7 ～ 75.3	75.4 ～ 78.8	>=78.9
185.0 ～ 185.9	<55.8	55.8 ～ 65.3	65.4 ～ 76.1	76.2 ～ 79.7	>=79.8

注：身高低于表中所列出的最低身高段的下限值时，身高每低1厘米，实测体重需加上0.5公斤，实测身高需加上1厘米，再查表确定分值。身高高于表中所列出的最高身高段时，身高每高1厘米，其实测体重需减去0.9公斤，实测身高需减去1厘米，再查表确定分值。

(二十三)高中一年级男生评分标准

等级	单项得分	肺活量体重指数	1000米跑(分.秒)	台阶试验	50米跑(秒)	立定跳远(米)	掷实心球(米)	握力体重指数	引体向上(次)	坐位体前屈(厘米)	跳绳(次/1分钟)	篮球运球(秒)	足球运球(秒)	排球垫球(次)
优秀	100	82	3′28″	68	6.6	2.58	13.6	92	23	20.8	185	9.2	7.2	40
	98	81	3′31″	67	6.7	2.57	13.2	91	22	20.4	180	9.6	7.4	39
	96	80	3′34″	66	6.8	2.55	12.6	90	21	19.9	173	10.2	7.8	37
	94	79	3′37″	65	6.9	2.54	12.0	88	20	19.4	165	10.9	8.2	35
	92	78	3′40″	64	7.0	2.52	11.2	87	19	18.7	155	11.7	8.6	33
	90	76	3′43″	62	7.1	2.50	10.4	85	18	18.0	145	12.6	9.1	30
良好	87	75	3′47″	61	7.2	2.47	10.2	83	17	17.1	141	13.0	9.4	29
	84	73	3′51″	59	7.4	2.44	9.8	81	16	15.8	134	13.5	9.8	27
	81	71	3′56″	58	7.5	2.40	9.4	78	15	14.4	128	14.1	10.2	25
	78	68	4′01″	55	7.7	2.34	8.9	75	14	12.6	119	14.9	10.8	23
	75	66	4′06″	53	7.9	2.29	8.5	71	13	10.8	110	15.6	11.3	20
及格	72	64	4′11″	52	8.0	2.26	8.2	69	12	9.7	105	16.2	11.6	19
	69	61	4′16″	51	8.1	2.21	7.7	66	11	8.0	96	17.2	12.1	17
	66	59	4′21″	50	8.2	2.17	7.2	63	10	6.3	88	18.1	12.6	15
	63	55	4′26″	48	8.3	2.10	6.6	59	9	4.0	77	19.4	13.2	12
	60	52	4′31″	46	8.4	2.04	6.0	55	8	1.7	66	20.6	13.8	9
不及格	50	51	4′40″	45	8.5	2.02	5.8	54	6	1.0	62	21.4	14.2	8
	40	49	4′50″	44	8.6	1.99	5.5	52	5	-0.1	55	22.7	14.7	7
	30	48	5′00″	43	8.7	1.96	5.2	50	4	-1.1	48	23.9	15.2	6
	20	45	5′10″	42	8.9	1.92	4.8	48	3	-2.5	39	25.6	15.9	5
	10	43	5′20″	40	9.0	1.89	4.4	46	2	-3.8	30	27.2	16.6	3

(二十四)高中一年级女生评分标准

等级	单项得分	肺活量体重指数	800米跑(分.秒)	台阶试验	50米跑(秒)	立定跳远(米)	掷实心球(米)	握力体重指数	仰卧起坐(次/分钟)	坐位体前屈(厘米)	跳绳(次/1分钟)	篮球运球(秒)	足球运球(秒)	排球垫球(次)
优秀	100	68	3′24″	68	7.8	2.01	8.0	70	51	20.3	175	11.8	7.9	35
	98	67	3′27″	67	7.9	2.00	7.9	69	50	20.0	170	12.1	8.4	34
	96	66	3′29″	66	8.0	1.98	7.8	68	49	19.5	163	12.6	9.2	32
	94	65	3′32″	64	8.1	1.97	7.7	67	48	19.1	155	13.2	10.0	30
	92	64	3′35″	62	8.3	1.95	7.6	65	47	18.4	145	13.9	11.1	28
	90	63	3′38″	60	8.4	1.93	7.4	63	45	17.8	135	14.6	12.1	25
良好	87	62	3′42″	59	8.5	1.91	7.3	62	44	17.0	131	15.3	12.5	24
	84	60	3′46″	57	8.6	1.87	7.2	60	43	15.7	125	16.4	13.1	22
	81	59	3′50″	54	8.7	1.84	7.1	58	41	14.4	119	17.5	13.8	21
	78	56	3′54″	52	8.8	1.79	7.0	55	39	12.7	110	19.0	14.6	18
	75	54	3′58″	49	8.9	1.75	6.8	52	37	11.0	102	20.4	15.5	16
及格	72	52	4′03″	48	9.0	1.72	6.7	51	36	10.0	97	21.2	16.2	15
	69	50	4′08″	47	9.1	1.67	6.6	48	33	8.3	90	22.3	17.3	14
	66	47	4′13″	45	9.2	1.63	6.4	46	31	6.7	82	23.4	18.4	13
	63	44	4′18″	44	9.3	1.57	6.2	43	28	4.5	72	24.9	19.9	11
	60	41	4′23″	42	9.4	1.51	6.0	40	25	2.3	62	26.4	21.4	9
不及格	50	40	4′30″	41	9.5	1.50	5.8	39	24	1.9	58	27.2	21.8	8
	40	38	4′37″	40	9.7	1.47	5.4	38	23	1.2	51	28.3	22.5	7
	30	37	4′44″	39	9.9	1.45	5.0	36	21	0.5	45	29.4	23.1	6
	20	35	4′51″	37	10.2	1.41	4.5	35	20	-0.4	37	30.9	24.0	5
	10	34	5′00″	36	10.4	1.38	4.0	33	18	-1.4	28	32.4	24.9	3

(二十五)高中二年级男生评分标准

等级	单项得分	肺活量体重指数	1000米跑(分.秒)	台阶试验	50米跑(秒)	立定跳远(米)	掷实心球(米)	握力体重指数	引体向上(次)	坐位体前屈(厘米)	跳绳(次/1分钟)	篮球运球(秒)	足球运球(秒)	排球垫球(次)
优秀	100	83	3′28″	68	6.4	2.61	13.8	93	24	21.5	190	9.0	6.9	45
	98	82	3′31″	67	6.5	2.60	13.4	92	23	21.1	185	9.4	7.1	44
	96	81	3′33″	66	6.6	2.58	12.8	91	22	20.6	178	10.0	7.5	41
	94	80	3′35″	65	6.7	2.57	12.2	90	21	20.1	170	10.7	7.9	39
	92	79	3′38″	64	6.8	2.55	11.4	88	20	19.5	160	11.5	8.3	36
	90	77	3′41″	62	6.9	2.53	10.6	86	19	18.8	150	12.4	8.8	33
良好	87	76	3′45″	61	7.0	2.51	10.4	84	18	17.9	145	12.8	9.1	32
	84	74	3′49″	59	7.2	2.47	10.0	82	17	16.6	138	13.3	9.5	30
	81	72	4′03″	58	7.3	2.44	9.7	79	16	15.3	131	13.9	9.9	28
	78	69	4′08″	55	7.5	2.39	9.2	76	15	13.5	122	14.7	10.5	25
	75	66	4′13″	53	7.7	2.34	8.7	72	14	11.8	112	15.4	11.0	22
及格	72	65	4′18″	52	7.8	2.31	8.5	70	13	10.6	107	16.0	11.3	21
	69	62	4′23″	51	7.9	2.26	8.1	67	12	8.8	98	17.0	11.8	19
	66	59	4′28″	50	8.0	2.22	7.7	64	11	7.0	90	17.9	12.3	17
	63	56	4′33″	48	8.1	2.15	7.2	60	10	4.6	79	19.2	12.9	15
	60	53	4′38″	46	8.2	2.09	6.8	56	9	2.2	68	20.4	13.5	12
不及格	50	51	4′45″	45	8.3	2.07	6.6	55	7	1.5	64	21.2	13.9	11
	40	50	4′51″	44	8.5	2.04	6.3	53	6	0.4	58	22.5	14.4	10
	30	48	4′58″	43	8.6	2.01	6.1	51	5	-0.7	52	23.7	14.9	8
	20	46	5′05″	42	8.8	1.97	5.7	49	4	-2.1	43	25.4	15.6	6
	10	44	5′12″	40	9.0	1.93	5.4	47	3	-3.5	35	27.0	16.3	4

(二十六)高中二年级女生评分标准

等级	单项得分	肺活量体重指数	800米跑（分.秒）	台阶试验	50米跑（秒）	立定跳远（米）	掷实心球（米）	握力体重指数	仰卧起坐(次/分钟)	坐位体前屈(厘米)	跳绳（次/1分钟）	篮球运球（秒）	足球运球(秒)	排球垫球(次)
优秀	100	70	3′24″	66	7.6	2.03	8.1	70	52	20.7	178	11.6	7.7	40
	98	69	3′27″	65	7.7	2.02	8.0	69	51	20.4	173	11.9	8.2	39
	96	68	3′29″	64	7.8	2.00	7.9	68	50	19.9	166	12.4	9.0	36
	94	67	3′32″	63	7.9	1.99	7.8	67	49	19.4	158	13.0	9.8	34
	92	66	3′35″	62	8.1	1.97	7.7	66	47	18.7	148	13.7	10.9	31
	90	64	3′38″	60	8.2	1.95	7.5	64	45	18.0	138	14.4	11.9	28
良好	87	63	3′42″	59	8.3	1.93	7.4	63	44	17.2	134	15.1	12.3	27
	84	61	3′46″	57	8.4	1.89	7.3	60	43	16.0	127	16.2	12.9	25
	81	59	3′50″	54	8.5	1.85	7.2	58	41	14.8	120	17.3	13.6	23
	78	57	3′54″	52	8.6	1.80	7.1	55	39	13.2	111	18.8	14.4	21
	75	54	3′58″	49	8.7	1.75	6.9	52	37	11.6	102	20.2	15.3	18
及格	72	52	4′03″	48	8.8	1.73	6.8	51	36	10.5	98	21.0	16.0	17
	69	50	4′08″	47	8.9	1.69	6.7	48	34	8.8	91	22.1	17.1	16
	66	47	4′13″	46	9.0	1.65	6.5	46	32	7.2	84	23.2	18.2	14
	63	44	4′18″	44	9.1	1.60	6.3	43	29	4.9	75	24.7	19.7	12
	60	41	4′23″	42	9.2	1.54	6.1	40	27	2.7	66	26.2	21.2	10
不及格	50	40	4′30″	41	9.3	1.53	5.9	39	26	2.2	62	27.0	21.6	9
	40	38	4′37″	40	9.5	1.50	5.6	38	24	1.3	55	28.1	22.3	8
	30	37	4′44″	39	9.7	1.47	5.4	37	23	0.5	49	29.2	22.9	7
	20	36	4′51″	38	10.0	1.44	5.0	35	21	-0.6	40	30.7	23.8	6
	10	34	5′00″	36	10.2	1.41	4.6	33	19	-1.7	31	32.2	24.7	4

(二十七)高中三年级男生评分标准

等级	单项得分	肺活量体重指数	1000米跑(分.秒)	台阶试验	50米跑（秒）	立定跳远（米）	掷实心球（米）	握力体重指数	引体向上(次)	坐位体前屈(厘米)	跳绳（次/1分钟)	篮球运球(秒)	足球运球(秒)	排球垫球(次)
优秀	100	83	3′ 27″	74	6.2	2.63	14.2	94	25	22.5	195	8.8	6.6	45
	98	82	3′ 28″	72	6.3	2.62	13.8	93	24	22.1	190	9.2	6.8	44
	96	81	3′ 31″	71	6.4	2.60	13.2	92	23	21.6	182	9.8	7.2	41
	94	80	3′ 33″	69	6.5	2.59	12.6	90	22	21.0	174	10.5	7.6	39
	92	79	3′ 35″	66	6.6	2.57	11.8	88	21	20.2	164	11.3	8.0	36
	90	78	3′ 39″	64	6.7	2.55	11.0	87	20	19.5	153	12.2	8.5	33
良好	87	76	3′ 42″	62	6.8	2.53	10.8	85	19	18.6	148	12.6	8.8	32
	84	74	3′ 45″	60	7.0	2.49	10.4	82	18	17.2	140	13.1	9.2	30
	81	72	3′ 49″	58	7.2	2.45	10.1	80	17	15.8	133	13.7	9.6	28
	78	70	3′ 53″	56	7.5	2.40	9.6	76	16	13.9	122	14.5	10.2	25
	75	67	3′ 58″	53	7.7	2.35	9.1	73	15	12.1	112	15.2	10.7	22
及格	72	65	4′ 05″	52	7.8	2.32	8.9	71	14	10.9	107	15.8	11.0	21
	69	63	4′ 12″	51	7.9	2.28	8.4	67	13	9.2	99	16.8	11.5	19
	66	60	4′ 19″	50	8.0	2.23	8.0	64	12	7.4	91	17.7	12.0	17
	63	57	4′ 26″	48	8.2	2.17	7.5	60	11	5.0	81	19.0	12.6	15
	60	53	4′ 33″	46	8.3	2.11	6.9	55	10	2.7	70	20.2	13.2	12
不及格	50	52	4′ 40″	45	8.4	2.10	6.7	54	8	2.1	66	21.0	13.6	11
	40	51	4′ 47″	44	8.5	2.07	6.4	52	7	1.2	60	22.3	14.1	10
	30	49	4′ 54″	43	8.7	2.04	6.1	50	6	0.3	54	23.5	14.6	8
	20	47	5′ 01″	42	8.8	2.01	5.7	48	5	-1.0	45	25.2	15.3	6
	10	45	5′ 08″	40	9.0	1.97	5.4	46	4	-2.2	37	26.8	16.0	4

(二十八)高中三年级女生评分标准

等级	单项得分	肺活量体重指数	800米跑(分.秒)	台阶试验	50米跑(秒)	立定跳远(米)	掷实心球(米)	握力体重指数	仰卧起坐(次/分钟)	坐位体前屈(厘米)	跳绳(次/1分钟)	篮球运球(秒)	足球运球(秒)	排球垫球(次)
优秀	100	68	3′24″	70	7.4	2.05	8.2	72	52	21.0	185	11.4	7.5	40
	98	67	3′27″	69	7.5	2.04	8.1	71	51	20.7	179	11.7	8.0	39
	96	66	3′29″	67	7.6	2.03	8.0	70	50	20.1	170	12.2	8.8	36
	94	65	3′32″	65	7.7	2.01	7.9	68	49	19.6	161	12.8	9.6	34
	92	64	3′35″	62	7.9	1.99	7.8	67	47	18.9	148	13.5	10.7	31
	90	63	3′38″	59	8.0	1.97	7.6	65	45	18.2	136	14.2	11.7	28
良好	87	62	3′42″	58	8.1	1.95	7.5	63	44	17.4	132	14.9	12.1	27
	84	60	3′46″	56	8.2	1.91	7.4	61	43	16.2	125	16.0	12.7	25
	81	58	3′50″	54	8.3	1.87	7.3	59	41	14.9	119	17.1	13.4	23
	78	56	3′54″	52	8.4	1.82	7.2	56	39	13.3	111	18.6	14.2	21
	75	54	3′58″	49	8.5	1.77	7.0	53	38	11.7	102	20.0	15.1	18
及格	72	52	4′03″	48	8.6	1.74	6.9	51	36	10.6	98	20.8	15.8	17
	69	50	4′08″	47	8.7	1.70	6.8	48	35	8.9	92	21.9	16.9	16
	66	48	4′13″	46	8.8	1.67	6.6	46	33	7.2	86	23.0	18.0	14
	63	44	4′18″	44	8.9	1.61	6.4	42	30	5.0	78	24.5	19.5	12
	60	41	4′23″	42	9.0	1.56	6.2	39	28	2.7	71	26.0	21.0	10
不及格	50	40	4′30″	41	9.2	1.54	6.0	38	27	2.2	66	26.8	21.4	9
	40	39	4′37″	40	9.4	1.52	5.7	37	26	1.5	59	27.9	22.1	8
	30	38	4′44″	39	9.6	1.49	5.5	35	24	0.8	52	29.0	22.7	7
	20	36	4′51″	38	9.9	1.45	5.1	33	23	-0.2	42	30.5	23.6	6
	10	35	5′00″	36	10.2	1.42	4.7	31	21	-1.2	33	32.0	24.5	4